Ursula Stürzbecher · Werkstattgespräche mit Komponisten

Ursula Stürzbecher

Werkstattgespräche mit Komponisten

HG 786

Musikverlage Hans Gerig · Köln

DIE KOMPONISTEN

BORIS BLACHER 9

GOTTFRIED MICHAEL KOENIG 19

GYÖRGY LIGETI 32

PIERRE BOULEZ 46

KARLHEINZ STOCKHAUSEN 58

GÜNTHER BECKER 67

IVO MALEC 75

WOLFGANG FORTNER 85

HELMUT LACHENMANN 95

HANS WERNER HENZE 106

GÜNTHER BIALAS 121

GRETE VON ZIERITZ 129

HEINZ FRIEDRICH HARTIG 142

BERND ALOIS ZIMMERMANN 152

HANS ULRICH ENGELMANN 161

DIETRICH ERDMANN 173

KARL HÖLLER 183

HENK BADINGS 194

ROMAN HAUBENSTOCK-RAMATI 209

LUIGI DALLAPICCOLA 219

Vorwort

Neue Musik, was bedeutet das in der heutigen Zeit? Der Konzertbesucher steht vor einem schwer überschaubaren Spektrum der verschiedenartigsten Kompositionen: Fast jedes neue Werk folgt eigenen musikalischen Gesetzen und verlangt vom Hörer das Vertrautmachen mit neuen Ausdrucksformen. An erläuternden Schriften ist kein Mangel, doch sind diese meist nur einem fachlich vorgebildeten Publikum verständlich.

Darum versuchte ich auf andere Weise, das Verständnis eines breiteren Publikums für die Neue Musik zu vertiefen: Ich wollte die Komponisten persönlich kennenlernen und sie – am liebsten in ihrer häuslichen, privaten Umgebung – über ihre musikalischen Probleme sprechen hören.

Aus diesem Grunde schrieb ich nach und nach an Komponisten und bat sie um Besuchstermine. Aber nicht alle Künstler lassen sich gern in ihre Werkstatt, in ihre Arbeitszimmer, schauen. Einige sagten höflich »Nein«. Andere dagegen waren erfreut und bemüht, jene Barrieren zu durchbrechen, die heute so oft zwischen Komponist und Publikum stehen.

Ausschlaggebend für die von mir »ausgewählten« Komponisten war die Frage nach ihrer Qualität (ohne Ansehen ihrer Stellung innerhalb des Musiklebens). Ich bevorzugte deshalb nicht Komponisten, die sich einer bestimmten Schule befleißigen oder in einer Technik komponieren, die gerade in Mode ist. Mich interessierten vielmehr Komponisten, die sich nach Generation, Nationalität und Stil unterschieden; und konsequenterweise nahm ich deshalb auch eine komponierende Frau in meine Sammlung auf.

Komponisten, deren Leben und Musik bereits ausführlich beschrieben worden sind, ließ ich aus. Mit anderen war ein Treffen aus räumlichen oder zeitlichen Gründen zur Zeit meiner Arbeit nicht möglich. Schließlich mußten einige ausgearbeitete Kapitel aus Gründen der Umfangs-Begrenzung des Buches unberücksichtigt bleiben. So bildete sich im Laufe meiner Arbeit eine Sammlung von Gesprächen heraus, die weder den Anspruch auf objektive Auswahl noch auf Vollständigkeit erheben möchte, die sich vielmehr aus persönlichen und auch praktischen Gründen heraus ergab. Sie läßt zusätzlich den Wunsch offen, noch viele weitere Komponisten kennenzulernen ...

Die Gespräche der beiden Komponisten Günther Becker und Ivo Malec, die dem Gerigverlag verbunden sind, bearbeitete der Lektor des Hauses, Dr. Rudolf Lück.

Bei der Gliederung der einzelnen Kapitel folgte ich absichtlich keinem sonst üblichen Schema wie chronologische, alphabetische oder anderen Gesetzen folgende Rangordnung. Ich entschied mich für eine Reihenfolge in Form einer Tischordnung, bei der sich Ende und Anfang zu einem Kreis schließen. So soll meine Arbeit gerade durch das Nebeneinander gegensätzlicher Meinungen an Lebendigkeit gewinnen und auch zur Klärung musikalischer Fragen durch die authentischen Antworten der Komponisten beitragen.

Die Gespräche sind während mehrstündiger Besuche bei den Komponisten entstanden. Ich war bemüht, ihnen ganz unvoreingenommen gegenüberzutreten und lenkte die Gespräche in voller Absicht nur wenig, um auf diese Weise möglichst unverfälscht den Kern ihrer Persönlichkeit aufzuspüren. Die Gespräche wurden von einem Tonbandgerät aufgezeichnet, um die persönliche Ausdrucksweise der Komponisten so wortgetreu wie möglich wiedergeben zu können. Bei der Überarbeitung waren gewisse Umstellungen, Striche und Ergänzungen nötig, was wohl immer der Fall sein wird, wenn ein locker gesprochener Text schriftlich aufgezeichnet wird. Durch biographische Angaben, die den einzelnen Kapiteln vorangestellt sind, und durch chronologisch geordnete Werkverzeichnisse mit Schallplattenangaben (jeweils am Ende eines Kapitels) hoffe ich, den persönlich geprägten Charakter der »Gespräche« ein wenig zu objektivieren. Die hier abgedruckten Fassungen wurden von den Komponisten selbst durchgesehen und sind von ihnen zur Veröffentlichung freigegeben worden.

Da die endgültige Fertigstellung meiner Arbeit bis zur hier vorliegenden Schriftform viel Zeit beanspruchte, ich jedoch die meisten Kapitel bereits 1968 abgeschlossen hatte, besitzt eine Reihe von Gesprächen nicht mehr die Aktualität der jüngsten Gegenwart. Gerade diese zeitliche Loslösung bewirkte eine objektivere Sichtung der Gespräche und kam – so glaube ich – der Substanz dieses Buches zugute.

Ich möchte an dieser Stelle allen Komponisten danken, die mir ihre Zeit und ihr Wohlwollen entgegengebracht haben; aber auch dem Lektor des Gerigverlages, der mir mit seinem Rat viel geholfen hat.

Eine Erfahrung möchte ich noch aussprechen: So verschiedenartig die hier behandelten Komponisten und ihre erwähnten Werke auch sein mögen, habe ich doch erfahren, daß jede Musik – gleichgültig, welcher Stilrichtung sie auch angehören mag –, dann überzeugen kann, wenn der Komponist mit seiner ganzen Persönlichkeit hinter dem Werk steht und sich mit ihm identifiziert.

Vielleicht mag die experimentelle Musik interessanter und aktueller erscheinen, doch der Begriff »interessant« allein ist noch kein Kriterium für Qualität. Denn eine Komposition, die in der Öffentlichkeit bestehen und das Prädikat des abgenützten Begriffes »Kunstwerk« beanspruchen kann, setzt sich aus vielen, oft aus geheimnisvoll fließenden Quellen und Bestandteilen zusammen. Ihre Ingredienzien müssen erfunden, die Technik beherrscht, die Musik geformt und erlebt sein. Mir scheint deshalb auch in unserer Zeit noch der Satz des Philosophen Leibniz Gültigkeit zu haben: »Die Musik ist eine Übung in der Zahlenlehre, ein Akt des Geistes, der gar nicht merkt, daß er in Zahlen denkt.«

BORIS BLACHER

GOTTFRIED MICHAEL KOENIG

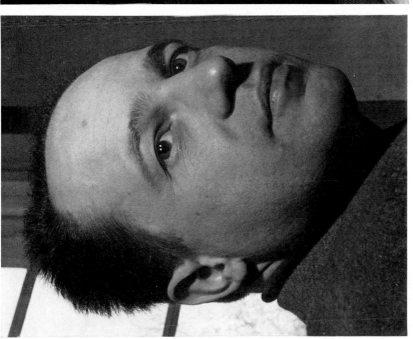

GYÖRGY LIGETI

PIERRE BOULEZ

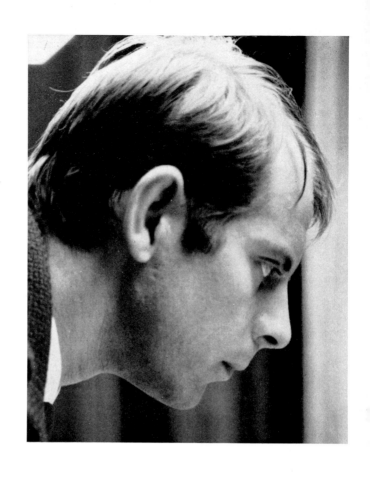

KARLHEINZ STOCKHAUSEN

GÜNTHER BECKER

IVO MALEC

WOLFGANG FORTNER

HELMUT LACHENMANN

HANS WERNER HENZE

GÜNTHER BIALAS

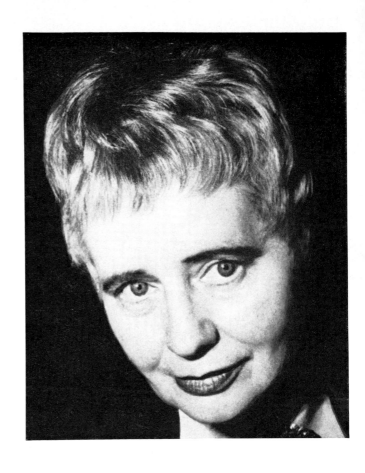

GRETE VON ZIERITZ

HEINZ FRIEDRICH HARTIG

BERND ALOIS ZIMMERMANN

DIETRICH ERDMANN

HANS ULRICH ENGELMANN

KARL HÖLLER

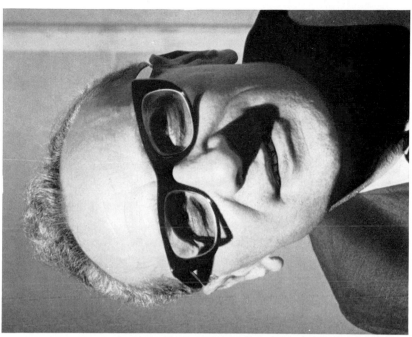

ROMAN HAUBENSTOCK-RAMATI

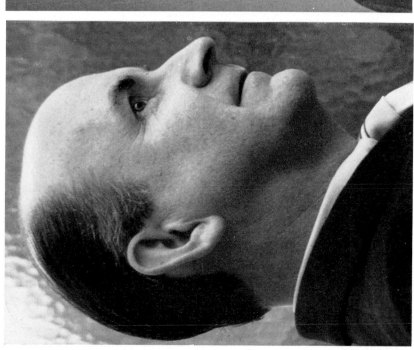

HENK BADINGS

LUIGI DALLAPICCOLA

Boris Blacher

Um das Gespräch mit Boris Blacher wiederzugeben, hätte es einer anderen Schrift bedurft, einer Schrift, die Timbre und Akzente hörbar und sichtbar machen kann. Die wenigen »ungewöhnlichen« Satzbildungen, die ich aus diesem Grunde absichtlich habe stehenlassen, werden von dem Reiz, den eine Unterhaltung durch solche sprachlichen Besonderheiten erhält, leider wenig Eindruck vermitteln.

Professor Boris Blacher wohnt in Berlin-Zehlendorf, in einem Haus, das Paul Baumgarten ihm gebaut hat. Seine herzliche Einladung zu einem Glas Campari, seine legere, völlig ungezwungene Art schufen sogleich eine so angenehme Atmosphäre, die das Fragen leicht machte. Leider birgt es auch eine Gefahr in sich: Würde man Blachers Werke nicht kennen, könnte man nach seinen Worten den Eindruck gewinnen, Komponieren sei ein Kinderspiel und gar nicht so sehr ernst zu nehmen.

Einzelheiten über Biographie und einzelne Werke brauchte ich nicht zur Sprache zu bringen: sie sind in der Monographie beschrieben, die H. H. Stuckenschmidt 1963 zu Blachers sechzigstem Geburtstag herausgegeben hat.

Zur Einführung möchte ich hier nur einige kurze Daten angeben: Boris Blacher wurde 1903 in Njutschwang in China geboren. Sein Vater war Bankdirektor und wurde in dieser Funktion häufig versetzt. In Irkutsk in Sibirien besuchte Boris Blacher die Schule und erhielt Geigen- und Harmonielehreunterricht. In Charbin, in einer mandschurischen Provinz, bestand er sein Abiturium, obwohl er mehr Zeit für die Musik aufwandte als für die Schule: Im Auftrag des Emigranten-Orchesters der Stadt Charbin orchestrierte er viele Klavierauszüge, darunter z. B. die Oper »Tosca« von Puccini. Doch die Vorstellung, sein Sohn könne Musiker werden, gefiel dem Vater nicht. Nur mit dem Versprechen, Architektur und Mathematik zu studieren, ließ er ihn 1922 nach Europa reisen. Über Paris kam Blacher nach Berlin, wo er sich an der Technischen Universität immatrikulieren ließ. Zwei Jahre lang befolgte er das väterliche Gebot, dann ging er doch in die Kompositionsklasse von Friedrich Ernst Koch an der Hochschule für Musik. Nunmehr mit dem Vater überworfen, erwarb er sich das Geld für sein Studium durch Klavierspielen in Kinos und Schlagerkapellen.

Ab 1929 entstanden die Werke, die bis heute erhalten sind. Der große

Durchbruch gelang 1937 mit der »Concertanten Musik«. Carl Schuricht dirigierte das Werk in der Berliner Philharmonie, der Erfolg war so gewaltig, daß es sogleich wiederholt werden mußte. Ein Jahr darauf holte ihn Karl Böhm als Kompositionslehrer nach Dresden. Die Rückkehr nach Berlin erfolgte nicht ganz auf eigenen Wunsch: Blacher hatte mit seinen Schülern auch Werke von Hindemith und anderen »entarteten« Komponisten erarbeitet!

Nach dem Kriege übernahm Blacher die Kompositionsklasse an dem Internationalen Musikinstitut in Berlin-Zehlendorf, das 1945 von Paul Höffer und Josef Rufer gegründet worden war. Bald darauf wurde er an die Hochschule für Musik in Berlin berufen, deren Direktor er von 1953 bis 1969 war. Seit 1960 hielt Blacher an der Technischen Universität Berlin Vorlesungen über Elektronik und arbeitete selbst im Studio von Fritz Winckel.

1955 sagte Blacher in einem Gespräch vor dem Mikrophon mit Josef Rufer:

»Ein Komponist soll im Grunde schreiben, was ihm Spaß macht. Dabei gibt es viele Arten von Musik, leicht und schwer faßliche, rein unterhaltende und experimentelle. Es gibt Komponisten, die nur den einen oder den anderen Weg gehen. Das ist im Grunde eine Frage der schicksalhaften Bestimmung. Und es gibt wieder andere – zu ihnen rechne ich mich selbst–, die, je nachdem wie es ihnen Vergnügen macht, bald auf diese und bald auf jene Art komponieren.«

Herr Professor Blacher, Ihr Geburtshaus steht weit von Berlin entfernt. Wie kamen Sie nach Berlin, und warum blieben Sie in Berlin, seit nunmehr sechsundvierzig Jahren?

Berlin hat mir von Anfang an gut gefallen. Ich kam als Neunzehnjähriger hierher. Ich hatte die Wahl, in Paris zu studieren oder in Berlin. Paris hat mir damals nicht gefallen, es ist auf musikalischem Gebiet auch niemals so interessant gewesen wie Berlin. In Paris spielte sich vor dem ersten Weltkrieg alles in den Salons der vornehmen und reichen Leute ab. Aber wenn man die interessanten Leute nicht kannte, traf man sie nicht. Das Konzertleben in Paris war kümmerlich, das ist es ja auch heute noch. In Berlin war das in den zwanziger Jahren anders! Wahrscheinlich dadurch bin ich erst einmal hier geblieben, später konnte ich aus finanziellen Gründen nicht mehr heraus, und dann wollte ich gar nicht mehr woanders leben. Ich hatte und habe hier alles, was mich interessiert: die Musikhochschule, die Technische Universität und zwei Studios, das alles sicher in einer besseren Qualität als anderswo. Jetzt, wo ich aus Altersgründen die Leitung der Musikschule abgab, werde ich vielleicht nach England ziehen.

Ich habe oft das Gefühl, daß es heute in der Musik besonders viele verschiedene Stile — oft an Schulen gebunden — gibt. An Ihrem Werkverzeichnis kann man eine solche »Schule« so gar nicht ablesen: Sie schreiben Jazz, Sie schreiben in Variablen Metren, zwölftönig, Sie komponieren Variationen über ein Thema von Paganini, von Clementi, Sie arbeiten elektronisch. Hinter jedem Werk stehen Sie, voller Ernst, echt und wahr, und doch ist eine Leichtigkeit, eine Heiterkeit darin, daß ich sagen möchte: Sie spielen mit den verschiedenen Möglichkeiten, die uns die heutige Zeit zur Verfügung stellt, selbstverständlich ein Spiel voller Ernst.

Natürlich, aber hat nicht auch Mozart mit den verschiedensten Dingen gespielt, oder auch Haydn? Zwölfton, Aleatorik, Elektronik und was es da alles gibt, nun ja, das sind Schlagworte. Adorno schreibt einmal vollkommen richtig, daß die bedeutendsten Werke von Schönberg vor seiner Zwölftonzeit geschrieben worden sind. Techniken spielen also im Grunde genommen keine Rolle, sie sind Hilfskonstruktionen. Auch die Elektronik bedeutet nichts anderes. Ihre Einführung in die Musik ist gleichzusetzen mit der Einführung eines Englischhorns ins Orchester im vorigen Jahrhundert. Sie ist ein Medium, mit dem man nicht nur spielt, sondern mit dem man arbeiten kann. Allerdings noch ein ganz unklares Medium, das aber in den letzten Jahren immer klarer wurde. An der Technischen Universität in Aachen sind sie ja auch sehr eifrig dabei, Klangforschungen zu treiben. Dasselbe machen wir an der Technischen Universität hier. Diese Forschungen sind viel wichtiger als die Werke, die wir produzieren; denn dabei lernt man die Grundlagen der Musik. Wahrscheinlich wird sich die Ästhetik gewaltig ändern in der nächsten Zeit. Man wird vieles überprüfen müssen, viele Dinge, die heute als selbstverständlich gelten, werden in ein anderes Licht gestellt werden müssen.

Und weil Sie selbst ohne einengende Dogmatik komponieren, bauten Sie auch Ihren Kompositionsunterricht auf dieser Großzügigkeit auf, die von allen Ihren Schülern, mit denen ich sprechen durfte, so hoch gelobt wird?

Komponieren kann man im Grunde nicht lehren, genausowenig wie Malerei und Dichtung. Denken Sie an die berühmten Maler unseres Jahrhunderts: Wer hat eigentlich eine Akademie besucht? Wohl keiner. Wie können Sie auch Malerei und Dichtung lernen? Sie können Grammatik lernen, Syntaxis lernen, und Sie können natürlich andere Autoren lesen. Aber all das übrige können Sie nicht lernen. Ich kann also nur jedem Schüler seinen eigenen Weg zeigen. Das ist eine klare Überlegung, weiter nichts. Wenn ich meinen Stil den anderen beibringen würde, was würden sie machen? Mich kopieren! Nicht nur in unserem Jahrhundert, auch im vorigen gab es eine Spitze und darunter dann die Masse. Denken Sie an die zwanziger Jahre: Hindemith war die Spitze in Deutschland. Wir hatten aber hunderte von Komponisten, nur waren sie im Grunde genommen nichts anderes als Nachahmer von Hindemith. Heute sind nun andere an der Spitze, aber auch die werden laufend kopiert. Das ist doch langweilig. Mich interessiert der Mensch. Als Lehrer muß ich wissen, daß auch andere etwas darstellen.

Ich weiß, die Beantwortung meiner nächsten Frage könnte allein ein Buch füllen, und doch bitte ich Sie, mir etwas über die Entstehung Ihrer Werke zu sagen, wenigstens eine kleine Kostprobe!

Das ist sehr schwierig, weil eben wirklich jedes Stück eine eigene Geschichte hat. Viele Werke entstehen als Auftragskomposition. Ein Anfänger erhält von dem Dirigenten seine Weisungen, und wenn es nur heißt: Es fehlt ein Stück, möglichst kurz, damit der Dirigent mit den Proben nicht zu viel Zeit verliert – denn die Proben sind ja meist für den Brahms oder Tschaikowsky da, den er dann zum Schluß verzapft –; der Schluß muß möglichst applaustreibend sein, mit anderen Worten: laut! Wenn man die Sprache der Leute versteht, kann man natürlich schneidern, und das heißt gar nicht, daß dadurch das Stück besser oder schlechter wird. Als Anfänger müssen Sie alles machen, Sie müssen vor allen Dingen Noten schreiben und immer wieder schreiben, damit Sie Aufführungsmöglichkeiten bekommen. Später kommt dann die etwas schwierige Situation: man kann ja nicht an denselben Stücken immer hängenbleiben, nicht an demselben Stil, nicht an derselben Ästhetik. Ich meine, die Dinge verändern sich, heute noch schneller als früher, und in irgendeiner Form experimentiert man dann, um die Dinge auszuprobieren. Aufführungen sind dann nicht einmal so wichtig: manche Stücke kann man auch zu Hause lesen, und manchmal sind die Aufführungen, die man selber liest, besser als die Aufführungen in veritate.
Ich habe nun allerdings eine solche Erfahrung, daß ich genau weiß, wie ein Stück klingt. Ich habe niemals mehr etwas nach einer Aufführung geändert. Als Student in den zwanziger Jahren habe ich im Kintopp gespielt, ich habe für den Film komponiert, besonders für den Stummfilm, dann für die ersten Schallplatten, und bei dieser harten Arbeit sammelt man mehr Erfahrung, als wenn man hochtrabend als unsterblicher Komponist anfängt. Aber lernen kann man immer: Jedes Stück hat seine Begrenzungen, stellt seine präzisen Forderungen. Besonders schwierig wird die Sache bei Bühnenwerken. Da kommt einmal die Begrenzung durch das Technische hinzu. Schon allein die Frage: Wie ist das Haus bestückt, in dem z. B. eine elektronische Oper aufgeführt werden soll, führt zu gewaltigen Einschränkungen. Dann gibt es bei der Aufführung große Überraschungen: Dinge, die man für sehr wirkungsvoll hielt, kommen plötzlich gar nicht an, und ein Moment, eine Situation, an die man gar nicht dachte, haben plötzlich eine ganz große Wirkung. Das kann man vorher nicht genau kalkulieren. Dinge spielen dabei eine Rolle, die man sich nie ganz erklären kann. Es ist ja überhaupt überaus schwierig, Musik zu beurteilen. Ich freue mich immer, wenn ich ein altes Stück von mir wiederhöre, und zwar zur Kontrolle, um zu sehen, wieweit das Stück noch frisch ist. Das ist ja schließlich die einzige Möglichkeit, die

Qualität einer Komposition zu beurteilen. Sonst haben Sie in der Kunst im Grunde genommen keine Meßmethode.

Ich hatte einmal im Rundfunk eine Diskussion mit Adorno über die Frage: Was ist eigentlich »gute Musik«? Man kann mit Adorno wunderbar diskutieren. Sind zur Diskussion zwanzig Minuten angesetzt, so redet er zwanzig Minuten. Sie brauchen nur ein Wort zu sagen, und die Zeit ist um! Also, er sagte: Je mehr Einzelheiten in einem Stück angewendet werden, wie z. B. Variable Metren, Rhythmen oder Tonhöhen, je bunter es also ist, desto besser könnte es sein.

Ich bin nicht seiner Meinung und nenne ein Gegenbeispiel: Im Finale von Chopins b-moll Sonate stehen immer die gleichen Werte und Rhythmen, und doch ist es ein recht geniales Werk. Also stimmt Adornos Theorie nicht. Aber welche stimmt? Wer weiß das?

Was wissen Sie von einem Werk, wenn Sie anfangen, es aufzuschreiben? Und wie fangen Sie an zu schreiben?

Eine Generalidee muß man haben. In der Schlager- und Unterhaltungsmusik ist das die berühmte Melodei, manchmal auch der Text oder eine harmonische Wendung. In der sogenannten E-Musik ist die Generalidee zu Anfang meist noch ziemlich unklar. Nehmen wir ein Beispiel: Ravel, Bolero. Was ist da die Generalidee? Einfach: Lauterwerden mit demselben Material. Das Lauterwerden ist eine uralte Idee. Aber diese Idee als eine musikalische Form zu benutzen, das ist der Einfall von Ravel.

Da ist also erst einmal eine nebulose Idee, noch keineswegs artikuliert, weder in der zeitlichen Fassung, noch im Rhythmus oder in den Tonhöhen. Ich könnte eine Zahlenreihe aufschreiben und hätte damit im Grunde genommen schon die Generalidee fixiert. Auch »Variable Metren« können z. B. eine solche Generalidee sein. Die Idee kann ich dann später mit Klang ausfüllen. Das ist dann die Realisierung. Das geht alles sehr schnell bei mir.

Die Wahl des Materials spielt eine sekundäre Rolle. Primär ist die Generalidee – ich glaube, das ist bei Beethoven nicht viel anders gewesen. Bei der Realisierung ist es mehr oder weniger gleichgültig, welches Medium Sie benutzen. Natürlich gibt es bestimmte Ideen, die nur durch bestimmte Medien zu realisieren sind, ein Durcheinander ist in den meisten Fällen einfach nicht praktisch. Haben Sie erst einmal die Idee, kann Ihnen gar nichts mehr passieren, es sei denn, man ist faul und hat keine Lust zum Schreiben. Ich habe gern Termine, da ist man gezwungen zu arbeiten und darf nicht faulenzen, man muß ja präzise fertig sein.

Bei der Komponiererei ist viel mechanische Arbeit dabei. Da lobe ich mir die Elektronik, das geht viel schneller, wenigstens bei uns hier in Berlin. Wir haben ja eine ganz andere Methode als die in Köln oder Paris, wir suchen und finden aus bestehenden Klängen das heraus, was wir brauchen. Es handelt sich bei uns fast um eine Art »musique concrète«. So geht es viel schneller, als wenn man erst einen Klang aufbauen muß. Klangaufbauen dauert Monate, wir schaffen unsere Aufgabe in zwei Tagen, oder treffender gesagt: zwei Nächten.

Es ist heute eine Seltenheit geworden, daß bei einem großen Werk, sei es Oper oder Ballett, zwei berühmte Namen nebeneinander auf dem Programmzettel stehen: Komponist und Librettist, oder Komponist und Choreograph. Sie sind einer dieser »seltenen Fälle«: Sie arbeiten viel mit anderen Künstlern zusammen und zwar in unterschiedlicher Funktion: Ihre Mitarbeit als Lehrer und Librettist an der berühmten Oper »Dantons Tod« von Ihrem Schüler Gottfried von Einem ist ebenso bekannt geworden wie Ihre Zusammenarbeit mit der Choreographin Tatjana Gsovsky bei Ihren Balletten.

Nun, mit von Einem war die Sache etwas anders, als sie gern hingestellt wird: Ich habe nicht gedichtet, ich habe nur zusammengestrichen. Einems Komposition dieser Oper war ursprünglich – 1943 – gedacht als eine Kompositionsübung. 1947 hörte ich dann plötzlich, daß »Dantons Tod« in Salzburg herauskommt. Es ist wohl die einzige Oper, die heute noch lebt, alle anderen modernen Opern sind so gut wie tot.

Daß Werner Egk und ich die »Abstrakte Oper« gemacht haben, war eine Idee von Egk. Sie wurde 1953 in Mannheim uraufgeführt.

Die Libretti zu meinen Opern schrieb zum großen Teil Heinz von Cramer. Die Frage des Textes ist heute etwas schwierig. Die wenigsten Literaten können einen Operntext schreiben, weil sie kein Gefühl haben für die Zeit in der Musik. Eine Schreibmaschinenseite lesen Sie in zwei Minuten. In der Oper kann es aber zehn Minuten dauern oder vier, je nachdem, ob der Komponist ein langsames Tempo vorschreibt oder ein schnelles. Sie sehen die Differenzen! Und die Zeitprobleme sind in der Musik doch primär. Ein Operntext muß absolut nicht immer große Literatur sein. Heinz von Cramer beherrscht die Kunst des Librettisten, er hat Sinn für Inhalt und Länge. Aber er kann nicht nur dichten, er ist auch ein musikalisches Wunderkind: Mit vierzehn Jahren war er bereits Kompositionsschüler von mir. Wir machten zusammen das »Preußische Märchen« 1949, und dann 1964 wieder die elektronische Oper »Zwischenfall bei einer Notlandung«, die ich für Hamburg schrieb. Eine elektronische Oper braucht ein besonderes Thema: Zur Darstellung eines normalen Dreiecksverhältnisses, eines Liebesduetts, wäre der Gebrauch von elektronischen Klängen etwas fehl am Platze, meine ich.

Beim Ballett ist es nun wieder ganz etwas anderes. Ich habe sehr gern mit Frau Gsovsky gearbeitet. Sie hat ihre ganz bestimmten Vorstellungen für eine Choreographie, aber manchmal hat sie ihre Vorstellungen auch geändert nach dem Charakter der Musik! Beschränkungen hat man überall in der Kunst, sie sind bestimmt auch nicht schlecht. Die spezifischen Eigenheiten der Instrumente schränken Ihre musikalischen Ideen ein. In der Oper gibt es z. B. technische Beschränkungen: Die Sänger brauchen eine gewisse Zeit für ihren Auftritt, sie brauchen so und so viele Takte Musik, um zur

Mitte der Bühne zu kommen. Das sind also rein praktische Fragen. Es klingt immer sehr schön, wenn man von der berühmten »Freiheit« spricht, doch ist sie in der Kunst kaum zu gebrauchen.

Sie sprachen vom Schöpfer und von den Mittlern Ihrer Kunst. Hat auch der Verbraucher in irgendeiner Weise einen Einfluß auf Ihr Schaffen?

Sehen sie: Lyrik ist ein Einmannjob, Malerei auch, Musik aber ist ein Dreimannjob. Es gibt ein sehr schönes Beispiel aus Spanien: Zum Stierkampf gehören immer drei: zwei Kämpfer, Torero und Stier, und einen, der »o le« schreit. In der Musik ist das genauso: Sie brauchen einen Komponisten, einen Interpreten, und Sie brauchen den Kritiker, der »o le« schreit. Sonst ist es keine Aufführung, sondern eine Probe!

Daß das »o le« manchmal auch am falschen Platz geschrien wird, ist nicht zu vermeiden. Ebenso, wie man als Komponist die Wirkung eines Satzes in einer Oper nicht vorher einschätzen kann, kann man ein Werk auch nicht nach seiner ersten Interpretation beurteilen. Da muß man großzügig sein. Etwas Bohemien hat nie geschadet. Und wenn die Leute »Buh« rufen wollen, sollen sie es tun, keiner sollte aus seinem Herzen eine Mördergrube machen. Sterben tut man daran nie!

Werkverzeichnis Boris Blacher

1929	Habemeajaja, Kammeroper nach Heggars	Benno Balan, Berlin verschollen
	Symphonie für Orchester	Manuskript verschollen
	Jazz-Koloraturen op. 1 für Sopran, Altsax., Fag.	Bote & Bock
1930	Vier Stücke für Streichquartett op. 11	Bote & Bock
	I. Streichquartett	nicht erhältlich
1931	Zwei Toccaten für Klavier	
	Zwei Estnische Nationaltänze für Klavier	
	Fünf Sinnsprüche Omars des Zeltmachers op. 3 für mittlere Stimme und Klavier	Bote & Bock
	Concerto für 2 Trompeten und 2 Streichorchester	
1932	Kleine Marschmusik op. 2 für Orchester	Bote & Bock
1933	Orchester-Serenade für Streichorchester	
	Orchester-Capriccio op. 4	Bote & Bock
	Kurmusik op. 5 für kleines Orch.	Bote & Bock nicht erhältlich
1934	Wie soll ich Dich empfangen Choral für 2 gleiche Stimmen ad libitum	
1935	Fest im Süden op. 6 für Orchester Tanzdrama nach Ellen Petz	Bote & Bock
	Suite aus Fest im Süden für Orchester op. 6 a	Bote & Bock

	Estnische Tänze op. 9 für 10 Bläser	Bote & Bock
		nicht erhältlich
	Klavierkonzert	
1936	Drei Orchester-Etüden	
	Divertimento op. 7 für sinfonisches Blasorchester	Bote & Bock
	Geigenmusik op. 8 für Violine und Orchester	Bote & Bock
		nicht erhältlich
1937	Lustspiel-Ouvertüre für Orchester	
	Concertante Musik op. 10 für Orchester	Bote & Bock
1938	Symphonie op. 12 für großes Orchester	Bote & Bock
1939	Concerto da camera für 2 Solo-Violinen, Solo-	Manuskript
	Violoncello und Streichorchester	
	Harlekinade op. 13. Ballett von Jens Keith	Bote & Bock
1940	Zwei Sonatinen op. 14 für Klavier	Bote & Bock
	II. Streichquartett op. 16	Bote & Bock
	Sonate für Flöte und Klavier op. 15	Bote & Bock
		nicht erhältlich
	Hamlet Sinfonische Dichtung für gr. Orchester	
	op. 17	Bote & Bock
	Fürstin Tarakanowa op. 19	
	Oper nach Karl O. Koch	Bote & Bock
	Suite aus Fürstin Tarakanowa op. 19 a	
	für großes Orchester	Bote & Bock
	Konzert für Streichorchester op. 20	Bote & Bock
1941	Das Zauberbuch von Erzerum, Ballett nach Mierau	Bote & Bock
	Sonate für Violine und Klavier op. 18	Bote & Bock
1942	Der Großinquisitor, Oratorium nach Dostojewskij	Bote & Bock
	für Bariton, Chor und Orchester op. 21	Eichmann-Verlag
1943	Romeo und Julia, Kammeroper nach Shakespeare	
	op. 22	Universal-Edition
	Drei Psalmen für Bariton und Klavier	Bote & Bock
	⊙ Elektrola 91189	
	Trois pieces für Klavier op. 23 ⊙ Wer 60017	Universal-Edition
	»What about this Mr. Clementi?«	
1944	III. Streichquartett op. 32	Bote & Bock
	Vier Chöre nach Texten von François Villon für	Bote & Bock
	gem. Chor a cappella	
1945	Partita für Streichorchester und Schlagwerk op. 24	Eichmann-Verlag
1946	Konzert für Jazzorchester	Manuskript
	»Es taget vor dem Walde«, Kantate für Sopran	Manuskript
	und Baß solo, gem. Chor und Streicher	
	Die Flut op. 24, Kammeroper nach	
	H. v. Cramer	Bote & Bock
	Chiarina op. 33, Ballett nach P. Strecker	Bote & Bock
1947	Zwei Chansons nach Texten von B. Brecht für	Manuskript
	Singstimme, Klav., Klar., Trom., Kb., Git.	
	Orchestervariationen über ein Thema von Niccolò	Bote & Bock
	Paganini op. 26 ⊙ Colos 533	

	Vier Lieder op. 25 (Fr. Wolf) für hohe Stimme und Klavier	Bote & Bock
	Die Nachtschwalbe op. 27, Dramatisches Nocturno für Chor und Orchester (Fr. Wolf)	Bote & Bock
	»Erstes« Klavierkonzert op. 28	Bote & Bock
1948	Divertimento op. 31 für Trompete, Pos. u. Klav.	Bote & Bock
	Konzert für Violine und Orchester op. 29	Bote & Bock
1949	Preußisches Märchen op. 30, Ballett-Oper (Heinz von Cramer)	Bote & Bock
	Hamlet op. 35, Ballett nach Shakespeare für gem. Chor und Orchester mit Klav.	Bote & Bock
	Suite aus Hamlet für großes Orchester op. 35 a	Bote & Bock
1950	Der erste Ball, Ballett	Bote & Bock
	Concerto op. 36 für Klar., Fag., Horn, Trom., Hf., Str.	Bote & Bock
	Ornamente op. 37, Sieben Studien über variable Metren für Klavier	Bote & Bock
	Dialog für Flöte, Solo-Violine, Klavier, Streichquartett und Kontrabaß	Universal-Edition
	Lysistrata op. 34, Ballett nach Aristophanes	Bote & Bock
	Suite aus Lysistrata op. 34 a für gr. Orchester	Bote & Bock
1951	Divertimento für 4 Holzbläser op. 38 ⊙ DG 3/654063	Bote & Bock
	Sonate für Klavier op. 39 ⊙ Wergo 60017	Bote & Bock
	Sonate für Violine solo op. 40	Bote & Bock
	Epitaph op. 41, 4. Streichquartett	Bote & Bock
1952	»Zweites« Klavierkonzert (in variablen Metren) op. 42	Bote & Bock
	Nebel (Carl Sandburg) für Ges. u. Klav.	Bote & Bock
1953	Abstrakte Oper Nr. 1 op. 43 (Idee W. Egk) ⊙ Wergo 60017	Bote & Bock
	Orchester-Ornament op. 44	Bote & Bock
	Studie im pianissimo op. 45 für Orchester	Bote & Bock
1954	Zwei Inventionen op. 46 für Orchester	Bote & Bock
	Francesca da Rimini op. 47, Fragment aus Dantes »Göttl. Komödie« für Sopran u. Solo-Violine	Bote & Bock
	Konzert für Bratsche und Orchester op. 48	Bote & Bock
1955	Träume vom Tod und vom Leben op. 49, Kantate nach Hans Arp für Tenorsolo, Chor u. Orch.	Bote & Bock
	Krieg-und-Frieden-Musik, Schauspielmusik nach Tolstoi	Bote & Bock
	Der Mohr von Venedig op. 50, Ballett nach Shakespeare	Bote & Bock
1956	Orchester-Fantasie op. 51	Bote & Bock
	Hommage à Mozart op. 52, Metamorphosen über eine Gruppe von Mozart-Themen für Orchester	Bote & Bock
1957	Music for Cleveland op. 53 für Orchester	Bote & Bock
	Thirteen ways of looking at a blackbird op. 54	Bote & Bock

	für hohe Stimme und Streicher	
	Two poems for Jazz Quartet op. 55 für Vibra-	Bote & Bock
	phon,, Baß, Drums, Piano	
1958	Die Gesänge des Seeräubers O'Rourke und seiner	Bote & Bock
	Geliebten Sally Brown, beide auf das Felsenland	
	en Vano Anhelar verschlagen op. 56	
	für hohen Sopran, Chansonsängerin, Bariton,	
	Sprecher, Sprechchor und Orchester (Rezzori)	
	Aprèslude op. 57 (G. Benn) für mittlere Stimme	Bote & Bock
	und Klavier ⊙ Wer 60017	
	Requiem op. 58 für Sopran- und Baritonsolo,	Bote & Bock
	gem. Chor und Orchester	
1959	»Musica giocosa« op. 59 für Orchester	Bote & Bock
1960	»Rosamunde Floris« op. 60, Oper nach Kaiser	Bote & Bock
1961	Variationen über ein Thema von Muzio Clementi	Bote & Bock
	op. 61 für Klavier und Orchester	
1962	»Multiple Raumperspektiven« für Klavier und	Bote & Bock
	drei Klangerzeuger	
	»Spirituals« für mittlere Stimme u. Instrumental-	Bote & Bock
	Solisten	
	Studie in Schwarz, Elektronische Fassung des	Manuskript
	Spirituals »Nobody knows the trouble«	
	Elektronische Studie über ein Posaunen-Glissando	Manuskript
1963	Konzertstück für Bläserquintett und Streicher	Bote & Bock
	»Demeter«, Ballett	Bote & Bock
	»Perpetuum mobile« für Violine solo	Bote & Bock
1964	»Zwischenfälle bei einer Notlandung«, Oper	Bote & Bock
	Konzert für Violoncello und Orchester	Bote & Bock
1964/67	Vier Studien für Cembalo ⊙ Wer 60028 SaP	Bote & Bock
1965	Oktett	Bote & Bock
	Tristan, Ballett	Bote & Bock
	Suite »Tristan«	Bote & Bock
1966	Elektronisches Scherzo ⊙ Wer 60017	Bote & Bock
	Das musikalische Opfer (Bearbeitung)	Bote & Bock
	Virtuose Musik für Violine solo, zehn Bläser,	Bote & Bock
	Pauke, Schlagz., Harfe	
1967	Spiel mit (mir) oder Die sieben Plagen für	Bote & Bock
	Violine, Flöte, Klavier ad libitum	
	Variationen über einen divergierenden c-moll-	Bote & Bock
	Dreiklang (5. Streichquartett) ⊙ DG 3/654063	
1968	»Anacaona«, 6 poems by Alfred Tennysson für	Bote & Bock
	gem. Chor	
	Vier Studien für Cembalo	Bote & Bock
	Konzert für Streicher	Bote & Bock
1968/69	»200 000 Taler«, Oper nach Scholem Alejchem	Bote & Bock
1969	Ornamente für Violine und Klavier	Bote & Bock
	Collage	Bote & Bock

Gottfried Michael Koenig

Daß Computer Aufgaben aus allen naturwissenschaftlichen Bereichen des Lebens in Minutenschnelle lösen, zu deren Errechnung ein Wissenschaftler lange Zeit benötigen würde, daß Computer für unser technisches Zeitalter unentbehrlich geworden sind, bedarf keiner Diskussion. Daß aber der Computer in den Bereich der Künste Einzug gehalten hat, ist heute noch keine Selbstverständlichkeit.

Zur »Woche für experimentelle Musik« im Herbst 1968 in Berlin konnte ich einen Komponisten treffen, der mir über Fragen und Probleme der elektronischen wie der Computermusik Auskunft und Erklärung zu geben am geeignetsten erschien: Gottfried Michael Koenig. Koenig, Jahrgang 1926, arbeitete von 1954 bis 1964 am elektronischen Studio des WDR Köln zusammen mit Eimert und Stockhausen. Nach diesen zehn Jahren ging er als künstlerischer Leiter an das elektronische Studio der Reichsuniversität Utrecht in Holland.

Ich möchte seine Ausführungen an den Anfang meiner Arbeit setzen, da sie einen allgemein verständlichen Einblick in das Wesen der elektronischen Musik geben und auch deutlich machen, wie die Rolle des Computers für die kompositorisch-musikalische Arbeit einzuschätzen ist.

Wie und warum er sich – alternierend mit Instrumentalkompositionen – der Entwicklung und der Komposition mit elektronischen Klängen verschrieben hat, erzählte er mir selbst.

Herr Koenig, Sie gelten in Deutschland heute wohl als der Komponist, der sich am ausschließlichsten mit elektronischer Musik beschäftigt hat. Welche Gründe waren ausschlaggebend für diese Entscheidung? Haben Sie neben einer musikalischen Begabung auch eine starke Neigung zur Naturwissenschaft, zur Physik und Mathematik?

Obwohl ich mich, seit ich denken kann, mit Musik beschäftigt habe, schwankte ich doch als Schüler, ob ich nicht lieber Chemiker oder Atomphysiker werden sollte. Meine Eltern waren beide musikalisch, meine Mutter spielte Klavier; ich wuchs also in einer musikalischen Atmosphäre auf. Bereits als Kind erhielt ich Instrumentalunterricht, zuerst Klavier, später Violine, noch später Orgel. Mit acht Jahren komponierte ich meine ersten Stücke, und als ich erfuhr, daß es Harmonielehren gibt, wünschte ich mir eine zu Weihnachten. Ich löste noch am Heiligen Abend eine große Anzahl Aufgaben, hatte aber nicht das Gefühl, wesentlich Neues zu lernen.

Nach dem Krieg ging ich zunächst an die Musikschule in Braunschweig zu einem regulären Musikstudium, ein Jahr später nach Detmold an die Nordwestdeutsche Musikakademie. Meine Lehrer waren Wilhelm Maler, Günter Bialas, Jan Natermann und Dr. Ing. Thienhaus. Im Nachhinein ist es schwer zu sagen, was man während eines solchen Studiums für sein späteres Leben gelernt hat, und wo die eigentlichen Einflüsse liegen. In meinem Lebenslauf habe ich die Namen meiner Lehrer selten genannt, weil ich mir nicht darüber im klaren war, was sie für mich bedeuteten. Der Gerechtigkeit halber möchte ich aber doch sagen, daß ich im Kompositionsunterricht Wesentliches gelernt habe. Bialas war allen neuen Dingen gegenüber sehr aufgeschlossen und verstand es, Konsequenzen auch aus Ansätzen zu ziehen, von denen er selber nicht ausging, vor allem zu zeigen, daß die Konsequenzen wichtiger als die Ansätze sind. Der Kompositionsunterricht war experimentell, nicht zuletzt bedingt durch die Situation 1947: die Klasse bestand aus gerade entlassenen Kriegsgefangenen, zum Teil noch in umgeschneiderten Wehrmachtsuniformen. Kein geordneter Unterricht also in einer geordneten Gesellschaft, mehr der Versuch einer Orientierung aus eigener Kraft. Damals hat keine Webernpartitur, keine Schönbergpartitur auf dem Tisch gelegen; Strawinsky und Hindemith waren gerade wiederentdeckt worden, über Schönberg begannen die ersten Diskussionen. Von elektronischer Musik war uns nicht ein einziger Ton bekannt, obwohl 1948 das Studio für konkrete Musik in Paris gegründet wurde.

1951 fand in Detmold eine Tonmeistertagung statt: Werner Meyer-Eppler von der Universität Bonn führte seine ersten Klangmodelle vor. Diese Versuche interessierten mich sehr. Auch meine Lehrer an der Akademie waren beeindruckt und wollten selber mit diesen Möglichkeiten experimentieren. Im Bonner Institut gab es jedoch weder Zeit noch Raum; nur Maderna konnte damals dort seine erste Übung realisieren.

Der Begriff »elektronisches Studio« setzte sich aber sofort in mir fest. Die Arbeit mit Apparaten, mit denen man einen Klang so lang, so laut und so hoch machen kann, wie es in der Partitur steht, traf sich genau mit meinen musikalischen Vorstellungen. Ich ärgerte mich an der Aufführungspraxis, an den Beschränkungen, die sich aus der Zusammenarbeit mit dem Orchester, dem Dirigenten ergeben, nicht erst zu reden von den Ausflüchten der Programmgewaltigen, wenn man ihnen eine Partitur vorlegt. Der instrumentale Komponist hört sein Stück ja erst im Konzertsaal, angefüllt mit Menschen, denen dieser Ort nur Anlaß ist, über Musik ihre unerwünschte Meinung kundzutun und als Laien über Fachleute ihr Urteil auszusprechen. Das ist für einen Komponisten, der in Ruhe neue Dinge ausprobieren will, nicht sehr erfreulich. Vielleicht bin ich ein bißchen schüchterner als andere Komponisten, jedenfalls erschien es mir sehr verlockend, ungestört in einem Studio arbeiten und experimentieren zu können, ehe das klangliche Resultat, das Gegenstand der experimentellen Bearbeitung war, der Öffentlichkeit vorgestellt wird.

Doch um bei meinem Lebenslauf zu bleiben: ich schrieb sofort an alle Rundfunkstationen, Musik- und Technische Hochschulen, um zu erfahren, ob es nicht irgendwo schon ein elektronisches Studio gäbe. Auf diese Briefe bekam ich natürlich keine positiven Antworten. Doch einige Zeit später hörte ich die ersten Nachtprogramme aus Köln, wo Herbert Eimert und Robert Beyer arbeiteten. Seit 1954 habe ich dann selbst in diesem elektronischen Studio des WDR gearbeitet, an dem unter anderen Pousseur, Kagel, Boehmer, Brün und Ligeti gearbeitet haben und dessen Leiter heute Karlheinz Stockhausen ist.

Sie haben nie aufgehört, auch instrumentale Musik zu schreiben. Können Sie bitte etwas von Ihren Kompositionen erzählen: wann Sie elektronische, wann Sie instrumentale Stücke schreiben; besonders interessieren würde es mich zu erfahren, welche kompositorischen Ideen Sie an den einzelnen Kompositionen realisieren wollten.

Um mit dem letzten zu beginnen: kompositorische Ideen lassen sich kaum von Materialideen trennen. Materialideen betreffen einerseits den Klang als solchen, andererseits die Art und Weise, Klang hervorzubringen. Gerade darin aber unterscheiden sich elektronische und instrumentale Musik. Die elektronische Musik gilt als das Land der unbegrenzten Klangmöglichkeiten; bis zu einem gewissen Grad stimmt das sogar. Andererseits aber sind auch elektronische Komponisten keine Zauberkünstler; Klänge werden auch im Studio von »Instrumenten« hervorgebracht, und jedes Instrument hat seine eigenen Beschränkungen. Das merkt man, wenn man länger in einem Studio arbeitet. In der Instrumentalmusik hingegen fallen die Beschränkungen sofort ins Auge. Die Musikinstrumente sind so gebaut, daß sie nur ganz bestimmte, leicht erkennbare Klangfarben erzeugen; die Musiker sind durch Ausbildung und Routine – ich möchte sagen: psychologisch – festgefahren; nur wenigen gelingt es, sich von der Angewohnheit, ein bestimmtes Instrument zu spielen, freizumachen und die Aufmerksamkeit allein der Musik zuzuwenden, die auf dem Pult steht. Man könnte sagen: viele Musiker haben sich zu Instrumentalisten zurückgebildet; sie spielen ein Instrument, nicht aber Musik. Experimentelle Instrumentalmusik hat daher auch drei Aspekte: Was kann man mit dem Instrument machen? Was kann man mit dem Musiker machen? Welchen Einfluß hat die Reaktion des Publikums auf den Musiker?
In der elektronischen Musik liegen die Dinge umgekehrt. Trotz der genannten Beschränkungen gibt es keine Instrumente, die nur für bestimmte Klangfarben gebaut sind. Der elektronische Klang wird mit Hilfe solcher Instrumente hervorgebracht, nicht aber auf ihnen »gespielt«. Zweitens gibt es keine Musiker, von deren Interesse für neue Musik die Aufführung abhängt. Der Komponist realisiert sein Werk selber. Drittens: Was man mit den Apparaten machen kann, probiert der Komponist im Studio aus; das Publikum wird nicht Zeuge dieser Experimente. Die Frage, was man mit den Musikern machen könne, kann nicht gestellt werden. Und ein Einfluß der Hörer-Reaktion auf die Aufführung ist nicht möglich, weil die Musik über Lautsprecher wiedergegeben wird.

Von diesen Voraussetzungen wird mein Wunsch bestimmt, ein instrumentales oder ein elektronisches Werk zu schreiben. Wenn ich mit Klängen oder den vielfältigen Prozessen der Klangerzeugung experimentieren will, tue ich das im Studio; ich komponiere elektronische Musik. Wenn es hingegen darum geht, einen Vorgang innerhalb der Musiksprache darzustellen, wähle ich instrumentale Mittel. Zur Musiksprache rechne ich dabei: die 12 Halbtöne unseres Tonsystems, die bekannten Musikinstrumente, die man schon beim ersten Hören des Stückes wiedererkennt, die bekannten Manieren der Musiker, wenn sie Klänge erzeugen; auch das ist ein traditionelles Repertoire. Ich bin nicht daran interessiert, ein Orchesterinstrument auf ungewöhnliche Weise behandeln zu lassen, also nur die Aktion vorzuschreiben. Jeder Musiker würde meine Vorschrift anders befolgen, und das einzige Ergebnis wäre die Erkenntnis (für mich sowohl wie für das Publikum), daß ein Instrument auf ungewöhnliche Weise behandelt, einen ungewöhnlichen und schwer vorauszusehenden Klang abgibt. Das so traktierte Instrument wird auf diese Weise isoliert, zum Selbstzweck, das Orchester zerfällt in eine Gruppe Bastler. Dagegen ist nichts zu sagen, nur interessiert es mich nicht sehr. Wenn ich hingegen im elektronischen Studio ein Experiment mache, dann findet es unter bekannten und reproduzierbaren Umständen statt. Mit anderen Worten: das Experiment liefert eine Erkenntnis, und diese Erkenntnis manifestiert sich als Klang in der Musik, als Klang wohlgemerkt, der bekannt und bewertet war, ehe die Musik erklingt.

Elektronische Musik plane ich also vom Apparat, von möglichen Realisationsprozessen her. Dieser Aspekt fesselte mich bereits, als ich die ersten Klangmodelle von Meyer-Eppler hörte. Der Übergang von instrumentaler zu elektronischer Musik verlief indes nicht ohne Schwierigkeiten. Ich hatte im Kölner Studio noch kaum einen Klang hergestellt, da schrieb ich schon elektronische Partituren, die ich dann allerdings nicht realisierte. Erst die vierte oder fünfte Partitur, das später zurückgezogene Werk KLANGFIGUREN I, wurde produziert. Aber erst in den KLANGFIGUREN II gelang mir die Transformation des Arbeitsprozesses in Klang. Man kann sich das so vorstellen, daß den Studiogeräten, obwohl es Meßgeräte sind, die nicht zur Produktion musikalischer Klänge entwickelt wurden, die sinnvolle Anwendung gewissermaßen einbeschrieben ist; sie ermöglichen, die Eigenschaften eines musikalischen Klanges, die im Orchesterinstrument aneinander gekoppelt sind, unabhängig voneinander zu verändern. Oder anders gesagt: ich kann einen Tonhöhenverlauf komponieren, einen Lautstärkenverlauf, einen Klangfarbenverlauf, einen rhythmischen Verlauf – und ich kann diese Verläufe zusammensetzen zu einer Konfiguration, die kein Musiker spontan spielen könnte; nicht spielen könnte, weil kein Musikinstrument dafür geeignet und kein Musiker dazu imstande wäre.

Dazu kommt der große Bereich der sogenannten Transformationen. Aus der Musikgeschichte ist der Begriff der Entwicklung bekannt: die zielstrebige Veränderung eines Ausgangsmaterials, einer Melodie, eines Motivs etwa.

Die Entwicklung vollzieht sich über Varianten, die alle einzeln komponiert werden müssen. Im elektronischen Studio erfolgt die Variantenbildung technisch, ich möchte sagen apparativ. Ein aufgenommener Klang, auch eine längere Klangfolge, kann durch Veränderung der Tonhöhe, der Geschwindigkeit, der Klangfarbe, des Raumeindrucks (Nachhall) pauschal entwickelt werden. Es entsteht dann eine Beziehung zwischen dem originalen Klang und dem transformierten. Der transformierte Klang kann dann einer weiteren Bearbeitung unterworfen werden und so weiter, so daß eine ganze Hierarchie von Ableitungen entsteht, die untereinander einen Entwicklungsprozeß darstellen, der nicht bloß Gedankliches zum Ausdruck bringt, sondern sinnlich wahrnehmbar wird. Diese Entwicklung elektronischer Klänge zeigt natürlich deutliche Parallelen zur Instrumentalmusik, vollzieht sich indes in einem anderen Medium und setzt daher eine andersartige Planung (sprich Komposition) voraus und hat dann auch eine andersartige Aufführungstechnik zur Folge: die Realisation im elektronischen Studio.

Ist denn ein Hörer überhaupt in der Lage, beim ersten Hören mehr als eine Art Geräusch zu vernehmen?

Das »Ohr« des Konzertbesuchers ist ein interessantes Problem. Ich weiß nicht, was ein Konzertbesucher hört. Ich bin total verdorben durch das Maß an Fachkenntnis, das ich mir in aller Bescheidenheit zumessen darf. Denn selbst bei verschiedenen Auffassungen und verschiedenen Arbeitsgewohnheiten ist der Unterschied zwischen zwei Komponisten viel geringer als zwischen einem Komponisten und seinem Publikum. Ich habe sein Ohr nicht am Kopf und werde daher niemals wissen, was es hört. Man sollte darüber wirklich einmal eine gründliche wissenschaftliche Untersuchung anstellen.
Doch zurück zu den »Klangfiguren«. Wie ich eben schon sagte, durchläuft jeder Klang mehrere Arbeitsstufen, und sowohl der Originalklang als auch die verschiedenen Zwischenresultate des Transformationsprozesses werden vorgeführt. Die Form konstituiert sich also schließlich aus den verschiedenen Graden der Klangtransformation. Diesem Prinzip bin ich bis heute treu geblieben. Selbst meine späteren Arbeiten, wie z. B. FUNKTION GELB, beruhen auf diesem Prinzip. Vielleicht waren die ersten Stücke didaktischer angelegt und – trotz anfänglicher Hörerproteste – leichter zu verfolgen. Durch meine lange Arbeit im Studio sind alle Erfahrungen zu Komponenten des Handwerks geworden, zu Vokabeln einer Sprache, die nur deshalb so schwer verständlich zu sein scheint, weil sie fast nirgends gelehrt wird.

Welche Funktion haben die spezifischen Klangfarben eines jeweiligen Instruments in Ihren instrumentalen Kompositionen?

An den Klangfarben der Musikinstrumente bin ich nicht sonderlich interessiert. Wenn ich mit Klangfarben operieren will, habe ich alle Bewegungsfreiheit im elektronischen Studio. Was dort möglich ist, kann mir kein Orchester ersetzen. Ich stehe damit im Gegensatz zu vielen meiner Kollegen, die sich immer neue Spielweisen, selbst neue Instrumente ausdenken. Mir ist es beinahe gleichgültig, wie eine Violine klingt, wenn sie am Steg gespielt wird; wenn ich das in meinen Partituren dennoch vorschreibe, dann darum, weil ich für die Violine in diesem Fall verschiedene Klangfarbenvarianten haben möchte, weil ich möchte, daß sie ihre Klangfarbe mutiert. Welche Klangfarbe im einzelnen eingesetzt wird, ist dann von untergeordneter Bedeutung. Ich benutze die Instrumente als das, was sie früher schon waren, nämlich als Unterscheidungsmerkmale, beispielsweise für verschiedene Stimmen, für verschiedene Klangfarben, die sich aus Mischungen ergeben. Mich interessiert also mehr das Strukturprinzip als das Einzelelement, das sich nicht auf Kosten der musikalischen Struktur exponieren soll.

Wieweit sind elektronische Kompositionen heute noch »Experimente«, wieweit können sie »Werke« sein?

Ich glaube, daß über den experimentellen Charakter von Musik einiges Mißverständnis herrscht. Auch heute noch experimentiert man weitgehend bei der Arbeit mit elektronischen Apparaten, aber schon am Anfang hat man nicht ausschließlich experimentiert. Jedes Stück erstrebt die Realisation einer musikalischen Idee, für die dann ein Realisationsmodus gefunden werden muß, ein Modus aber für eben diese Idee. Es scheint die Meinung zu herrschen, daß heutzutage Komponisten, Künstler überhaupt mit Experimenten an die Öffentlichkeit treten, wohingegen früher nur »Werke« geschrieben wurden. Doch auch die wichtigsten Werke früherer Zeiten waren immer in einem gewissen Grade Experimente; und auch das, was ein Künstler heute veröffentlicht als Experiment (oder was zumindest Experiment genannt wird), ist doch immerhin die Publikation eines von einem Künstler Gemachten, also ein »Werk«, mag er sich für dieses Werk Überlebenschancen ausrechnen oder nicht.

Sie arbeiten in Utrecht mit Computern. Ich möchte gern exemplarisch fragen: Welche Hilfe kann ein Computer für einen Komponisten, für die Musik bedeuten?

Wenn wir über Computer sprechen, dann müssen wir zuerst einen Unterschied machen zwischen Instrumentalmusik, die von einem Computer komponiert wird, und einem Computer, der als Klangquelle dient. Im ersten Fall liefert der Computer eine Partitur, die sich äußerlich nicht von einer gewöhnlichen Partitur unterscheidet; im zweiten Fall kann er ein ganzes elektronisches Studio ersetzen.

Bleiben wir beim ersten Fall. Will ein Komponist ein Instrumentalstück komponieren, dann geht er einerseits von Kompositionsregeln aus, andererseits von einem Elementenvorrat, bestehend aus Tonhöhen, Dauern, Lautstärken und Klangfarben der zur Verfügung stehenden Instrumente. Das sind akustische Elemente, die nach bestimmten musikalisch-kompositorischen Regeln zusammengestellt und dadurch zu musikalischen Elementen werden.

Wenn ein Computer hinzugezogen werden soll, muß er über dieselben Daten verfügen: über den Elementenvorrat einerseits, über kompositorische Regeln andererseits, die der Vergangenheit oder der Dodekaphonie entnommen sein können oder vom Komponisten für das jeweilige Werk aufgestellt werden. Der Computer setzt die Elemente aufgrund der Regeln zusammen (nicht unähnlich dem Komponisten am Schreibtisch) und liefert das Resultat in Partiturform ab. Allerdings kann der Computer aufgrund der bis jetzt geschriebenen Programme seine Arbeit nicht fortwährend kontrollieren, wie der Komponist das tut. Der Computer kann sich nur, wenn er gerade ein Element wählt, nach den Regeln richten; er kann nicht aufgrund der getroffenen Wahl einen früher komponierten Takt verändern. Doch das ist eine Frage der Zeit. Zweifellos wird es in Zukunft Programme geben, die dem Computer helfen, sich ein Gedächtnis anzulegen, wenigstens innerhalb desselben Stückes. Der Komponist bleibt in dieser Hinsicht dem Computer überlegen: er kennt seine früheren Werke, die Werke seiner Kollegen und der musikalischen Geschichte. Allerdings verdichten sich diese Kenntnisse zu Kompositionsregeln, wie sie dem Computer mitgeteilt werden, so daß der Computer, der ja nur ein Werkzeug ist, nicht selber ins Konzert zu gehen braucht.

Können Sie als Komponist, als Musiker mit dem zufrieden sein, was der Computer Ihnen anbietet? Der Reiz einer Komposition liegt doch eigentlich immer in dem, was von den Regeln abweicht und dann den sogenannten Personalstil ergibt. Ich denke zum Beispiel an Beethoven . . .

Auch ein Computer weicht ab. Man kann ja die möglichen Abweichungen in das Programm aufnehmen. Denn wenn ein Komponist auch abweicht, überschreitet er doch niemals eine bestimmte Grenze; er sprengt niemals das im Augenblick Mögliche der Musiksprache beziehungsweise der Ideenwelt, in der er selbst lebt. Man kann sogar sagen, daß einem Komponisten nur »einfällt«, was er bereits weiß; um dieses Reservoir zu vergrößern, versucht man alles Mögliche, um der Musik frische Reize zuzuführen: das Publikum soll »reagieren«, es wird während der Aufführung über den Fortgang der Dinge gewürfelt, der Dirigent verrät nicht, was er dirigieren wird. Das sind alles Veranstaltungen, um – in diesen Fällen – die Musiker vor ungewohnte und unerwartete »Abweichungen« zu stellen, auf die sie reagieren sollen. Eine ähnliche Funktion kann der Computer für den Komponisten erfüllen. Man kann ihn so instruieren, daß er auf dem Weg des Sicheren, des Erlaubten wandelt; man kann ihm aber auch gestatten, auf unerwartete Weise abzuweichen und seinen Weg zurückzufinden. Auf diese Weise kann der Komponist musikalische Situationen kennenlernen, die ihm niemals eingefallen wären.
Aber Sie haben schon recht mit Ihrer Frage: nicht alles, was der Computer komponiert, findet meinen Beifall. Deshalb habe ich ein Programm geschrieben, das von jedem Abschnitt beliebig viele Varianten berechnet. Am

Schreibtisch müßte ich viele Tage, vielleicht Wochen arbeiten, um alle Konsequenzen, die sich aus einem Regelsatz ergeben, zu erfahren. Der Computer wirft die Ergebnisse in wenigen Minuten aus. Das ist eine große Arbeitserleichterung, und es erweitert meine Kenntnisse, mein Vorstellungsvermögen. Wenn unter zehn Varianten keine meinen Vorstellungen genügt, lasse ich den Computer zehn weitere herstellen. Und wenn sich auf diesem Wege kein befriedigendes Resultat erzielen läßt, muß der Fehler in den Eingabedaten stecken, die man leicht anhand der vorliegenden Varianten korrigieren kann.

Das Werkzeug Computer erfordert sicher eine Umstellung in den Gewohnheiten. Das kompositorische Handwerk muß sich anpassen, wie es sich auch an verschiedene Klangkörper oder andere Umstände des Musiklebens anpaßt. Mit einiger Übung wächst aber die Wahrscheinlichkeit, aufgrund der gegebenen Daten brauchbare Varianten von Strukturmodellen zu erzeugen, die dann in dieser Form – als Varianten – in die musikalische Form eingegliedert werden können, ja, sie erst konstituieren.

Was Sie soeben erzählten, betrifft die Instrumentalmusik, zu deren Komposition der Computer Ihnen sozusagen Hilfestellung geleistet hat. Ist es Ihnen, das heißt einem Komponisten, der mit solchen modernen Mitteln arbeitet, heute noch möglich, vor der Niederschrift eines Werkes eine genaue Vorstellung der entstehenden Komposition zu haben, wie man es so häufig von Komponisten der Vergangenheit lesen kann?

Sie denken wahrscheinlich an die Fälle, wo der Komponist die ganze Partitur vor seinem geistigen Auge gesehen haben soll und nur noch abzuschreiben brauchte. Aber war das Vorstellungsbild denn spontan? Wir wissen es nicht. Auch die Komponisten früherer Zeiten haben trotz innerer Vorstellung an ihren Stücken meistens gearbeitet, verbessert, verändert, verworfen, so daß das endgültige Werk sich von der ersten Idee weit entfernt haben mag. Und woher, glauben Sie, kommen die Daten, die der Computer bearbeiten soll? Erst, wenn man weiß, was man will, kann man die erforderlichen Schritte unternehmen.

Eine musikalische Idee kann beinahe jeder haben, wenn er sich ein bißchen Mühe gibt; aber erst die Arbeit, die Kraft zum Verzicht, zum Sich-Ablenken-Lassen und zu den Konsequenzen, die sich daraus ergeben, machen den kompositorischen Prozeß aus. Darin hat sich bis heute wohl kaum etwas geändert.

Allerdings läßt der Computer eine solche »Arbeit« während des Komponiervorganges nicht zu. Die Arbeit an der Idee muß sich in sinnvollen Datenkombinationen niederschlagen. Wenn dann der Computer eine Partitur herstellt, ist bereits ein gewisser Zusammenhang gegeben, der dann als Ganzes verworfen oder akzeptiert werden muß.

Im Programmheft zu Ihrer »Funktion Gelb« las ich, daß Anfang und Ende der Komposition »zufällig« seien. Das Problem der Aleatorik erscheint in vielen Ihrer Kompositionen. Welche Rolle übernimmt die Aleatorik in Ihrer Kompositionstechnik?

Bei Aleatorik denkt man sofort an John Cage. Cage möchte die Musik aus der Esoterik herausnehmen, er möchte, daß der Zufall in die Musik eindringt und den Schein zerstört, in der Musik sei alles Gesetz und Ordnung. Ich selbst habe den Zufall entdeckt aufgrund kompositionstheoretischer Überlegungen. Ich sehe zwischen serieller und aleatorischer Musik einen engen Zusammenhang. Ich halte die serielle Musik für einen Spezialfall der allgemeineren aleatorischen Musik. Ich werde Ihnen das näher erklären:

In der seriellen Musik spielt neben der aufgestellten Reihe (ich möchte lieber »Reihenfolge« sagen; denn »Reihe« im mathematischen Sinn ist ja etwas anderes) die Permutation eine ebenso wichtige Rolle. Die Reihenfolge verkörpert Ordnung, die sogleich um einer Unordnung willen (die man mit anderen Worten auch Reichtum, Variabilität nennen könnte) geopfert wird. Die Qualität einer Reihenfolge erweist sich an ihrer Fähigkeit, permutierbar zu sein. Die sogenannte »Reihe« ist ja nicht nur eine beliebige Reihenfolge von Elementen, vielmehr hat sie spezifische Eigenschaften, die über die bloße Anzahl von Elementen hinausgehen. Die Reihenfolge beschreibt eine Kurve, einen Gestus, der viel wichtiger ist als die Reihenfolge selbst. Dadurch drängt sich eine Art Gesamtqualität »Reihe« auf, ihre Gestalt, die nicht nur an eine einzige Reihenfolge ihrer Elemente gebunden ist. Damit ist bereits ein Zufallselement, ein Element des Vertauschbaren introduziert, wo man noch im festgefügten Bereich der Form zu sein glaubt. Man kann dann die Reihenfolge durch Wahrscheinlichkeitsprinzipien ersetzen und sagen: gegeben ist eine bestimmte Gestalt, gesucht werden alle Reihenfolgen, die sie zum Ausdruck bringen. Das wird vor allem durch die Permutation gerechtfertigt, der die Reihenfolge dann unterworfen werden soll.

Unter diesem Gesichtspunkt habe ich versucht, immer mehr Zufallsgrößen in der Musik zu entdecken. Diese Suche wird durch die Erkenntnis stimuliert, daß »mechanische« Apparate wie die Studiogeräte oder der Zufallsgenerator im Computer die musikalischen Resultate innerhalb eines »unwillkürlichen Feldes« verschieben. Wenn wir annehmen, daß alle Abweichungen beim Komponieren am Schreibtisch von demselben Bewußtsein produziert werden, das geradlinig einen Plan auszuführen meint, dann verursachen die »mechanischen« Werkzeuge Abweichungen außerhalb des Bewußtseins. Die Interpretation instrumentaler Musik nimmt etwa eine Zwischenstellung ein: Abweichungen werden vom menschlichen Bewußtsein (der Interpreten) gesteuert, das aber nicht das des Komponisten ist.

Wenn wir die »mechanischen« Abweichungen der Apparatur und den Permutationszwang der modernen (zumindest der seriellen) Kompositionstechnik zusammennehmen, stellt sich die Frage nach der rechten Einschätzung des Zufalls, im seriellen System ebenso wie in der aleatorischen oder mit Computer erzeugten Musik. Man kann etwa versuchen, Formelemente zu definieren, die gewissermaßen resistent gegen den »mechanischen« Zufall sind (wie die Formelemente der tonalen Musik eine gewisse Immunität gegen den Interpretationszufall zeigen), qualitative Größen, die dem Zufall gegenüber wie Filter wirken, die nur die geeigneten Quanten durchlassen.

Wann und warum haben Sie angefangen, mit einem Computer zu arbeiten?

Als Stockhausen seinen inzwischen berühmt gewordenen Aufsatz »Wie die Zeit vergeht . . .« konzipierte und wir ihn miteinander durchsprachen. Ich habe versucht, daraus eine Reihe von Konsequenzen zu ziehen, an denen Stockhausen später weniger interessiert gewesen zu sein scheint.

Stockhausen hatte damals für sich entdeckt, daß alle musikalischen Phänomene, auch die wir zunächst als »zeitlos« erfahren wie Tonhöhe oder Klangfarbe, aus Zeitgrößen zusammengesetzt sind. Musik spielt sich innerhalb einer Zeitskala ab, die von einer – sagen wir – zehntausendstel Sekunde (als der Periodendauer eines gerade noch wahrnehmbaren Tons) bis zu einer Stunde (als Maß einer sehr langen Form) reicht. Greife ich aus dieser Skala beliebige Werte heraus, repräsentieren sie verschiedene musikalische Dimensionen: fünf Minuten – eine Formeinheit, fünf Sekunden – eine Tondauer, eine fünftel Sekunde – eine rhythmische Größe, eine fünfhundertstel Sekunde – das Maß für eine Tonhöhe. Innerhalb dieser Zeitskala kann man also die Harmonik zur Rhythmik, die Rhythmik wiederum zur Formgliederung in Beziehung setzen, ohne die Kategorie zu wechseln. Man komponiert mit Verhältnisgrößen, die je nach dem Verwendungszweck interpretiert werden können. In der Instrumentalmusik kann dieses Schema nur sinngemäß angewandt werden, unter Berücksichtigung nämlich der qualitativ verschiedenen Sinneswahrnehmungen. Ein Computer könnte diese Zeitskala quantitativ anwenden und damit Anlaß zu interessanten Untersuchungen geben.

Dieser Gedankengang löste in mir damals zwei Assoziationen aus: auf der einen Seite an die Suche nach möglichst elementaren Klangelementen im elektronischen Studio, auf der anderen Seite an die Suche nach möglichst elementaren Formelementen in der seriellen Musik. Außerdem ersetzte ich die Zeit durch die Lautstärke (besser: Amplitude) als »ersten« musikalischen Parameter; Amplitude allerdings als Funktion der Zeit. Das elektronische Studio in Köln bot keine technische Möglichkeit, Amplitudenwerte als solche aufzuzeichnen. Um nicht untätig zu warten, vergröberte ich mein Konzept und realisierte ein Experiment, das den Titel »Essay« erhielt. (Konsequenzen daraus, die wieder mehr auf dem Gebiet der »klassischen« Studiotechnik lagen, führten zu »Terminus« und damit an einen Punkt, über den ich nicht hinauszugehen wünschte.)

1963 begann ich, Computertechnik und Programmiertechnik zu studieren mit dem Ziel, mit Hilfe eines Computers Klänge durch die Anordnung von Amplitudenwerten in der Zeit zu erzeugen. Ein Jahr später ging ich nach

Holland und mußte die Versuche zunächst abbrechen. Im Studio der Universität Utrecht haben wir dann einen Generator gebaut, mit dem man, in bescheidenem Umfang, die Abfolge von Amplitudenwerten programmieren kann. Die Lösung dieses Problems wird aber erst mit einem Computer möglich sein.

In der Zwischenzeit habe ich Komponierprogramme geschrieben und angewendet (PROJEKT 1 und PROJEKT 2), um Voraussetzungen zu klären; denn die Anordnung von Amplituden in der Zeit ist nicht zuletzt ein kompositorisches Problem.

Sie betreten mit jedem Schritt Neuland, Sie brauchen sicher jede Stunde des Tages, um Ihre Ideen, Ihre Prinzipien, die Sie aufgestellt haben, praktisch zu versuchen. Wann haben Sie dann das Gefühl, komponieren, ein »Werk«, ein Stück Musik schreiben zu müssen?

Das kann verschiedene Gründe haben. Ich komponiere, weil ich eine Idee habe. Alle theoretischen Voraussetzungen sind ja noch kein Grund zum Komponieren. Die Idee ist nichts anderes als der Wunsch, losgelöst von den theoretischen Konsequenzen leibhaft zu »hören«; weiter nichts.

Ich komponiere auch, weil jemand mir einen Auftrag, einen persönlichen Anlaß gegeben hat. Ich kann dann nicht warten, bis ein eigener Impuls mich antreibt. Für diese Fälle hat jeder Komponist einen »Fundus« von Plänen, die weniger dringend erscheinen und deshalb zurückgestellt werden. Der äussere Terminzwang ist zuweilen lästig, zuweilen aber auch fruchtbar, weil die Arbeit sich in einer ungewöhnlichen »Gestimmtheit« vollzieht.

Es gibt Zeiten, wo ich an der Produktion von Musik weit weniger interessiert bin als an theoretischen Problemen, wo selbst administrative Aufgaben, wie sie im Universitätsinstitut sich stellen, auch didaktische, willkommen sind. Es gibt auch Probleme, die sich selber lösen, wenn man sie nur in Ruhe läßt.

Musik ist gewissermaßen mein Lebenselement. Ich meine nicht das öffentliche Musikleben, das ständige Anhören von Musik, das Reden darüber. Ich meine eine Tätigkeit, die sich musikalisch interpretieren läßt, die im musikalischen Bewußtsein Spuren hinterläßt und von diesen Spuren zuweilen Abzüge in Form von Musikstücken, von Computerprogrammen, Vorträgen oder Gesprächen veröffentlicht.

Herr Koenig, ich bin Ihnen sehr dankbar für Ihre ausführlichen Berichte. Es herrschen noch immer so vage Vorstellungen von elektronischer, von Computermusik, daß ich über Ihr Kapitel sehr glücklich bin.
Darf ich Sie noch um ein Schlußwort bitten, mit welchen Problemen Sie sich in Ihren Kursen in Utrecht beschäftigen? Ich nehme an, daß sich viele junge Musiker und Studenten dafür interessieren werden. Vielleicht können Sie auch einen Blick in die Zukunft werfen und erwähnen, welche Probleme Sie auf sich zukommen sehen.

Unsere Kurse in Utrecht dauern jeweils neun Monate. Es ist natürlich unmöglich, alle Fragen, die wir hier gestreift haben, ausführlich zu behandeln. Die Kursusteilnehmer, meist Komponisten, können anhand von systematischen Aufgaben praktisch im Studio arbeiten und dabei ihre eigenen Erfahrungen machen. In theoretischen Unterrichtsstunden werden sie mit den Problemen der Produktionstechnik, mit den Grundlagen der Elektroakustik und mit dem Computergebrauch vertraut gemacht. In Zukunft sollen sie auch selbst kleinere Programme schreiben und Kenntnisse in Informationstheorie und Statistik erwerben können.

Meine Zukunftsprobleme, fürchte ich, werden alle mit dem Computer zu tun haben. Ich möchte ihn gern als Werkzeug trainieren, wie es auch mit dem elektronischen Studio geschehen ist. Der Computer sollte nicht nur ein Stück komponieren oder einzelne Klänge erzeugen, sondern beides zugleich können: die Komposition auch klingen lassen. Dadurch würden sich die Unterschiede zwischen Instrumentalmusik als einer interpretierbaren und der elektronischen als der ein für allemal festgelegten verwischen. Für jede Aufführung könnte der Computer eine neue Version, eine neue Interpretation – wenn Sie so wollen – herstellen. Er könnte sogar mit dem Konzertsaal verbunden werden und während der Aufführung auf Einflüsse reagieren, die vom Komponisten oder vom Publikum kommen.

Doch das ist wirklich Zukunftsmusik. Schon jetzt sind so viele Anwendungsmöglichkeiten denkbar, daß man sich kaum vorstellen kann, was die Zukunft noch bringen wird.

Werkverzeichnis Gottfried Michael Koenig

1955	Klangfiguren 1, elektronisch (mono)	
1955/56	Klangfiguren 2, elektronisch (4-kanal)	UE
1957	Zwei Klavierstücke, Piano	Tonos
1957/58	Essay, elektronisch (mono)	UE
1958/59	Quintett für Holzbläser, Ob., Fl., EH, Cl., Fg.	Tonos
1959	Streichquartett 1959	Tonos
1960/61	Orchesterstück 1 für großes Orchester	–
1961	Suite, elektronisch (mono)	–
1961/62	Orchesterstück 2, Bläser und Streicher	Tonos
1962	Terminus 1, elektronisch (4-kanal)	–
1963	Orchesterstück 3 für Orchester	–
1965/66	Projekt 1/Version 1 für Bläser und Streicher	Peters, London
1967	Terminus 2, elektronisch (4-kanal) ⊙ DG 137011	
	Projekt 1/Version 3 für Fl., Cl., Hrn, Xyl., Vib., 2 Klav., Viol., Vc.	Peters, London
	Funktion Grün ⊙ DG 137011	elektronisch (4-kanal)
1968	Funktion Gelb ⊙ Wer 324	elektronisch (4-kanal)
	Funktion Orange	elektronisch (4-kanal)
	Funktion Rot	elektronisch (4-kanal)

1969	Funktion Blau	elektronisch (4-kanal)
	Funktion Indigo	elektronisch (4-kanal)
	Funktion Violett	elektronisch (4-kanal)
	Funktion Grau	elektronisch (4-kanal)
	Übung für Klavier/Projekt 2	

György Ligeti

Bei meinen Gesprächen mit Komponisten stellte ich mir immer wieder die Frage, ob es nicht paradox sei, durch Worte Musik verständlich machen zu wollen. Je mehr Komponisten ich sprach, je mehr ich mich mit ihren Werken befaßte, um so deutlicher wurden mir die untrennbaren, oft mannigfaltig verwobenen und verworrenen Beziehungen zwischen dem Werk und der Persönlichkeit des Komponisten: es kann wohl von einem Gesetz der Untrennbarkeit von Mensch und Werk gesprochen werden. Und ist eine Beschreibung des Komponisten zutreffend und charakteristisch, so wird auch seine Musik dem Leser lebendig werden können.

Im Herbst 1968 stand mir wieder ein großes Abenteuer bevor: ich sollte György Ligeti kennenlernen. »Ligeti werden Sie nie erreichen, er ist unansprechbar«, so hatten mich Freunde gewarnt. Durch diese und ähnliche Beschreibungen nicht gerade ermuntert, war ich doch sehr erwartungsvoll, und ich machte mir Vorstellungen, wie dieser Mensch sein müßte, der – als gebürtiger Ungar, Jahrgang 1923, seit 1956 in Wien lebend – u. a. Stücke wie »Atmosphères«, »Aventures« und »Requiem« komponiert hat. Überwiegend trafen meine Erwartungen zu: Bei meinen wiederholten Gesprächen lernte ich einen oft unterschiedlichen, einen wandelbaren Menschen kennen, der mir mit Ruhe und Bereitwilligkeit Auskunft über seine Arbeit gab, dessen Persönlichkeit mich aber vor einige Rätsel stellte. Ich erlebte einen Ligeti, der still, ein wenig verlegen, fast etwas scheu ganz seinem Werk »Atmosphères« entsprach, das den Nachhall, die Stille zu Musik werden läßt, ich lernte bei einem Vortrag in der Technischen Universität Berlin einen Ligeti kennen, der mit gewinnendem Charme, einer unübertrefflichen Sicherheit, mit einem klaren Blick für die Realitäten ein Auditorium in seinen Bann zu schlagen vermochte; aber ich traf auch einen Menschen mit einem besonderen Sinn für Humor, der z. B. das ironisch provozierende »Poème Symphonique für 100 Metronome« unter eigener »Stabführung« zur Aufführung bringen konnte.

Ligeti, der nach seiner Emigration im Jahre 1956 die österreichische Staatsbürgerschaft angenommen hat, lebt heute als freischaffender Komponist in Wien. Neben der kompositorischen Tätigkeit findet er Zeit, in vielen westeuropäischen Ländern Kompositionskurse abzuhalten. An den Darmstädter Ferienkursen nimmt er als Dozent fast regelmäßig teil. Der vor kurzer Zeit verstorbene Karl-Birger Blomdahl holte sich Ligeti als jährlich wiederkehrenden Gastprofessor an die Musikhochschule in Stockholm.

In den Jahren bis 1956 – ehe Ligeti aus Ungarn fort und über Wien für zwei Jahre an das elektronische Studio des WDR in Köln ging, – unterrichtete er an der Musikhochschule in Budapest Harmonielehre und Kontrapunkt. Wie mag die Musik geklungen haben, die Ligeti in Ungarn komponiert hatte, in einem Land, das damals auch in kultureller Hinsicht unter strengster Diktatur lebte? Man findet darüber keine Literatur. Meine erste Frage galt also der Zeit vor 1956, und ich hoffte damit gleichzeitig eine Antwort auf die Frage zu erhalten, welche Überlegungen ihn zu seiner so völlig einmaligen und neuen Musiksprache geführt hatten.

Herr Ligeti, Sie kommen aus Ungarn, aus dem Lande Bartóks, Sie haben, wie ich lesen konnte, in Klausenburg bei Ferenc Farkas und nach dem Kriege weiter in Budapest bei Sandor Veress studiert, Sie sammelten in Rumänien Volkslieder. Alle diese Daten lassen eine Musik bei Ihnen vermuten, die vielleicht Bartók ähnlich, zumindest einer östlichen Volksmusik angelehnt sein müßte. Doch das herrliche Requiem, das ich gestern in der Berliner Philharmonie unter Leitung von Michael Gielen hören konnte, die »Atmosphères« und »Aventures«, die ich von einer Wergo-Schallplatte kennenlernte, sprechen eine völlig andere Sprache, die wie ein Bruch mit jeglicher bekannter Musik erscheint. Können Sie bitte selbst etwas über Ihre Entwicklung sagen, über die Gründe und Überlegungen, die Sie zu dieser neuen Musik führten?

Ich glaube nicht, daß sich in der Entwicklung meiner musikalischen Sprache ein Bruch befindet. Ich habe eine sehr allmähliche Entwicklung durchgemacht und mich langsam und stetig gewandelt, ohne darüber nachzudenken, wie das gekommen ist. Intellektuelle Überlegungen allein waren es bestimmt nicht, das kann ich mit Sicherheit sagen. Doch intellektuelle Überlegungen und mehr unbewußte Empfindungen spielen immer zusammen, man kann diese beiden Seiten des kompositorischen Prozesses nicht trennen.

In meiner Musik spielt der musikalische Instinkt eine große Rolle. Allerdings darf dieser Instinkt niemals so weit überschätzt werden, daß er allein das kompositorische Ergebnis bestimmt. Ich habe eine strenge handwerkliche Schule durchlaufen und weiß sehr gut – technisch –, was ich tue. Ich habe eine sinnliche, klangliche Vorstellung von dem Stück, an dem ich arbeite. Diese Vorstellung wird während des Komponierens durch handwerkliche, ja durch spekulative Überlegungen umgeformt, so lange, bis Intuitives und Konstruktives sich gegenseitig vollkommen durchdringen. Darüber hinaus spielt noch ein anderer Faktor eine Rolle beim kompositorischen Prozeß: die ständige Reflexion über unser allgemeines kompositorisches Bewußtsein, über die kompositorische Situation heute. Selbstverständlich möchte ich neue Musik schreiben, es wäre doch sinnlos, und ich empfände es als völlig unbefriedigend, Musik zu schreiben, wie sie schon einmal da war. Wir leben nicht mehr im vorigen Jahrhundert, unsere Gedankenwelt hat sich verändert, entsprechend dem Klima, dem Lebensgefühl unserer Zeit sollten wir leben und arbeiten.

Könnten Sie bitte etwas von den Kompositionen erzählen, die Sie in Ungarn, also vor 1956 geschrieben haben? Ich finde sie nirgendwo erwähnt.

Viele meiner alten Partituren sind in Ungarn verlorengegangen. Doch von einigen, die ich mitgebracht habe, oder die mir nachgeschickt wurden, hat es Aufführungen gegeben. In Wien wurde z. B. 1958 mein erstes Streichquartett von 1953 »Métamorphoses nocturnes« aufgeführt. Ich traure den nicht aufgeführten älteren Stücken aber nicht allzusehr nach, ich habe ja viel Neues geschrieben, das mir wohl verständlicherweise hörenswerter zu sein scheint.

Wann fingen Sie an zu komponieren? Noch während Ihrer Schulzeit?

Ich fing sehr früh an zu komponieren. Kaum hatte ich die Notenschrift erlernt – da war ich vielleicht zehn Jahre alt –, schrieb ich auch schon Melodien auf, einfache, etwas opernhafte, einstimmige Melodien. Als ich mit 14 Jahren Klavierunterricht bekommen hatte, habe ich sofort »richtige« Kompositionen geschrieben, Klavierstücke, verschiedene Kammermusiken etc. Das Ergebnis war natürlich kindlich-dilettantisch.

Als ich sechzehn Jahre alt war, wollte ich ein großes Werk schreiben: Ich begann eine Symphonie zu komponieren, eine Symphonie in a-moll mit Kanonenschuß und Schießpulverexplosion! Ich lebte damals in einer kleinen Provinzstadt, in Klausenburg, im damals rumänischen Siebenbürgen, das kulturell von der Großstadt Budapest ziemlich abgeschlossen war. Ich hatte also keine Ahnung von moderner Musik, selbst Bartók kannte ich damals nur vom Hörensagen. Aber es gab in Klausenburg ein Theater, und ich kannte und liebte die Musik von Richard Strauß und Debussy, von Mahler und Schubert. Die Liebe und Bewunderung für Mahler und Schubert habe ich mir bis heute erhalten, doch das sei nur nebenbei erwähnt! Es machte ungeheuren Spaß, eine richtige Partitur zu schreiben. Ich tat es zwei Sommerferien lang, wir waren in eine kleine Stadt gefahren, und ich saß auf dem Friedhof, das große Notenpapier vor mir ausgebreitet. Zwei Sätze wurden fertig. Sie waren ein Stilgemisch aus Beethoven und Richard Strauß mit ein wenig Atonalität, aber in dem Sinne, wie sie Richard Strauß in seinem Zarathustra verwendet. Die auch für solche kindlichen Kompositionen nötige Theorie hatte ich mir autodidaktisch beigebracht, an Übung mangelte es mir freilich sehr. Auf dem Gebiet der Instrumentation kannte ich mich etwas besser aus, ich hatte viele Instrumentationslehren gelesen und eifrig Taschenpartituren von Mozart, Beethoven, aber auch Richard

Strauß studiert. Mit sechzehn Jahren habe ich Paukespielen gelernt und dann in einem Amateurorchester in unserer Stadt etwa zwei Jahre lang als Paukenspieler gewirkt. Wir spielten Symphonien von Mozart und Haydn, sogar an Beethoven wagten wir uns heran; das war für mich die praktische Ergänzung zu meinen Instrumentationsstudien. Ich kannte mich in klassischer Instrumentation also früher aus, ehe ich Harmonielehre studiert hatte.

Dann war es für Sie keine Frage, daß Sie einmal Komponist werden würden?

Damals wußte ich, daß ich einmal ein großer Komponist werden würde, später . . .

. . . haben Sie das »große« gestrichen. Das hängen einem dann die anderen an . . .

Nehmen Sie das nicht als falsche Bescheidenheit, ich bin nicht bescheiden. Aber es geht mir nicht darum, Erfolg zu haben, sondern darum, Stücke komponieren zu können, so, wie ich sie mir vorstelle, und ich möchte sie aufgeführt haben, so wie sie eben sind.

Doch fahren wir in den biographischen Daten fort:

Mit 18, 19 Jahren dann, nach dem Abiturium holte ich beim Studium auf dem Konservatorium in Klausenburg bei Ferenc Farkas die mir fehlenden Kenntnisse in Harmonielehre und Kontrapunkt schnell nach. Neben dem Kompositions- und Klavierunterricht lernte ich dort Cello und Orgel spielen. Die Kompositionsstudien waren streng traditionell, gleichzeitig komponierte ich aber auch frei, vor allem von Bartók beeinflußt.

Nach dem Kriege, noch im Sommer 1945, ging ich endgültig nach Budapest und studierte dort weiter an der Musikhochschule, zuerst Kontrapunkt und Fuge bei Veress, dann Instrumentation und freie Komposition wieder bei Farkas, der inzwischen Lehrer an der Budapester Hochschule geworden war. Ich beendete meine Studien 1949 und wurde 1950 Lehrer an derselben Hochschule.

Zum Glück brauchte ich keinen Kompositionsunterricht zu geben, ich lehrte Harmonie und Kontrapunkt. Komposition war ja mit Politik gleichgeschaltet, sozialistischer Realismus war erwünscht – doch dagegen habe ich mich immer entschieden gewehrt. Die Kompositionen, die ich schrieb, lagen zu einem Großteil in der Schreibtischschublade. Es waren Streichquartette und Orchesterstücke, avancierte Musik, von Bartók und Strawinsky, auch etwas von Alban Berg beeinflußt, aber doch schon in einer persönlichen Sprache geschrieben, für die es keine Aufführungchance gab in einem politisch so vergewaltigten Land.

Doch ein Lehrer an einer Musikakademie muß Aufführungen vorzuweisen haben, und ich hatte eine Möglichkeit entdeckt, mir Luft zu schaffen auf einem Gebiet, das zusätzlich sehr interessant war:

Ich hatte nach Abschluß meines Studiums einige Monate lang in Rumänien Volkslieder gesammelt, allerdings keine rumänischen, sondern siebenbürgischungarische. Zusätzlich – und das ist das Wichtigere – habe ich eine Studie verfaßt über die improvisierte Mehrstimmigkeit der rumänischen Volksmusik. Mitarbeiter vom Folklore Institut in Bukarest hatten die Musik aufgezeichnet, wie sie von den Dorfkapellen gespielt wurde; ich habe aus diesen Aufzeichnungen das System abgeleitet: Es ist ein genau beschreibbares harmonisches System, etwa mit der Harmonik der Tanzmusik der niederländischen und italienischen Renaissance verwandt.

Neben meinen radikalen Schubladenkompositionen machte ich Volksliedbearbeitungen. Das war in gewisser Hinsicht ein Kompromiß, aber ein Kompromiß, der mir moralisch ertragbar erschien. Wenn auch Bartók, den ich sehr verehrte, neben seinen Streichquartetten schlichte Volksliedbearbeitungen machen konnte, durfte ich es doch auch. Erst einige Zeit später, Anfang der fünfziger Jahre, erkannte ich, daß etwas, was für Bartók in den zwanziger und dreißiger Jahren möglich war, für einen Komponisten radikal neuer Musik in den fünfziger Jahren nicht mehr möglich war.

Meine Volksliedbearbeitungen, die ich also zwischen 1949 und 1951 gemacht hatte, waren einmal Bearbeitungen selbst gesammelter ungarischer Volkslieder, dann bearbeitete ich aber auch rumänische Volkslieder aufgrund meiner Studien über die dort gebräuchliche Mehrstimmigkeit. Es entstanden viele Arten von Bearbeitungen, für Klavier, für Gesang und Klavier, auch für Kammerorchester, Chor und sogar ein Orchesterstück, »Rumänisches Konzert« genannt. Dieses Stück bedeutet für mich heute den Gipfel meines kompositorischen Mißverständnisses.

1951 kam ich zu der definitiven Erkenntnis, daß ich einen anderen Weg einschlagen müßte. Das hieß nicht nur Abkehr von Volksliedbearbeitungen, das bedeutete auch die Abkehr von der Bartók-Nachfolge. Nun läßt sich ein solches Vorhaben nicht sofort realisieren. Vorstellungen einer »statischen« Musik, wie ich es viele Jahre später, 1961, in den »Atmosphères« verwirklichte, hatte ich bereits seit 1950. Ich wußte, daß ich einmal eine Musik ohne Melodie, ohne Rhythmus komponieren würde, eine Musik, in der die Gestalten – viele wimmelnde kleine Gestalten – als Einzelheiten nicht mehr erkennbar, sondern ineinander verflochten, miteinander verwoben wären, in der die Farben changieren und irisieren würden. Doch wie sollte ich diese Vorstellungen 1951 realisieren, mit welchen kompositorischen Mitteln sollte ich sie darstellen? Ich kannte damals ja nicht einmal Schönbergs Klangfarbenstück op 16!

Ich führte also zunächst einmal ein doppelgleisiges Komponistendasein: einmal schrieb ich weiter Stücke in der Bartók-Nachfolge, andererseits begann ich zu experimentieren: ich schrieb Etüden, vor allem Klavierstücke, die aber keine Etüden im spieltechnischen, vielmehr im kompositionstechnischen Sinne waren.

Die völlige Überwindung des Bartókschen Idioms gelang dann im Sommer 1956: ich komponierte das Orchesterstück »Víziók«. Melodie und Harmonik waren hier nun vollständig ausgeschaltet, allerdings gab es noch einen Überrest von rhythmischen Gestalten. Doch »Víziók« war bereits reine statische »Klangflächen«-Musik, das erste Stück in meinem wirklich »eigenen« Stil. Sie können das Stück hören: es steht als erster Satz in meinem Orchesterstück »Apparitions«, das ich 1958 in seiner jetzt gültigen Fassung schrieb. Doch darauf werde ich etwas später erst eingehen.

Denn ich muß erwähnen, daß sich im gleichen Sommer 1956 die politische Lage in Ungarn so gelockert hatte, daß ich Noten und Schallplatten aus dem Westen erhalten durfte. Ich hatte an Dr. Eimert und Stockhausen im WDR Köln geschrieben und um Studienmaterial gebeten. Von ihnen, wie auch von Dr. Tomek von der Universal Edition in Wien, dann auch von Hans Jelinek erhielt ich Pakete mit Noten und Aufsätzen. Es war ein großer Schock für mich – vielleicht der schönste in meinem Leben –, plötzlich studieren zu können, zu lesen, zu hören, was ich bisher nur erahnt, nur als Fetzen heimlich nachts im Radio aufgefangen hatte, es war wie eine Befreiung. Ich befand mich ja inmitten intensivsten Komponierens von »Víziók«, ich schrieb mit diesem Stück das Resultat meines jahrelangen einsamen Experimentierens mit neuen musikalischen Möglichkeiten nieder, da erhielt ich Kenntnis von der neuen Musik im Westen. Es bestätigte mich ungemein in meinem eigenen Weg!

Einige Monate später, im Dezember 1956, flüchtete ich aus Ungarn und ließ alle meine Sachen in Budapest zurück.

Stockhausen erzählt gern, wie Sie Anfang 1957 in Köln ankamen, und nach einem völligen Erschöpfungsschlaf eine vielstündige Diskussion um die neue Musik begannen, um dann erneut in einen Tag-und-Nacht-währenden Schlaf zu versinken. Diese Worte charakterisieren in einer so deutlichen Weise Ihre Ungeduld, die Erfahrungen der neuen Musik nachzuholen, deren Kenntnis Ihnen in Ungarn verwehrt war.

Warum gingen Sie nach Köln? Erschien Ihnen die Arbeit an einem elektronischen Studio für die Realisierung Ihrer musikalischen Vorstellungen am geeignetsten?

Ich hatte von Dr. Eimert eine Einladung erhalten, im elektronischen Studio des WDR zu arbeiten. Ich habe alles Unbekannte, Versäumte sehr schnell in ein paar Monaten nachgeholt. Ich arbeitete mit Eimert, mit Stockhausen und Gottfried Michael Koenig zusammen. Wir haben viel über neue Musik diskutiert. Ich komponierte dort selber drei elektronische Stücke. »Glissandi«, das erste, wollte ich trotz Stockhausens Fürsprache nicht für eine Aufführung freigeben; Stockhausen gefiel das Stück besser als mir: ich halte es für eine erste Fingerübung in der Technik der elektronischen Musik. »Artikulation« wurde 1958 in Köln uraufgeführt. Es ähnelt etwas meinen späteren »Aventures«. Mit elektronischen Mitteln wird ein imaginäres Gespräch dargestellt, wobei wie in den vokalen »Aventures« der charakteristische Tonfall für die Form relevant ist. Von meinem »Pièce électronique

Nr. 3«, ursprünglich »Atmosphères« genannt, gibt es nur die Partitur, vielleicht hole ich die klangliche Realisierung später einmal nach.

Ich hatte eigentlich nicht die Absicht, mich ganz auf die elektronische Musik zu spezialisieren, vielmehr versuchte ich mit der Arbeitsweise und dem kompositorischen Denken dieser Musik die Mittel kennenzulernen, mit denen ich meine Ideen, die ich seit nunmehr sechs Jahren mit mir herumtrug, endlich realisieren könnte. Und die Erfahrungen, die ich in der Beschäftigung mit elektronischer Musik sammeln konnte, sind für mein Schaffen auf dem instrumentalen und vokalen Sektor unentbehrlich.

Wir kennen in der Musik das Phänomen der Verwischung. In einem Studio für elektronische Musik ist es nun aber möglich, bewußt solche Verwischungsvorgänge zu komponieren. Wenn zwei Töne innerhalb der Zeitspanne von 1/20tel Sekunde aufeinander folgen, kann unsere Wahrnehmung nicht mehr unterscheiden, welcher Ton zuerst erklang. Es stellt sich also unterhalb von 1/20tel Sekunden das Phänomen der Sukzessions-Verwischung von Tönen ein.

Wenn ich in meinen instrumentalen Kompositionen mit dem Phänomen der Verwischung arbeiten will, muß ich beachten, daß von einem Instrument Tonfolgen nicht schneller als 1/16 Sekunde gespielt werden können. Nur ausnahmsweise kann eine einzelne Instrumentalstimme in die Region unterhalb der Verwischungsgrenze eintauchen, etwa bei Glissandi. Will ich daher instrumental mit Verwischung komponieren, muß ich mehrere Stimmen miteinander verflechten: die einzelnen Stimmen halten sich oberhalb der Grenze, ihr Verwebungsprodukt jedoch läßt Ton-Sukzessionen aufkommen, die schneller als 1/20tel sec verlaufen. Da rhythmische Vorgänge unterhalb der Verwischungsgrenze, also unterhalb 1/20tel sec in eine Art Klangfarbe umschlagen, nannte ich die so entstandene Farbe »Bewegungsfarbe«, für die Technik der Verwebung vieler Stimmen wählte ich den Terminus »Mikropolyphonie«. Die Erkenntnis der Notwendigkeit von Stimmverwebung führte mich zum totalen divisi der Streicher, meine Partituren nahmen »Riesenformat« an: bereits in »Víziók« hatte ich die Streicher in Einzelstimmen aufgelöst.

Mit 63 Systemen in »Apparitions« hatte ich einen »Weltrekord« an Partiturenformat aufgestellt; ich wußte von einem solchen »Rekord« selber nichts, sondern las es 1960 in der New York Times. Für »Atmosphères« benötigte ich 87 Systeme, da reichte kein Tisch mehr aus, ich schrieb auf dem Fußboden weiter und lebte demzufolge die ganze Zeit auf Strümpfen; denn wenn ich arbeite, dann arbeite ich ununterbrochen, dann lasse ich mich von nichts und niemandem stören!

Noch während meiner Arbeit im elektronischen Studio in Köln hatte ich die in Ungarn zurückgelassene und wahrscheinlich verlorengegangene Partitur von »Víziók« aus dem Gedächtnis rekonstruiert. Jetzt hatte ich aber eine kleinere Besetzung gewählt, auch hatte ich die Technik und die Form in geringem Maße verändert. Ich stellte »Víziók« als ersten Satz in das dreisätzig konzipierte Orchesterstück »Apparitions«, das ich 1957 in Köln und Wien komponierte. Diese erste Fassung für Streicher, Harfe, Klavier und Celesta wurde nie aufgeführt (ich hatte den dritten Satz auch nicht ganz beendet), die Partitur liegt ungedruckt bei meinem Freund, dem Musikwissenschaftler Ove Nordwall in Stockholm, der auch mehrere Bücher über meine Musik publiziert hat.

Auch in der endgültigen zweiten Version von »Apparitions«, die ich 1958/59 hauptsächlich in Wien schrieb, blieb das alte »Víziók« fast in der ursprünglichen Form erhalten. Hier verwendete ich wieder die große Orchesterbesetzung wie früher. Die beiden folgenden Sätze komponierte ich neu. »Apparitions« wurde 1960 auf dem IGNM Musikfest in Köln uraufgeführt. Nun erklang die Musik, die ich mir seit vielen Jahren vorgestellt hatte zum ersten Mal: eine Musik der Verflechtung, ein musikalisches Gewebe. Die 1961 in Donaueschingen uraufgeführten »Atmosphères« sind die direkte Konsequenz aus »Apparitions«. Allerdings ist in »Atmosphères« erstmals auch die Rhythmik vollständig ausgeschaltet, das totale Aufgehen der einzelnen Gestalten in statische Flächen wird bis an die äußerst mögliche Grenze durchgeführt.

Sie arbeiten an einem Buch über Webern, Sie haben mehrere Analysen von Werken von Pierre Boulez gemacht, und doch gehen Sie so »unbeschadet« an der seriellen Musik vorbei. Sagen Sie mir, bitte, warum?

Mein elektronisches Stück »Artikulation« ist in gewisser Hinsicht nach seriellen Prinzipien gearbeitet. Ich habe mich sehr interessiert mit der seriellen Musik beschäftigt und bin in irgendeiner Weise auch davon beeinflußt, obwohl ich mich bereits während der Komposition von »Apparitions« von einer strengen seriellen Durchstrukturierung getrennt hatte. Die Einflüsse der seriellen Musik haben sich bei mir in einer anderen Richtung ausgewirkt. Ich habe bereits 1958 über die Problematik der seriellen Musik einen Aufsatz geschrieben (abgedruckt in »Die Reihe« VII), in dem ich aufzeigte, daß bei einer gleichzeitigen Anlage mehrerer horizontaler Reihenabläufe die Individualität der einzelnen Reihenfäden verblaßt, daß die im seriellen Geflecht sich ergebenden Intervalle und rhythmischen Strukturen einem aus der Art der Prozedur hervorgehenden Automatismus folgen. »Als anschauliches Analogon sei das Spielen mit Plastilin erwähnt: die anfangs distinkten Klumpen verschiedener Farben werden, je mehr man sie knetet, dispergiert; es entsteht ein Konglomerat, in dem die einzelnen Farbfleckchen noch zu unterscheiden sind, das Ganze hingegen kontrastlos wirkt. Knetet man weiter, so verschwinden die Farbfleckchen völlig; es entsteht ein einheitliches Grau. Diese tief in der Eigenart seriell konzipierter Materialzusammenhänge wurzelnde Kontradiktion muß erkannt werden, will man sich nicht widerstandslos der Willkür des Handwerks ausliefern.«

Immer wieder liest man in den Kritiken: Ligeti, »der Klangfarbenkom-
ponist«. Woher kommt dieses Schlagwort, das zu einem Klischee werden
kann?

An diesem Mißverständnis bin ich zum Teil selbst schuld. Ich hatte zu der
Uraufführung der »Atmosphères« in Donaueschingen 1961 eine kleine Pro-
grammnotiz geschrieben; etwa so: »Das Orchesterwerk Atmosphères nimmt
gewiß eine extreme kompositorische Position ein, die möglicherweise als
Sackgasse gedeutet werden kann. Melodie, Rhythmik und Harmonik wurden in diesem Stück weitgehend unterdrückt, Klangfarbe und Dynamik sind
die hauptsächlichen Träger der musikalischen Form.«
Das trifft auch in Wahrheit zu für »Atmosphères« und für »Volumina« für
Orgel, aber nicht für meine Musik im allgemeinen. Sicher, ich möchte nicht
leugnen, daß die Klangfarbe ein wesentlicher Bestandteil in meinen Werken
ist. Doch ist sie nicht Zweck der Komposition, sondern ergibt sich sekundär
aus den mikrokontrapunktischen, mikrorhythmischen Gestalten.
Wenn ich heute die Summe meines Schaffens seit 1956 ziehen müßte, würde
ich sagen, daß für mich wichtig war das Denken in Verflechtungen und Verwebungen, die gewisse andere kompositorische Ergebnisse, unter anderen die
Prädominanz der Klangfarben nach sich zogen. Kennen Sie die Bilder von
Hieronymus Bosch »Der Lustgarten« und »Das Jüngste Gericht«? Diese vielen
kleinen Schreckgespenster, diese wimmelnden kleinen Gestalten, die zusammen ein großes Ganzes ergeben. Von Bosch, meinem Lieblingsmaler, bin ich
sicherlich stark beeinflußt.

Kennen Sie andere Komponisten, die etwas Ähnliches wie Sie machen, eine
ähnliche Klangflächen-Gewebemusik? In vielen Fällen liegen doch solche
musikgeschichtlichen Entwicklungen sozusagen in der Luft . . .

Es gibt Leute, die eine Verwandtschaft zwischen mir und Penderecki sehen
wollen. Doch außer gewissen Aspekten der Klangbehandlung gibt es kaum
Ähnlichkeiten zwischen Pendereckis und meiner Musik.
Die unerwartet entdeckte Korrespondenz – in Pendereckis »Anaklasis«, uraufgeführt im Herbst 1960 in Donaueschingen, und meinen »Apparitions«,
uraufgeführt im Sommer 1960 in Köln, ist die Verwendung der orchestralen
Cluster ähnlich – verblüffte und erfreute mich; denn ich schätze Penderecki
sehr, aber nicht, weil er mir ähnlich, sondern weil er ganz anders ist.
In diesem Zusammenhang muß ich aber noch von einem anderen Komponisten sprechen, von Friedrich Cerha, den ich für den besten österreichischen
Komponisten halte. Seit 1960 arbeitet er mit statischen Klangflächen, doch
entwickelte er seine Vorstellungen und Techniken unabhängig von mir. Also
lag die Entwicklung tatsächlich »in der Luft«. Auch bei Cerha schätze ich
nicht die Ähnlichkeiten, sondern das Persönliche. Denn wenn ich an dieser
Stelle Cerha und Penderecki erwähne, so gilt dies – wie gesagt – nur für bestimmte Analogien in der »Klangkomposition«.

Wenn ich jetzt an andere Aspekte meiner Musik denke, so fände ich sicher auch dort Verbindungslinien zu heutigen Komponisten. In den Aspekten der »Mikropolyphonie« gibt es gewisse Verwandtschaften mit Lutoslawskis »aleatorischem Kontrapunkt«. Und vieles, ja sehr vieles in meinen kompositorischen Auffassungen geht auf Impulse zurück, die aus der ersten Kölner Zeit vor zehn bis zwölf Jahren stammen, aus dem freundschaftlichen Kontakt mit Stockhausen und Koenig, auch könnte ich »Querverbindungen« zur Dichtung und Malerei feststellen – auf den Gebieten der Sprachbehandlung sehe ich Korrespondenzen zu Kagel und dem für mich sehr wichtigen Dichter Hans G. Helms. Ich könnte Ihnen von Filmen, vor allem Zeichenfilmen erzählen, die in gewissen Analogien stehen zu meiner Musik, doch höre ich lieber hier auf, ich würde mich in Details verlieren.

Sie schrieben in einem sehr kurzen Zeitraum drei äußerst unterschiedlich erscheinende Werke: 1961 »Atmosphères« für großes Orchester, 1962–1965 »Aventures« und »Nouvelles Aventures« und 1963 bis 1965 das »Requiem«. Wenn ich Ihre theoretischen Ausführungen richtig verstanden habe, sind Ihre Vorstellungen von einer Musik der Verwebungen, der Klangflächen und -farben aber in jeder neuen Komposition verwirklicht. Kann man diese drei Werke miteinander in Beziehung setzen? Sie klingen doch so verschieden ...

Das klangliche Ergebnis der Stücke ist wirklich sehr unterschiedlich, die formale Konzeption aber umso verwandter. Würde ich sagen, ich arbeite nur mit Klangflächen, wäre »Aventures« auch wirklich etwas ganz anderes als »Atmosphères«. Doch die Klangflächen haben nicht primäre Bedeutung; wichtig ist die Verflechtung der einzelnen Gestalten und die Totalität der Form. Aber ich muß erwähnen, daß – obwohl ich die gleiche Technik eines klanglichen Gewebes in allen Stücken angewendet habe – ich in »Atmosphères« einen anderen Weg beschritten habe als in »Aventures«. In »Atmosphères« versuchte ich durch das Verweben und Verschränken der Gestalten eine neue globale Form, eine Gestalt höherer Ordnung zu erreichen; in »Aventures« und »Nouvelles Aventures« wie auch im dritten Satz von »Requiem« wimmelnde, flimmernde kleine Einzelobjekte, zwar unterschiedlich, aber doch miteinander in Verbindung, zu einem großen Ganzen zu kombinieren.

Sie haben 1966 ein Cellokonzert komponiert. Ich habe niemals die Bevorzugung eines bestimmten Instruments bei Ihnen entdecken können, deshalb hätte ich gern gewußt, aus welchem Grunde Sie ein Solokonzert geschrieben haben. Steckt vielleicht doch eine persönliche Vorliebe für das Cello dahinter?

Mein Cellokonzert ist kein Konzert im traditionellen Sinne. Und wenn Sie es von der Platte hören, werden Sie kaum das Soloinstrument sich aus dem Orchesterklang herauslösen hören. Im Konzertsaal erkennt man es selbstverständlich ganz deutlich. Das Solocello schweigt fast nie, es konzertiert nicht im alten Sinne, es stellt vielmehr eine Art Bindemittel dar. In sein

Spiel mischen sich die anderen, immer wechselnden Instrumente. Das Konzert ist einem durchgehenden Gewebe, einem Knäuel vergleichbar, das sich immer weiterspinnt.

Übrigens habe ich eine persönliche Vorliebe für den fabelhaften Cellisten Siegfried Palm. Solche Impulse sind nicht zu unterschätzen in der Beurteilung der Frage, weshalb man ein Solokonzert komponiert. Nach einem ähnlichen Prinzip arbeitete ich an einem Bläserquintett, das aus zehn winzigen Konzertchen von je einer oder anderthalb Minuten Dauer besteht. In jedem Stück dominiert ein anderes Instrument, virtuos, konzertant, die übrigen Bläser sekundieren.

Wieweit ist ein Stück in Ihnen bereits fertig, wenn Sie sich das erste Notenpapier holen? Welche Vorarbeiten machen Sie?

In meiner Vorstellung ist das Stück bereits fertig, wenn ich mit der Niederschrift beginne. Ich habe mir dann einige Skizzen gemacht, die sehen vielleicht graphisch aus, jedenfalls müssen sie nicht in Noten aufgezeichnet sein. Selbstverständlich kann sich das Stück während des Kompositionsaktes verändern. Ich füge sogar manche Nuance noch bei der Reinschrift der Partitur oder nach einer ersten Aufführung ein.

Bei einem Vortrag während der »Woche für experimentelle Musik« in der TU in Berlin, sah ich einen abstrakten Film, gedreht nach Ihren »Atmosphères«. Nun mag Ihre Musik sicher zu Assoziationen reizen, doch ist sie wohl nie programmatisch zu verstehen. Wenn auch der Photograph bemüht war, Ihrer Komposition zu folgen, lassen sich persönliche Deutungen bei einer Umsetzung aus dem akustischen in ein visuelles Medium nicht vermeiden. Können Sie eine so subjektive Darstellung Ihrer absoluten Kompositionen bejahen?

Ich schreibe sicher keine programmatische Musik, doch weiß ich, daß sich Assoziationen in der Musik niemals ausschließen lassen, und ich muß damit rechnen, daß sich der Hörer auch zu meiner Musik seine eigenen Vorstellungen macht. Musik ist nicht allein ein akustisches Phänomen, sie trifft durch das Ohr unser Gefühls- und Gedankenreich und öffnet imaginäre Räume. Ich kann nicht vorherbestimmen, welche Empfindungen und Bilder sich der Hörer durch meine Musik schafft, ich kann keine Assoziationen komponieren. Auch läßt sich in diesem Bereich nichts verbieten: Jeder mag hören und sich vorstellen, was und wie er will. Ich selbst bin ein durchwegs synästhetischer Mensch. Jedes Wort, Gerüche, Farben, Formen, ja selbst Richtungen im Raum setzen sich in musikalische Vorstellungen um.

Sie wollen für das Opernhaus in Stockholm in den nächsten Jahren eine Oper schreiben. Verraten Sie mir, wie diese Oper einmal aussehen wird? Haben Sie bereits eine Vorstellung vom Thema und von der musikalischen Gestaltung dieses großen Werkes?

Es wird keine Oper im üblichen Sinne werden. Eine traditionelle »Oper« kann ich, will ich nicht komponieren, die Gattung Oper ist für mich heute irrelevant, sie gehört einer von der heutigen kompositorischen Situation grundverschiedenen historischen Phase an. Damit will ich jedoch keineswegs sagen, daß ich nicht ein Werk für die Möglichkeiten, die eine Opernbühne bietet, komponieren kann. Die Oper als Gattung und die Opernhäuser als Apparat – so sehr sie geschichtlich auch zusammenhängen – sollen nicht unbedingt gleichgestellt werden. Das heißt: Ich habe genaue Vorstellungen darüber, wie ich ein Werk komponiere, das mit den Gegebenheiten des Opernhaus-Apparates aufführbar ist, also mit Sängern, Chor, Orchester, Bühne samt allen Mechanismen und Requisiten. Da ich im Augenblick bei den vorbereitenden Arbeiten zu diesem »Opernhaus-Stück« bin, möchte ich Weiteres darüber noch nicht sagen. Vielleicht nur soviel, daß ich kein Libretto »vertonen« werde, den Text komponiere ich selbst zusammen mit der Musik, etwa wie das bei »Aventures« der Fall war, obwohl dieses Opernhaus-Stück – es wird voraussichtlich »Kylwiria« heißen – auf einer anderen Konzeption beruht als die beiden »Aventures«-Stücke.

Durch diese letzte Frage hatte ich gehofft, daß Sie eine Vorliebe für einen Dichter, für ein literarisches Problem verraten würden. Sie haben bis auf das Requiem niemals einen Text vertont, in Ihren Vokalkompositionen »Aventures« und »Nouvelles Aventures« – Sie nennen es eine »musikalisch-dramatische Aktion« – ist die Sprache nicht einmal semantisch, allein phonetische Laute machen deutlich, was Sie sagen wollen. Warum vertonen Sie keinen Text?

Einen so allgemein bekannten Text wie den der Totenmesse kann ich meinen musikalischen Vorstellungen unterordnen. Ein expressiver Stoff möchte bei einer Umsetzung in die Musik mit musikalischen Mitteln ausgedeutet, verständlich gemacht werden. Wie vertrüge sich das mit meinem kompositorischen Prinzip des verflochtenen Gewebes?

In einer kleinen Analyse über die »Atmosphères«, von Harald Kaufmann geschrieben, las ich, daß dieses Stück dem Andenken von Matyas Seiber gewidmet ist, und daß sich in ihm eine Totenmesse verbirgt. War Ihnen diese Doppelbödigkeit des Stückes während der Arbeit bewußt, oder hatte sich eine solche Form mehr oder weniger unbewußt eingeschlichen?

Über eine solche persönliche Seite einer Komposition möchte ich nicht sprechen. Aber ich kann Ihnen sagen, daß ich seit langer Zeit immer einmal ein Requiem schreiben wollte. Dreimal habe ich mit einer solchen Arbeit begonnen, zweimal schon in Ungarn. Ich habe für das jetzt in Partitur vorliegende »Requiem«, das ich von 1963 bis 1965 komponierte, nur vier Teile der Totenmesse verwendet: Introitus, Kyrie, De Die Judicii Sequentia und Lacrimosa. »Lux aeterna« für A-cappella-Chor gehört nur thematisch zum Requiem, es steht als Komposition für sich allein.

In den beiden Kompositionen (»Requiem« und »Lux aeterna«) sind alle Formelemente meiner früheren Kompositionen enthalten – das Requiem ist noch rein chromatisch aufgefächerte Musik –, doch gleichzeitig weisen »Lacrimosa« und »Lux aeterna« auf neuere kompositorische Aspekte hin und lassen bereits die musikalische Sprache erkennen, der ich mich jetzt zuwenden möchte und bereits immer mehr zuwende. Wie 1958 »Apparitions« setzt auch 1966 »Lux aeterna« wieder einen Eckpunkt in meinem Schaffen. Die Verwebungen sind noch da, doch heben sich einzelne melodische Linien immer mehr hervor und verschwinden wieder. Es ist ein Neuanfang von Kontrapunkt und Harmonik, doch möchte ich das theoretisch jetzt nicht weiter beschreiben. An meinem zweiten Streichquartett, das ich bereits im Juli 1968 beendet habe, das aber erst im Dezember 1969 vom LaSalle-Quartett uraufgeführt worden ist – es stellt die Musiker vor so ungeheure interpretatorische Schwierigkeiten, daß es eine lange Probenzeit erfordert –, können Sie erkennen, daß es nicht um Klangflächen geht, sondern um eine neue Art von Kontrapunkt und Harmonie. Mir ist dieses Stück von allen meinen Werken das liebste.

Werkverzeichnis György Ligeti

1953	1. Streichquartett »Métamorphoses nocturnes«	B. Schott's Söhne
1958	Artikulation (für elektronische Klänge) ⊙ Philips AY 835 485–86	
1958/59	Apparitions (für Orchester)	Universal-Edition
1961	Atmosphères (für gr. Orchester) ⊙ Wergo 60022 ⊙ Columbia MS-6733	Universal-Edition
	Trois Bagatelles (für Klavier), musikalisches Zeremoniell	Fluxus, New York
	Fragment (für Kammerorchester), Kfg., Baß-Pos., Kb.-Tuba, Schl., Hf., Cem., Klav., 3 Kb.	Universal-Edition
1961/62	Volumina (für Orgel), neue Version 1966 ⊙ Wergo 60022 ⊙ Deutsche Gramm. 104990 ⊙ Vox	C. F. Peters
1962	Poème symphonique (für 100 Metronome), musikalisches Zeremoniell	
	Aventures (für Sopran, Alt, Bariton u. 7 Instr.: Schl., Cem., Klav., Vcl., Kb., Fl., Horn) ⊙ Wergo 60022 ⊙ Vox 31009	C. F. Peters
1963/65	Requiem (für Sopran- u. Mezzosopransolo, 2 Chöre u. Orchester) ⊙ Wer 60045	C. F. Peters

1962/65	Nouvelles Aventures (für Sopran, Alt, Bariton u. 7 Instr.) ⊙ Wergo 60022 ⊙ Vox 31009	C. F. Peters
1966	Konzert für Violoncello und Orchester ⊙ Wergo 60036	C. F. Peters
	Lux aeterna (für 16 Solostimmen oder 16stim. Chor a cappella) ⊙ Wergo 60026 ⊙ D.G. 104991 ⊙ Columbia MS-7176	C. F. Peters
1967	Lontano (für gr. Orchester) ⊙ Wer 60045 + Werg-TO 322	B. Schott's Söhne
	Étude Nr. 1 »Harmonies« (für Orgel) ⊙ Deutsche Gramm. 104990 ⊙ Vox 31009	B. Schott's Söhne
1968	Streichquartett Nr. 2 ⊙ DG	B. Schott's Söhne
	Continuum (für Cembalo) ⊙ Wer 60045 + Wergo Taschendiskothek 305 + Ph. 6526009	B. Schott's Söhne
	Zehn Stücke für Bläserquintett ⊙ EMI 4 E 031-34047	B. Schott's Söhne
1969	Ramifications (für Streichorchester oder 12 Solo-Streicher)	B. Schott's Söhne
	Étude Nr. 2 für Orgel »Coulée«	B. Schott' Söhne
1969/70	Kammerkonzert für 13 Spieler	B. Schott's Söhne

Pierre Boulez

Geboren 1925 in Montbrison, im Gebiet der Loire, ging nach Abschluß der Schule und einem kurzen Mathematikstudium 1943 zum Kompositionsunterricht bei Olivier Messiaen an das Pariser Conservatoire, zu René Leibowitz und Pierre Schaeffer. 1946 kam er auf Empfehlung von Arthur Honegger als »directeur musical« ans Théâtre Marigny von Madeleine Renaud und Jean-Louis Barrault. 1954 gründete Boulez die Konzertreihe »Domaine musical«, auf deren Programm die Aufführung der jüngsten Kompositionen steht. Seit 1955 ist Boulez häufig Dozent bei den Darmstädter Ferienkursen. Von 1960 bis 1964 lehrte er an der Musikakademie in Basel Komposition (seine Schüler waren u. a. Heinz Holliger und Gilbert Amy). Seit 1963 hält er Vorlesungen an der Harvard University in Cambridge wie in den USA.

In der breiteren Öffentlichkeit machte ihn seine Doppeltätigkeit als Komponist und Dirigent bedeutender Orchester bekannt – Boulez war u. a. musikalischer Leiter der Bayreuther Festspiele, er dirigiert das BBC-Orchester London und das des dortigen Royal Opera House –, nicht zuletzt sein Auftreten als Diskussionspartner über Fragen der neuen Musik und des Musiklebens in Presse, Rundfunk und Fernsehen.

Seit 1958 lebt Pierre Boulez in Baden-Baden. Beeinflußt von der Lektüre einiger Interviews war ich mit bangem Herzen vor einem streitbaren, angriffslustigen und gern polemisierenden Boulez nach Baden-Baden gefahren, die Möglichkeit einschließend, nach wenigen Minuten wieder vor der Tür zu stehen. Doch wie sehr kann eine solche Voreingenommenheit trügen: ich wurde herzlich empfangen von einem ungewöhnlich charmanten und liebenswürdigen Komponisten, der mir in seinem Arbeitszimmer auf meine Fragen Antwort gab.

Herr Boulez, immer wieder liest man in Kritiken und Beschreibungen, in Ihrer Musik verbinde sich französische Farbigkeit, wie wir sie von Claude Debussy kennen, mit dodekaphonischen bzw. seriellen Prinzipien. Sie selbst sprachen es einmal in dem Satz aus: »Man muß seine Revolution nicht nur konstruieren- man muß sie auch träumen!« Ihrer Biographie konnte ich entnehmen, daß Sie bei Olivier Messiaen und René Leibowitz studiert haben. Gegensätze also schon in den Lehrertypen. Darf ich Sie fragen, warum Sie sich gerade für diese beiden Lehrer entschieden haben?

Die Auswahl meiner Lehrer hat sich keineswegs zufällig ergeben. Ich hatte

Kompositionen von Messiaen gehört und wünschte mir diesen Komponisten als meinen Lehrer. Allerdings habe ich nicht »Komposition« bei ihm studiert, das halte ich sowieso für eine Unmöglichkeit, vielmehr war Messiaen 1944, als ich in Paris am Conservatoire studierte, an diesem Institut Harmonielehrer. Das war gut so. Man kann doch nur das Metier lernen, beim Komponieren muß man Autodidakt sein. Ein Schüler, der seine eigene, persönliche Sprache finden will – und das muß er ja wohl, wenn er etwas zu sagen hat –, muß sogar gegen seinen Kompositionslehrer rebellieren. Aus diesem Grunde möchte ich selbst niemals wieder Kompositionslehrer sein. Denn getreue Schüler, die vielleicht sechs Jahre oder mehr bei mir studieren wollen, werden niemals große Komponisten werden.

Doch zurück zu meiner Studienzeit: Zu René Leibowitz ging ich aus Gründen der Information. In Paris waren in den fünfziger Jahren die Werke der Wiener Schule wenig bekannt, da reizte es uns junge Schüler sehr, durch René Leibowitz die Gesetze der Zwölftonlehre zu erfahren. Er hatte Partituren und machte mit uns Analysen, allerdings geschah es bei ihm auf eine etwas sehr akademische Art, die mir wiederum nicht behagte.

Sie hatten vor Ihrem Musikstudium Mathematik studiert. In Paris hatten Sie die beste Gelegenheit, sich mit konkreter Musik vertraut zu machen im Studio von Pierre Schaeffer. Warum haben Sie dann nie mehr konkrete oder elektronische Musik geschrieben?

Man hat die Rolle, die mein Mathematikstudium für mein Musikdenken spielt, immer sehr übertrieben. Ich habe nur ein einziges Jahr Mathematik studiert, das ist gewiß nicht allzuviel, und ich habe heute bereits mehr davon vergessen, als ich vielleicht jemals gelernt habe. Doch etwas habe ich sicherlich doch davon profitiert: ich habe gelernt, klar und analytisch zu denken, Musik zu sehen in Kategorien, wie man sie ohne Mathematik vielleicht nicht konzipieren kann. Zu Pierre Schaeffer bin ich gegangen, weil mich die neuen Mittel interessierten, die zur Verfügung standen, und nicht etwa, weil ich in der konkreten Musik eine Verbindung von Musik und Mathematik sah. Doch ich war bald enttäuscht: ich erkannte, daß mit diesen neuen Mitteln nicht allzuviel zu machen sei. Einmal waren damals die Geräte noch sehr primitiv. Andererseits fehlte damals wie heute eine gründliche Methode. Nicht die technische Methode fehlt, es fehlt vielmehr eine Denkmethode. Es gibt in der konkreten wie auch damit zusammenhängend in der elektronischen Musik keine strenge Entwicklung. Dabei wäre es Zeit, wieder in strengen Kategorien zu denken. Wenn eine Forschung stattfinden soll, dann muß es eine wirkliche Forschung sein und keine im schlechten Sinne »poetischen« Experimente. Auch fehlt ein ästhetischer Standpunkt und zwar nicht nur im Kompositionsprozeß, sondern bereits im Material. Eine Geige ist bereits, ehe man auf ihr zu spielen beginnt, ein ästhetischer Denkprozeß. Das fehlt in jeder Musik, die mit elektronischen Apparaten gemacht ist.

47

Können wir auf Ihre Werke kommen: Gibt es in Ihrer musikalischen Entwicklung Etappen, sind in Ihren ersten, vielleicht sogar noch späteren Werken Einflüsse von anderen Komponisten, von Vorbildern zu entdecken?

Ich glaube, ich habe sehr schnell meine eigene persönliche Schreibweise gefunden und mich nicht sehr verändert.

Selbstverständlich habe ich in meinen ersten Stücken wie »Trois Psalmodies« für Klavier von 1945 oder der Sonatine für Flöte und Klavier von 1946 zunächst die Nachfolge gemacht von allem, was in meinen Studienjahren auf mich eingestürmt ist. Ich studierte ja in einer musikalisch ungeheuer aufregenden Zeit: Zu Beginn meines Studiums 1944 wurde die interessante neue Musik so gut wie nie gespielt. Wir waren praktisch im Leeren und hatten einen irrsinnigen Durst nach Neuem, nach allem, was in anderen Ländern gemacht und erfunden worden war. Wie ein Staubsauger saugten wir alles in uns hinein, was zwischen 1945 und 1946 auf uns zukam. So groß die Wirkung war, so energisch reagierten wir auch, manchmal vielleicht sogar in übertriebenem Maße. Doch eigentlich möchte ich rückblickend sagen, daß ich – mit einigen wenigen Ausnahmen – die Werke, für die ich mich damals begeisterte, auch heute noch akzeptiere und als erstklassig ansehe.

Als Komponist habe ich aber schon in meinen ersten Stücken meine eigene Schreibweise gefunden. Die Art, wie ich z. B. das Klavier benutze, schon in der ersten Klaviersonate von 1946, dann in der zweiten von 1948 und dritten von 1957, ist wohl kaum in einem der Stücke zu finden, die mich beeinflußt haben.

Könnten Sie selbst etwas über Ihre Musik sagen, sie charakterisieren?

Ich könnte eventuell darüber schreiben, darüber zu sprechen halte ich für unmöglich, das wäre zu oberflächlich. Ich halte aber sowieso genaue technische Beschreibungen für unnötig; denn wenn ich Musik beschreiben könnte, brauchte ich mich nicht mehr der Sprache der Musik zu bedienen. Wenn ich Musik schreibe, spreche ich mich in einer Art aus, wie ich es mit einem anderen Medium nicht könnte. Beschreibungen geben nichts weiter als poetische Äquivalente, sie mögen noch so gut gemacht sein. Auch wenn ein Baudelaire über Musik schreibt, bleibt es ein Baudelaire, ein guter Text, der angeregt sein mag von der Musik, der aber kein Text mehr ist über die Musik. Das ist das alte Mißverständnis: Man versucht zu erklären, doch anstatt zu erhellen, verbreitet man Finsternis.

Ihre Frage trifft aber nicht allein ein heutiges Problem und nicht allein das Problem der Musik. Ich lese Kommentare zur Malerei sehr aufmerksam und muß immer wieder erkennen, daß auch die besten Schriftsteller niemals zu dem wirklichen Kern des Werkes vordringen: was sie sagen, bleiben poetische Äquivalente, die in seltenen Fällen auf höchster künstlerischer Ebene stehen können.

Wenn ich es einmal sehr laienhaft sagen darf: Ich habe das Gefühl, als probierten Sie in Ihren kammermusikalischen Stücken, vor allem in den Klavierkompositionen kompositorische Ideen aus, die Sie dann in den Vokalwerken einsetzen, damit daraus ein »Kunstwerk« wachsen kann.

Es gibt für mich nicht nur eine Art Musik zu machen, ich werde Ihnen zwei Extreme beschreiben. Es gibt einmal die Forschung, d. h. der Fortschritt nimmt die wichtigste Position ein. Ich möchte das »Tagebuch« nennen. Hier notiere ich, manchmal nur für mich allein, Gedanken, Experimente, die in einigen Fällen als Werkzeug für eine Komposition dienen können. In diesem Falle schreibe ich also, um etwas Neues zu entdecken, vielleicht sogar, um ein neues musikalisches Denken zu finden. Dann gibt es das andere Extrem, daß man wirklich ein »Werk« schreibt. Man kann in dieser eben beschriebenen Zweigleisigkeit fast ein psychologisches Phänomen erkennen: Die Experimente sind introvertiert, die »Werke« extravertiert. Dieses dualistische Phänomen ist in der gesamten Musikgeschichte nachzuweisen: Nehmen wir als Beispiel den großen Klassiker Bach: Es gibt die »Kunst der Fuge«, und es gibt die »Passionen«.

Im ersten Buch meiner »Structures für zwei Klaviere« habe ich versucht, die Grenzen der uns unbekannten musikalischen Sprache zu erreichen. Das war für mich eine sehr wichtige Forschung. Die Technik, die ich bei der Arbeit an diesem Stück gefunden habe, habe ich weitergegeben in andere Stücke, die weniger orientiert sind an der Technik als am Ausdruck.

Die Balance zu halten zwischen Technik und Ausdruck erscheint mir als das wichtigste Problem überhaupt im Kompositionsprozeß. Technik und Ausdruck müssen in gleichem Maße in einer Komposition vorhanden sein. Anders ausgedrückt: die Schwierigkeit des Komponierens liegt darin, das Gleichgewicht zu finden zwischen dem, was man findet, was man erfindet, und dem, was man ausdrücken möchte, also zwischen dem »Was« und dem »Wie«. Überwiegt in einer Komposition die Technik, und es ist zu wenig Ausdruck vorhanden, wird auch die Technik schwach; allein gestellt verliert sie ihre Berechtigung. Das trifft auch für den umgekehrten Fall zu: ist in einem Stück allein Ausdruck vorhanden, bleibt es formlos und ungenügend. Diese Balance zu finden zwischen dem »Was« und dem »Wie«, ist von Anfang an mein Hauptproblem gewesen.

Als ich in der »reihe« Band 4 die Analyse von György Ligeti Ihrer »Structures I für zwei Klaviere« las, hatte ich den Eindruck, als seien Sie der strengste serielle Komponist. Doch seriell oder postseriell, oder was es da alles gibt, sind Schlagwörter und sagen im Grunde gar nichts aus. Können Sie mir sagen, was außer der eben genannten Balance zwischen Technik und Ausdruck für Sie wichtig ist beim Komponieren?

Sie haben recht, die Einstufung in Kategorien ist nicht wichtig. Wichtig allein ist die Beherrschung der Sprache. Ich sehe in der heutigen Zeit die Gefahr, daß junge Komponisten Experimente machen, Neuigkeiten suchen, die nach der Zeit der strengen seriellen Strukturen sowieso nur noch auf klanglichem Sektor möglich sind, und die ich nur als Rückfälle bezeichnen kann. Die Musikgeschichte verläuft immer in Perioden: zuerst werden strenge Prinzipien entwickelt, danach folgt die Zeit der Anwendung, d. h. man versucht, die entwickelten Prinzipien auf ein einfacheres und breiteres Niveau zu heben. Ein Komponist kann nicht allein nach strengen Regeln arbeiten, das ergäbe eine unerträglich pedantische Musik. Doch ebenso unerträglich finde ich eine falsch verstandene Freiheit. In diesem Punkte bin ich sehr streng. Ich muß doch wissen, wo ich mich befinde! In einer vollkommen aleatorischen, unkontrollierten Musik sehe ich keine Grundelemente mehr.

Ich kenne zwar auch das Argument der Vertreter einer so freiheitlichen Musik: Schon die Surrealisten hätten behauptet, daß Kunst von allen gemacht werden müsse. Nun, mir erscheint das reichlich primitiv, und ich glaube nicht, daß ich an solchen Ergebnissen Freude hätte.

Sie haben also einmal die Gefahr, ein Pedant, auf der anderen Seite primitiv zu sein. Ich möchte auch wieder die Balance finden zwischen Freiheit und Ordnung. Meine Ordnung ist immer eine serielle Ordnung, doch habe ich jetzt dieses serielle Prinzip um vieles erweitert. Die Prinzipien einer Komposition, die intellektuellen wie die der Gestaltung, müssen immer deutlich erkennbar sein. Ich nehme an älteren Werken Korrekturen vor, wenn ich glaube, daß in ihnen die Prinzipien nicht deutlich genug hervortreten. Sie dürfen nicht verborgen sein, sie müssen, wenn auch nicht beim ersten Hören, so doch vielleicht beim zweiten oder dritten wahrnehmbar sein. Ich liebe es gar nicht, wenn man ein Werk erklären muß! Ich finde – und das ist ein sehr tiefer Stundpunkt bei mir –, ein Kunstwerk muß auf verschiedenen Ebenen verständlich sein. Und je häufiger Sie ein Werk hören, desto tiefer dringen Sie ein, es wird dunkler und dunkler. Das ist wie in der Malerei, wie z. B. bei dem Anblick von Cézannes »La Montagne de Saint-Victoire«. Sie sehen zuerst nur eine Landschaft, und wenn Sie sich das Bild eine halbe Stunde lang angeschaut haben, finden Sie noch immer nicht das Mysterium, das das Bild zu einem Kunstwerk werden läßt: So klar ist das und so geheimnisvoll. Ich liebe diesen Kontrast zwischen Klarheit und Tiefe, in der Malerei wie in der Musik, das, was praktisch unerklärbar ist.

Als ich studierte, galt in unserem Kompositionskurs Ihr »Marteau sans Maître« als »die « neue Komposition schlechthin. In ihr ist wohl die Balance zwischen Ausdruck und Technik perfekt erreicht: Der »Marteau« ist eine streng serielle Komposition; daneben gibt sie das Bild einer »buntsinnlichen Katzenwelt«, wie es Ligeti einmal nannte. Hat diese Komposition für Sie als den Komponisten dieselbe Wichtigkeit wie für die Schüler und Hörer?

Der »Marteau« ist mein erfolgreichstes Stück. Es übt auch sicher eine große Anziehungskraft aus. Für mich, als den Komponisten, ist jedoch die Komposition »Pli selon gli – Portrait de Mallarmé« von größerer Wichtigkeit.

Diese Komposition für großes Orchester und Sopran besteht aus fünf Teilen: Don, Improvisationen I, II, III und Tombeau. Die Aufführung, allein die Beschaffung der Instrumente ist jedoch sehr viel schwieriger als beim »Marteau«; vielleicht aus diesem rein technischen Problem hat sich zwischen dem Werk und dem Publikum kein solcher Kontakt ergeben können, wie es beim »Marteau« geschah.

Doch möchte ich mit dieser Bemerkung die Bedeutung, die auch die Komposition des »Marteau« für mein kompositorisches Schaffen hat, keineswegs schmälern. Ich glaube sicher, daß ich auch beim »Marteau« etwas ganz Neues erreicht habe. Ich möchte mit einem mehr äußerlichen Aspekt beginnen, mit der Frage der Instrumentation. Ich habe keine neuen Instrumente benutzt, doch glaube ich sagen zu dürfen, daß eine derartige Kombination von Instrumenten etwas völlig Neuartiges war. Ich benutzte exotische Instrumente, nur wurden sie in meiner Komposition nicht als fremde, sondern normale, traditionelle Instrumente eingesetzt. So erzielte ich eine neue Farbwirkung.

Dann beachtete ich bei der Komposition des »Marteau« die Reihenfolge der Stücke. Ich gliederte die Großform in drei Zyklen, die nicht mehr nacheinander abliefen, die sich im Gegenteil konnektierten.

Der dritte Punkt war mir besonders wichtig: nach dem strengen seriellen Versuch der »Structures I« wieder die Dialektik zu suchen zwischen Freiheit und Ordnung. Das strenge Prinzip blieb als Basis bestehen, doch ich nahm mir die Freiheit auszuwählen. In jedem strengen Stil, sei er seriell, kanonisch oder sonst etwas, gibt es in einem Moment nur eine Lösung. Wenn ich in einem freieren Stil schreibe, habe ich die Möglichkeit, aus mehreren möglichen Lösungen auszuwählen.

Im »Marteau sans Maître« gibt es Teile, die sehr streng komponiert sind, und andere, die, auf einer strengen Basis fußend, sich sehr viel lockerer entfalten.

Das ist dann, wenn die Stimme hinzukommt . . .

Genau, alles ist konzentriert auf die Erscheinung der Stimme. Man hört die Stimme das erste Mal mit der Flöte. Und ganz am Schluß, wenn die Stimme verschwindet, wird die Flöte zu einer Stimme ohne Worte. Das ist ein Effekt, den ich sehr liebe, und der mir gut gelungen ist. Diese Verbindung, dieser Stoffwechsel praktisch zwischen Stimme und Flöte ist bezeichnend für mein Verhältnis zu Instrument und Stimme. Zu Beginn bringt die Stimme das Wort sehr instrumental, sehr ornamental, das Wort erscheint nicht präzis und am Schluß des letzten Stücks verliert sich die Stimme, der Mund ist halb geschlossen die Stimme verliert ihre Potenz zu artikulieren.

In Ihren Kompositionen sind die jeweiligen Instrumente mit ihren spezifischen Klangfarben eingesetzt. Haben Sie eine besondere Beziehung zu einem bestimmten Instrument?

Ich habe immer sehr auf eine gute Instrumentation geachtet. Ich möchte nicht um jeden Preis etwas »Schönes« schreiben, aber ich möchte auch nichts Häßliches schreiben, d. h. nichts Unkontrolliertes. Heute ergeben sich bei vielen jungen Komponisten die Instrumentalkombinationen mehr oder weniger zufällig. Doch etwas, was nicht gut geplant ist, nenne ich mißlungen. Ich selbst schreibe gewagte, neue Musik, doch weiß ich stets genau, wie es gemacht werden muß. Ich kenne das Gewicht eines jeden Instruments, deshalb kann ich Kombinationen finden, in denen die einzelnen Instrumente als solche nicht mehr heraushörbar sind. Ich setze die gewählten Instrumente nicht übereinander, sondern kombiniere sie diagonal. In meinen »Figures-Doubles-Prismes«, vor allem in zweiten Stück »Doubles«, verwende ich besonders viele solcher Diagonalkombinationen, bei denen man nicht mehr erkennen kann, welches Instrument mit welchem kombiniert ist. Doch das ist keine Erfindung von mir: Instrumentalkombinationen finden Sie schon bei Schönberg, merkwürdigerweise in den ersten Stücken, z. B. im dritten Stück von op. 16 mehr als in den letzten.

Sie haben für Ihre Vokalkombinationen häufig Gedichte von René Char gewählt: 1946 »Le Visage Nuptial«, 1948 »Le Soleil des Eaux«, 1952 »Marteau sans Maître«. Was hat Sie gerade an dieser Dichtung so gereizt, daß Sie sie immer wieder komponierten?

Die poetische Idee, die René Char ausdrückt, ist mir besonders wertvoll. Diese erste Entscheidung ist rein intuitiv und muß sich im späteren Zusammenhang mit der Musik bewähren: Intuition kann falsch sein. Ich habe viele Texte, u. a. auch wieder solche von René Char, sehr gern und bin von der Intuition her auch fast sicher, daß ich sie komponieren könnte, doch habe ich bis heute für sie noch keine Beziehung zur Musik gefunden. Für die Umwandlung von Text in Musik – es soll ja nicht nur eine vertiefte Diktion sein, müssen mehrere Faktoren passend sein: Qualität ist Voraussetzung; dann könnte ich nur einen Text vertonen, der eine Bedeutung für unsere Epoche hat. Ich würde niemals eine kulturelle Dichtung wie z. B. eine Passion, eine Messe oder ein Credo komponieren, sie paßt nicht mehr in unsere Zeit, zu unseren Gedanken, zu unserer Musik. Drittens ist die Struktur des Textes von größter Wichtigkeit für die Verträglichkeit mit der Musik. Nicht jeder Text ist musikfähig. Da ist schon einmal die Frage der Zeit: Die Zeit in der Musik ist länger als die des Textes. Diskursive Texte fallen in der Auswahl eines musikfähigen Textes also aus.
René Char hat eine sehr konzentrierte Sprache. Mit seinem Vokabular ist Musik zu organisieren. Es gibt in seiner Dichtung keine Wiederholung, das ist für mich sehr wichtig, weil ich der Meinung bin, daß auch in der Musik nicht etwas zweimal vorkommen muß.
Die Struktur des Textes muß mit der der Musik übereinstimmen. Es gibt nur eine, nicht mehrere Methoden, einen Text zu analysieren. Doch auf der Basis der gleichen Struktur fußend, kann ich viele Korrespondenzen zwischen Text und Musik suchen. Ein Text ist fähig, auf verschiedenste Arten

ein Verhältnis zur Musik zu finden. Im »Marteau« habe ich gezeigt, in welchen verschiedenen Richtungen man einen Text konzipieren kann. Ich habe sechs Zeilen des Textes zweimal geschrieben: »Bel édifice et les pressentiments«, im fünften Stück als »version première« und im letzten, neunten, »double«. Man sagt immer, man könne nur eine Version finden, man könne den Text nicht einmal schneller und einmal langsamer sprechen lassen, die Diktion müsse erhalten bleiben – nun, wenn Sie aufmerksam zuhören, werden Sie merken, daß alles, was kurz ist im fünften, lang ist im neunten, alles was nach oben geht, nach unten geht im anderen. Ich möchte hier keine pedantische Demonstration geben, doch die Analyse dieser beiden korrespondierenden Stücke macht meinen Standpunkt deutlich. Der Text dient meiner Musik als befruchtende Quelle und muß es sich gefallen lassen, eventuell sogar zerstückelt zu werden. Die affektiven Beziehungen bleiben immer erhalten.

Sie haben sich für einen Text entschieden, allgemeiner: Sie haben sich entschieden, eine bestimmte Komposition zu schreiben. Wie sieht die Vorarbeit aus, welche musikalischen Vorstellungen haben Sie, ehe Sie mit der Partiturniederschrift beginnen?

Es gibt eine Vorkonzipierung des Werkes.
Bei einer Konjunktion von Text und Musik spielen viele Hintergedanken mit. Wenn wir beim »Marteau« als Beispiel bleiben wollen, muß ich sagen, daß meine erste Idee war, Flöte und Stimme zu kombinieren, eine Idee, die sich immer weiter präzisierte und mehrere neue Gedanken nach sich zog. Der »Marteau« war gedacht als Hommage an Schönberg; auch in seinem »Pierrot lunaire« ist die Verbindung von Flöte und Stimme zu finden.
Die zweite Idee war: dieser Text ist sehr dekorativ, ich werde also auch die Stimme dekorativ einsetzen. Um ein ornamentales Material zu bekommen, habe ich mir eine besondere Technik ausgedacht. Die wiederum führte mich zu Funktionen, die ich mit den Funktionen des Textes vergleichen mußte. Die Klänge des Gedichts werden auf Intervalle und Rhythmen übertragen, die von den gesprochenen Intervallen und Rhythmen grundsätzlich verschieden sind. Ich wußte, daß ich die Wörter nicht direkt bringen, daß ich den Text verwischen würde. Diese ersten Vorstellungen präzisierten sich bereits etwas nach einer Analyse des Textes. Ich legte seine Strukturen bloß und wußte nun, wie ich auch musikalisch das Stück zu strukturieren hatte.
Allmählich baut sich also ein Bruttomaterial auf. Ich sehe zuerst mehrere isolierte Wege, die sich dann zusammenfinden in einer schriftlichen Vorkonzipierung.

Wieweit halten Sie sich bei der Komposition dann an diese Vorkonzipierung?

Ich kann bei der Komposition einen ganz anderen Weg einschlagen. Die Form, die Gestalt, der Inhalt, die kompositorischen Mittel, alles kann sich während des Schreibens ändern, neu ergeben. Ich kann plötzlich an einen Punkt kommen, an dem ich erkenne, daß es gar keinen Sinn hat, in der geplanten Art weiterzugehen. Gerade jetzt ist es mir wieder einmal so gegangen: Ich muß ein Stück schreiben für Bariton und kleines Orchester. Ich habe den Anfang geschrieben und erkenne jetzt, daß dieser Text einen Chor, vielleicht alternierend mit einem Baritonsolo, verlangt – ich habe mich noch nicht entschieden. Die Musik bleibt, nur das Gesicht der Musik, die Besetzung, die Partitur ändert sich.

Das Portrait de Mallarmé »Pli selon pli« (»Falte gegen Falte«) habe ich – wie einige andere wichtige Stücke – umgearbeitet. »Pli selon pli« sind insgesamt fünf Stücke, die ich zuerst konzipiert hatte als ein großes Instrumentalcrescendo. Doch das Stück dauert über eine Stunde. Für eine so lange Zeit ist die Idee des Crescendierens nicht ausreichend, es wird unerträglich, weil es keine Unterschiede aufweist.

Ich habe eine andere Form gefunden: Die große Besetzung des Anfangs reduziert sich zum Mittelpunkt und füllt sich wieder bis zum Schluß in vielfacher instrumentaler Variierung. Wenn man erst nach Abschluß der Partitur erkennt, daß eine Form nicht annehmbar ist, muß man halt wieder von vorn anfangen!

Ich möchte doch selbst zufrieden sein mit dem, was ich gemacht habe!

Ich danke Ihnen, wir haben den Komponisten Pierre Boulez heftig traktiert. Und obwohl das ja für meine Arbeit das Wichtigste ist, möchte ich doch den Dirigenten Boulez nicht unerwähnt lassen: Sie sind ein vielgerühmter und vielbegehrter Dirigent. Nimmt das Dirigieren Ihnen nicht zuviel Zeit?

Zuerst möchte ich bestätigen, daß auch für mich der »Komponist« bedeutend wichtiger ist.

Aber ich dirigiere ausgesprochen gern. Ich habe es auf dem Conservatoire nie gelernt, es gab keinen Kontakt zwischen den Klassen der praktischen Musik und den Kompositionsklassen. Das hat mir immer sehr leid getan. Und ich finde, was man nicht in der Schule lernt, sollte man im Leben lernen! Man muß ja sowieso immer ein Autodidakt sein. Heute bedaure ich fast ein wenig, daß mir das Dirigieren so gut gelungen ist; denn wenn man einmal in diese Tretmühle geraten ist, ist es sehr schwer, sich wieder herauszuwinden. Und es macht ja auch wirklich Spaß. Sicher, es kostet sehr viel Zeit. Vor allem am Anfang muß man sehr viel üben, Dirigieren ist ja nicht nur eine intellektuelle Arbeit, man muß probieren, wie die Musiker auf die Gesten reagieren. Doch dieser Reiz des Neuen, des Lernens ist jetzt für mich vorbei, die Praxis habe ich erobert, und aus diesem Grunde brauchte ich nicht weiter zu dirigieren. Doch es gibt für mich einen anderen, sehr wichtigen Grund: Ich möchte ein modernes Repertoire machen, wie es leider den großen Dirigenten nicht geläufig ist. Das Publikum und auch die Musiker können die zeitgenössische Musik nur verstehen, wenn sie immer wieder gespielt wird. Wenn man ein modernes Stück nur alle drei Jahre einmal hört, kann sich keine Beziehung, kein Verständnis bilden. Da habe ich zu klagen gegen Dirigenten im allgemeinen, nicht gegen ihr Talent; denn es ist keine technische Frage, sondern eine Frage des Charakters: Die großen Dirigenten sind so eingespannt im Geschäft, daß sie sich keine Zeit nehmen, etwas Neues zu üben. Ich meine ja nicht, daß sie Stockhausen spielen sollen, dazu muß ein Dirigent sowieso viel mehr Beziehungen haben, das kann nicht jeder machen, ich meine vielmehr, daß sie Schönberg, Webern, Berg, auch Strawinsky und Bartók immer und immer wieder zur Aufführung bringen sollten.

Warum wohnen Sie hier in Baden-Baden? Weil Sie am Südwestfunk arbeiten?

Ich habe sehr viel mit dem Südwestfunk gearbeitet, vor allem als Rosbaud hier war – das war eine wirklich große Periode. Ich wohne aber gern in Baden-Baden; denn wenn ich zu Hause bin, habe ich Ruhe und kann gut arbeiten. Am Südwestfunk dirigiere ich weniger und weniger, ich möchte mich immer heftiger auf dieses Repertoire konzentrieren und auch neue Partituren bringen. Aus dem Grunde habe ich auch einen Vertrag mit einer amerikanischen Schallplattenfirma abgeschlossen, die deutschen Schallplattenfirmen sind nicht sehr willig, moderne Musik aufzunehmen. Ich dirigiere häufig in England, überhaupt im englischen Sprachgebiet, kaum mehr in Deutschland. Es gibt so wenig Möglichkeiten hier! Gegen den Opernbetrieb in Deutschland habe ich schon heftig protestiert, das Abonnentensystem der Konzerte ist in keiner Weise besser.

Ich freue mich, daß Sie dieses »berüchtigte« Interview mit dem »Spiegel« erwähnen, das in der Öffentlichkeit einen verwirrenden Eindruck hinterlassen hat. Ich wollte Sie darauf nicht ansprechen, weil das sicher jeder tut, und ich annehme, daß Ihnen dieses Thema allmählich unerträglich langweilig wird. Die Überschrift »Sprengt die Opernhäuser in die Luft« war so reißerisch gewählt, daß wohl nur wenige Leser das Interview unvoreingenommen lesen konnten. Doch nun kann ich Sie bitten: Können Sie Ihre Ideen hier an dieser Stelle etwas ausführen, in welcher Art Sie sich ein befriedigendes Musikleben vorstellen?

Bitte, das tue ich gern. In Deutschland gibt es die Ära »Oper«. In die Oper geht ein ganz bestimmtes, immer gleiches Publikum: das Opernpublikum. Dieses unterscheidet sich in jeder Beziehung vom Konzertpublikum. Man hat sein Abonnement, man geht hin, alles andere interessiert nicht. Diese Art von Separatismus – hier Oper, hier Sinfoniekonzert, hier Kammermusik, hier Rundfunk, hier Fernsehen, alles fein säuberlich getrennt – wird vergehen, wenn es auch sicherlich noch einige Jahrzehnte dauern wird: In der Musik stirbt es sich ja besonders langsam! Und trotz aller Schwierigkeiten technischer, finanzieller und psychologischer Art meine ich, müßte man doch heute schon konzipieren, was man einmal verwirklicht sehen möchte: man müßte ein Musikzentrum schaffen mit Musikern, die sich zusammenfinden können zu einer Opernbesetzung, zu einem Sinfonieorchester oder einem

Kammerensemble; in einem Saal, der als Konzert-, Opern- oder Theatersaal dient; für ein Publikum, das aufgeschlossen die Kunst auf sich wirken lassen möchte. Ich bin sicher, daß man ein solches Publikum heranziehen kann. Das jetzige Abonnentensystem hat das Publikum in Klassen eingeteilt, und man muß alles versuchen, dieses Ghetto zu sprengen. Durch informative Zusammenarbeit mit Radio und Fernsehen könnte wertvolle pädagogische Arbeit geleistet werden. Durch Diskussionen in kleinen Gruppen vor oder nach einer Aufführung könnte man viele falsche Vorstellungen revidieren. Das Mißverständnis, die Unsicherheit bei der Beurteilung neuer Musik kommt doch nur durch den Mangel an Information. Man muß den Leuten erklären, warum die Musik so ist, warum sie sich in dieser oder jener Art ausspricht, wie eine musikalische Frage technisch-handwerklich gelöst wurde, und das Publikum wird anfangen, intelligent zu reagieren. Es wird lernen, Wert und Unwert einer Komposition zu unterscheiden; denn auch die Überschätzung jeder neuen Komposition ist ein Beweis für mangelnde Information über die Probleme der Musik. Wir stehen heute am Ende einer bestimmten Ära, nämlich der des 19. Jahrhunderts, und wir müssen versuchen, eine neue Form für ein musikalisches Leben zu finden. Man kann nicht erwarten, daß ein solcher Umwandlungsprozeß von einem Tag auf den anderen geschieht.

Sie nannten in dem Spiegelinterview den Opernbetrieb ein Museum. Das hatte in diesem Zusammenhang einen negativen Beigeschmack. Ich hätte gern hier von Ihnen die Bestätigung, daß dieser negative Geschmack zu Unrecht entstanden ist. Wenn ich Sie recht verstanden habe, möchten Sie für die Musik einführen, was für jede andere Kunstrichtung eine niemals bestrittene Selbstverständlichkeit ist: Jede Musik soll authentisch, echt und richtig aufgeführt werden. Ein Opernorchester wird niemals ein Kammermusikwerk in bester Qualität interpretieren können, ebensowenig wie ein Cellist fähig ist, wirklich gut Gambe zu spielen – allein mit Fingerfertigkeit ist es ja nicht getan. Schlechte Interpretation schadet doch gerade der neuen Musik mehr als daß sie ihr nützt.

Es gibt eine ganz klare Konzeption von Museum, Forschung und Laboratorium. Alle drei Stätten sind wichtig und nötig. Alle drei sollten in einem Zentrum verbunden sein.
Dann werden Menschen kommen, sie werden alles hören, aufgeschlossen und kritisch. Ich bin überzeugt davon, daß sich die Leute gern auf diese Weise erziehen lassen.
Man muß nur sehr hartnäckig sein, zur gleichen Zeit vorsichtig und wagemutig, dann werden Musik, Musiker und Hörer nicht mehr getrennt sein, sondern sich in einem musikalischen Universum vereinen.

Werkverzeichnis Pierre Boulez

1945	Trois Psalmodies für Klavier	
1946	Sonatine für Flöte und Klavier	
	⊙ SaP La Musica nuova RCA SLD 61 005	
	Erste Klaviersonate ⊙ VOX 31 015	
	Le Visage nuptial. Fünf Gedichte von René Char	Heugel & Cie.
	für Kammerorchester, Sopran- u. Altsolo	
	(Umarbeitung 1951/52 für Sopran- und Altsolo,	
	Frauenchor und Orchester)	
1948	Zweite Klaviersonate	
	Le Soleil des Eaux. Zwei Gedichte von René Char	Heugel & Cie.
	für Sopran-, Tenor- und Baßsolo und Orchester	
	(neue Version mit Chor 1958)	
	⊙ SME Elec. 91 457	
1948/49	Livre pour Quatuor I–VI	Heugel & Cie.
1951	Etude I und II (musique concrète)	
	Polyphonie X für 18 Soloinstrumente	
1952	Structures I für zwei Klaviere	Universal-Edition
	⊙ Wer 303 Taschendiskothek und Wergo 60 011	
1952/54	Marteau sans Maître, auf Texte von René Char	Universal-Edition
	für Alt und 6 Instrumente (Fl., Xylorimba,	
	Vibraphon, Schlagzeug, Gitarre, Viola)	
	⊙HM 30 682 und HMSt 530682	
1956	Musik zur Orestie des Aischylos	
1957	Dritte Klaviersonate	Universal-Edition
1958	Poésie pour pouvoir, nach der Dichtung von	
	Henri Michaux für Orchester und Tonband	
	Doubles für großes Orchester	
1961	Structures II für zwei Klaviere	Universal-Edition
	⊙ Wer 303 Taschendiskothek und Wergo 60 011	
1958/62	Pli selon pli – Portrait de Mallarmé	Universal-Edition
	für Sopran und Orchester ⊙ VOX 31021	
1965	Eclat für 15 Instrumente – Multiples	Universal-Edition
1963/66	Figures-Doubles-Prismes für Orchester	Universal-Edition
1969	Domaines	
1970	»Cummings ist der Dichter«	
	für 16 Solostimmen und Instrumente	Universal-Edition

Karlheinz Stockhausen

Stockhausen war mir zunächst ein etwas schwieriger Gesprächspartner. Ich traf ihn im Sommer 1967 in der Kantine des WDR Köln. Wortkarg antwortete er mit einem, höchstens zwei Sätzen auf meine Fragen. Wie sollte ich mich weiter bemühen, ihn aus der Reserve zu locken? Schweigsam aßen wir unsere Teller leer ... Und plötzlich fing er von selbst an zu reden; ohne Unterbrechung rollte das Gespräch ab, dem ich nur eine kurze Biographie voransetzen möchte.

Geboren am 22. 8. 1928 in Mödrath bei Köln, studierte er an der Universität in Köln Musikwissenschaft, Philosophie und Germanistik, gleichzeitig an der Kölner Musikhochschule Klavier und Komposition u. a. bei Frank Martin. 1952 besuchte er in Paris einen Kursus von Olivier Messiaen und arbeitete im Studio für Musique concrète von O.R.T.F. bei Pierre Schaeffer. 1953 von Dr. Eimert nach Köln zurückgeholt und verpflichtet als ständiger Mitarbeiter im Studio für elektronische Musik des WDR, arbeitete Stockhausen ein Jahr lang ausschließlich an elektronischen Kompositionen (Studie I und II). An der Universität in Bonn hörte er die Vorlesungen von Meyer-Eppler über Phonetik und Kommunikationsforschung.

In jeder Komposition, sei sie für Instrumentalisten oder elektronische Apparate geschrieben, setzt sich Stockhausen mit einem neuen musikalischen Problem auseinander. Mit dem »Gesang der Jünglinge im Feuerofen« enstand 1956 die erste elektronische Raummusik; im »Klavierstück X« aus demselben Jahr wird der gesteuerte Zufall zum bestimmenden Element der Komposition; 1960 ist mit den »Kontakten für elektronische Klänge, Klavier und Schlagzeug« die Verbindung von instrumentaler und elektronischer Musik erreicht.

Seit 1963 ist Stockhausen künstlerischer Leiter des elektronischen Studios im WDR Köln. Als Dozent und Interpret eigener Werke bereist Stockhausen viele Länder der Welt, seit 1958 vor allem die USA. 1970 beschickte er während der Weltausstellung in Osaka den Deutschen Pavillon mit elektronischer Musik.

Herr Stockhausen, als Sie mit 23 Jahren, also noch als Student, das »Kreuzspiel« komponierten, ein Werk, das einen völlig neuen Weg wies, dem unzählige junge Komponisten folgten, wie kamen Sie da auf die Bezeichnung »punktuelle« Musik?

Der Name »punktuell« ergab sich in einem Gespräch mit Dr. Eimert, dem ich das »Kreuzspiel« zeigte. Es fehlten uns damals ja noch alle Vergleiche, alle Begriffe. Es fielen Worte wie Sternenmusik, Pünktchen, Punkte. Ich hatte ein Stück geschrieben, in dem die einzelnen Töne nur noch als isolierte Phänomene betrachtet werden konnten.

Wie kamen Sie auf diese neue Schreibweise?

Wie ich darauf kam, die Klänge bis zu Tonpunkten zu isolieren? Nun, das ergibt sich ganz logisch, meine ich, als Entwicklung aus Weberns Musik. Die kleinsten Fragmente, mit denen er konstruierte, waren zweitönige Gebilde, Intervalle. Der nächste Schritt war einfach: Musik machen mit einzelnen Tönen, mit isolierten Klangereignissen. Ich hatte 1951 bei den Internationalen Ferienkursen für Neue Musik in Darmstadt, die ich in diesem Jahr zum ersten Mal auf Empfehlung Eimerts hin besuchte, den belgischen Komponisten Karel Goeyvaerts kennengelernt. Seine »Sonate für zwei Klaviere« und die vierte Klavieretüde seines Lehrers Olivier Messiaen »Mode de valeurs et d'intensités« waren die ersten beiden Kompositionen, deren Klangmaterial in all seinen Eigenschaften voll durchkonstruiert war. Das regte mich zur Komposition meines »Kreuzspiels für Oboe, Baßklarinette, Klavier und Schlagzeug« an. Meine Komposition hat aber nichts mit einem philosophisch verstandenen Kreuz zu tun, ich nannte das Stück deshalb »Kreuzspiel«, weil ich zeitliche und räumliche Vorgänge in drei Stadien sich kreuzen ließ. Doch das können Sie ja in jedem Lehrbuch der neuen Musik nachlesen.

Die an sich schon äußerste Reduzierung, ich meine, mit isolierten Klangereignissen zu arbeiten, wie ich es im »Kreuzspiel« tat, führte ich dann noch weiter: Ich zerlegte jeden einzelnen Ton in seine Bestandteile, um ihn wieder zusammenzusetzen, d. h. komponieren zu können. Vier Dimensionen machen ja erst in ihrem Zusammenwirken einen Ton aus: Tondauer, Tonhöhe, Tonstärke und Klangfarbe. Durch immer kompliziertere Anhäufungen, Gruppierungen von solchen isolierten Klangereignissen ist eine ganz neue Welt entstanden.

Wenn Sie sagen, viele junge Komponisten schreiben heute punktuell, so sollen sie das tun! Ich habe aus dieser Schreibweise für mich keine Schule gemacht, ich bin weitergegangen. Seit 1953 bereits komponierte ich mit Gruppen. Jede Gruppe besteht aus einer bestimmten Anzahl von Tönen, die durch verwandte Proportionen zu einer übergeordneten Erlebnisqualität verbunden sind, nämlich zu der Gruppe.

Ich möchte Ihnen jetzt eine Frage stellen, von der ich weiß, daß sie sicherlich Ihr Mißfallen erregen wird:
Es wird so oft behauptet, Ihre Kompositionen seien theoretische Aufzeichnungen, Resultate, Zusammenfassungen eines Experiments, einer neuen, vielleicht rein technischen Idee. Berechnung, Wissenschaft also anstelle des musikalischen Einfalls. Sie selbst sagten jedoch in der »Anleitung zum Hören« Ihres ersten Klavierstückes, daß Sie die theoretischen Begriffe, auf denen die Komposition dieses Klavierstücks basiert, erst nachträglich bei einer Analyse gefunden hätten. Ich möchte die Stelle zitieren (DuMont I S. 74):

»Es könnte nun leicht der Eindruck entstehen, als hätte ich das erste Klavier-
stück 1952 so komponiert, wie ich es hier beschrieben habe. Das ist ganz und
gar nicht der Fall. Ich habe an nichts von alledem gedacht und hatte mir
damals lediglich einige Maße und Verhältnisse vorbereitet, mit deren Hilfe
ich komponierte (ich schrieb dieses Stück sehr schnell, in zwei Tagen). Die
Begriffe, die ich hier verwendet habe, fand ich erst viel später – wie ich
denn auch zu der Zeit noch nicht eine einzige Webernanalyse gemacht hatte
und erst wenige Werke Weberns in Darmstadt nur einmal gehört hatte. In
Weberns Werk entdeckte ich dann später – findend, was ich suchte, – daß
vieles bei ihm schon vorbereitet war«.

Ich komponiere nicht nach der Theorie. Die Reichweite und Vieldeutigkeit
dessen, was man macht, ist einem gar nicht bewußt während der Arbeit. Die
Analyse eines Werkes, die ich nach einer gewissen Zeit mache, bringt in den
meisten Fällen etwas ganz anderes zutage, als das, was ich während der
Arbeit für das Wesentliche gehalten habe.
Es hat sich in der letzten Zeit eine ungeheure Vielzahl von neuen Möglichkeiten der Klanggestaltung aufgetan. Selbstverständlich arbeite ich mit diesen Mitteln, aber nicht wissenschaftlich, sondern künstlerisch. Wir machen
sehr wesentliche Entdeckungen, finden neue Gestaltungsformen, neue Arti-
kulationsweisen, neue Prozeßmöglichkeiten, Kombinationen von Prozessen,
aber das ist alles nur dann von Interesse für mich, wenn ich es zu Musik
komponieren kann, wenn es »Musik« gibt, wenn es »neue« Musik ergibt,
Musik, die vorher noch nicht da war.

Jede Ihrer Kompositionen stellt ein neues musikalisches Problem vor. Wo-
her kommen die immer neuen Ideen?

Es gibt zu jedem Zeitpunkt ganz wichtige Dinge, die in der Luft liegen, sogenannte heiße Themen. Die müssen einfach als nächstes angepackt werden.
Neue Probleme ergeben sich zum Teil aus vorausgegangenen Werken, zum
Teil aus zufälligen Entdeckungen, die man im Umgang mit dem Material
macht. Auch menschliche Erlebnisse spielen dabei eine Rolle. Das alles kann
sich zu einer Konzeption sublimieren.
Ob man sich auf einem »richtigen« und wichtigen Weg befindet, kann man
objektiv feststellen. Wenn ein Komponist eine Richtung einschlägt, die
»richtig« ist, unabhängig von Meinungen, von Geschmacksurteilen, dann
stürzen sich in allen Ländern die jungen Komponisten und Musiker auf diese
ganz bestimmten Resultate; sie waren jetzt einfach notwendig. Sehr oft geht
eine Initialzündung aus von einem einzelnen Werk. Es war zwar keine bestimmte und zu benennende Erwartung da, es weiß ja keiner, was als nächstes
kommt, aber dann kommt ein Werk und weist die Richtung, in der man
weitergehen kann.
Ich sehe eine unwahrscheinlich große Zahl von Aufgaben, die ich mir als
nächste stellen muß. Und ich muß mir ständig über die Frage Rechenschaft

ablegen, ob das, was ich machen will, dringlich ist, oder ob ich es zurück-stellen kann. Allein ist das alles gar nicht zu schaffen. Wir arbeiten oft in Teams. Ich kenne eine ganze Reihe Kollegen, Komponisten, jetzt oft schon 15 oder auch 20 Jahre jünger als ich. Wir unterhalten uns von Zeit zu Zeit, und ich bitte sie manchmal, einmal dieses oder jenes auszuprobieren. Die Idee für das »Carré« z. B. kam mir während der vielen Flüge, die ich 1958 über Amerika machte. Die Ausarbeitung der Kompositionspläne habe ich dann zur selbständigen Arbeit meinem Assistenten Cornelius Cardew mit meiner täglichen Anweisung und Korrektur aufgegeben. Sicherlich, es macht viel Spaß, wenn man selber etwas fertiggebracht hat, aber im Grunde sollte die Musik nicht so viel mit persönlichen Dingen zu tun haben. Sie ist ein ganzer, ein überpersönlicher Bereich. Ich glaube nicht, daß es heute darauf ankommt, unbedingt personalstilistische Eigenheiten zu suchen. Das, was alle Musiker zur Zeit angeht, ist von größerem Interesse. Darin mag man eine Parallele zur Wissenschaft ziehen; Große Erfindungen liegen in der Luft und werden fast immer zu derselben Zeit in den verschiedensten Ländern von mehreren Leuten gemacht.

Das Dokument unserer Arbeit ist die Komposition. In ihr ist der Bereich markiert, in dem wir gearbeitet haben. Deshalb bleibt unsere Arbeit primär die musikalische Komposition; sie ist keine Wissenschaft. Sie ist jedesmal ein tönendes Projekt, wie die Welt komponiert sein könnte.

Wenn Sie ein sehr interessantes Problem entdeckt haben, reizt es Sie dann nicht, in dieser Art mehrere Stücke zu schreiben?

Wir leben im Moment in einer Zeit, in der so viel zunächst einmal angestoßen werden muß, damit es nicht vergessen wird, daß wir für ein Ausbauen, Ausfeilen, für die Feststellung von Varianten der einzelnen Projekte gar keine Zeit haben. Ich bin zeitlich nicht in der Lage, mehrere Stücke in einer Art zu schreiben, um darin zu einer gewissen Perfektion zu gelangen. Sogar die meisten der mir als interessant und wichtig genug erscheinenden Kompositionsprojekte muß ich unrealisiert lassen. Die angestoßenen Kompositionsprozesse sind im Werk notiert, sie sind verfügbar als Partitur, es gibt Schallplatten und Tonbänder. Manches ist formelhaft, quasi in Kurzschrift fixiert. Jedes Werk ist eine Station, ein einmaliger Kern, nicht die Variation eines schon Dagewesenen. Ich kann nicht daran denken, »ein Meisterwerk« schreiben zu wollen. Es geht vielleicht überhaupt nicht so sehr um das Werk, vielmehr um das schöpferische Wirken überhaupt. Ich muß das Entdeckte deutlich formulieren; dann gehe ich weiter. Das jeweils gewählte Material ist immer neu und scheint unerschöpflich reich zu sein. Wenn ich ein Werk abschließe, so tue ich es in den meisten Fällen nur, weil ich mich aus praktischen Gründen zum Schluß entscheide. Der Schluß beim »Gesang der Jünglinge« wie auch bei den »Kontakten« ist eigentlich nur ein Schein-Ende. Ich war nicht im geringsten zu Ende. Ich hätte noch lange fortfahren können; das Material war bei weitem nicht ausgeschöpft.

Könnten Sie ein solches aktuelles Problem einmal nennen?

Eines der interessantesten Probleme zur Zeit ist die Vermittlung zwischen ganz konkretem Klangmaterial, das man finden kann, und einem nicht zu benennenden Klangmaterial, das man künstlich produziert. Künstlich gewinnen kann ich Klangmaterial entweder durch synthetische Herstellung (elektronisch), oder indem ich von etwas Gefundenem abstrahiere, ableite und es mehr oder weniger transformiere. Bei der Verbindung beider Klangmaterialien wird das Bekannte vieldeutig im neuen Kontext, das Unbekannte, künstlich Hergestellte gewinnt plötzlich starke Bedeutung in einem Kontext, in dem bekannte Klangphänomene vorkommen. So ist es möglich, daß Musik nicht unbedingt als ein abgetrennter Bereich außerhalb der Klangwelt des täglichen Lebens existiert; vielmehr können alle möglichen Klangphänomene in einem musikalischen Kontext gebraucht und aufeinander bezogen werden. Das ist ein hochinteressantes Integrationsproblem. Es ist erst vor wenigen Jahren aufgetaucht und jetzt besonders aktuell.

Wo kann man die Methoden der Neuen Musik lernen? Schon allein das Lesen der Partituren bereitet doch einem normalen Konzertbesucher Schwierigkeiten.

Für jüngere Kompositionsschüler ist das Lesen von Partituren kein Problem mehr. Langsam ändert sich ja auch in Deutschland der Musikunterricht. Die Trennung von Musiktheorie und praktischer Betätigung im Bereiche der modernen Musik – ich meine praktische Ausbildung in Akustik und Tontechnik – muß aufgehoben werden, so wie es in Amerika längst der Fall ist. Das Interesse für den Umgang mit elektronischen Apparaturen liegt in den Jungen einfach drin. Sie spüren: das sind Mittel ihrer Zeit. An einigen Musikhochschulen gibt es heute ja auch schon Studios für elektronische Musik.
Wer allerdings von mir etwas lernen will, müßte mit mir arbeiten; ich halte von einem theoretischen Unterricht nicht viel. Ich arbeite mit einem »Lehrling« zwei oder auch drei Jahre zusammen. Dieser Lehrling muß selbstverständlich eine vollständige musikalische und akustische Vorbildung mitbringen. Diesen Weg des Lernens halte ich für fruchtbar.
Daß es immer »die Hörer« geben wird, die keine Möglichkeit des intensiven Studiums haben, ist selbstverständlich. Aber ist es denn nötig, daß diese Musikkonsumenten in der Lage sind, eine verbale Analyse der neuen Werke machen zu können? Für jedes neue Stück müßten sie die Analysenmethode ja an dem Stück selbst erst studieren. Das zu tun steht natürlich jedem frei, wenn er Spaß daran hat. Doch im Grunde hat er ja sowieso schon alles »analysiert«, was durch seinen Sinnes- und Wahrnehmungsapparat geht, sonst hätte er ja gar nichts gehört. Unser Gehirn analysiert alles, auch beim ersten Hören, allerdings nicht in verbaler Form; sprechen kann man darüber kaum, denn das verlangt wieder eine ganz besondere Fähigkeit: die Erfindung von Sprache.

Sie sind viel im Ausland. In welcher Funktion: als Dozent, als Komponist oder Dirigent, oder bauen Sie dort elektronische Sudios auf?

Ich besuche regelmäßig fremde Länder. 1966 war ich sechs Monate lang in Japan. Dort habe ich nicht unterrichtet, sondern im Rundfunk NHK 5 öffentliche Seminare gehalten für geladene Leute, Musiker, Künstler und Wissenschaftler aus allen Gebieten. Daneben habe ich im elektronischen Rundfunkstudio gearbeitet und die »Telemusik« komponiert. 1967 hielt ich an der University of California ein halbes Jahr lang ein Kompositionsseminar für 12 ausgesuchte junge Komponisten.

Seit vielen Jahren bin ich mehrmals für längere Zeit in den Vereinigten Staaten gewesen und habe dort viele Universitäten besucht, entweder auf Konzerttourneen oder als lecturer.

Ein im Grunde merkwürdiges Phänomen ist dies: Als ich 1958 zum ersten Mal in Amerika war, habe ich dort die neue amerikanische Musik bekannt gemacht. Ich habe mich in Amerika für Amerikaner, für die Cage-Schule einsetzen müssen, die bis dahin drüben niemand ernst nahm. Heute ist das Kennen und Wissen um die neue Musik in Amerika erstaunlich, das Niveau der musikalisch-akademischen Jugend beträchtlich gestiegen.

Wenn Sie im Ausland Konzerte geben, nehmen Sie dann Ihre eigenen Musiker mit? Ein traditionell ausgebildeter Interpret ist doch kaum in der Lage, Ihre Kompositionen zu spielen, vor allem nicht zu Ihrer Zufriedenheit.

Seit mehr als zehn Jahren arbeite ich mit immer demselben Kreis von Musikern zusammen. Jeder einzelne von ihnen ist ein ganz neuer Musikertyp, nicht zu vergleichen mit einem normalen Routinemusiker. Unsere Konzerte haben Modellcharakter, jede Aufführung ist unwiederholbar, einmalig. Ich bin einfach auf hochqualifizierte Musikerpersönlichkeiten angewiesen, und wir proben sehr viel miteinander. Die Musiker haben in den neueren Stücken eine mitschöpferische Funktion, sie erfinden viel im Augenblick des Spielens. Deshalb variieren unsere Aufführungen in der Qualität. Es gibt Abende, da ist zwar alles »gut«, aber es passiert eigentlich nichts. In der letzten Zeit hatten wir großes Glück: Bei durchschnittlich zwei von fünf Aufführungen war es da, war es einfach irrsinnig, was da passierte. So etwas habe ich nie zuvor erlebt. In solch einem Glücksfall kommen viele positive Imponderabilien zusammen. Diese besondere Qualität können Sie mit völlig determinierter Musik einfach nicht erreichen. Zum Glück existieren als Dokumente von diesen Aufführungen Tonbandmitschnitte. Einen Ersatz für die Aufführung bieten solche Aufnahmen selbstverständlich nicht. Vor allem deshalb nicht, weil in meinen Kompositionen die Klänge den Raum brauchen, die Richtung und Stellung der Klangquellen ist ein genau bedachter Parameter in meinen Kompositionen. Aus diesem Grunde habe ich für manche Werke besondere Fassungen für Tonband- und Schallplattenaufnahmen geschrieben.

Sie scheinen tief in der Arbeit zu stecken. Darf ich Sie bitten, mir zum Abschluß unseres Gesprächs etwas über Ihre momentane Arbeit und über Ihre Pläne zu sagen?

Ich sprach vorhin von einem der Probleme, die mich zur Zeit am meisten beschäftigen, d. i. von der Vermittlung zwischen bekanntem, konkretem einerseits und künstlich hergestelltem, unbekanntem Klangmaterial andererseits. Beide kann man nun auf sehr verschiedene Arten verbinden. Im »Gesang der Jünglinge« ist die Stimme das bekannte Material, das ich zusammen mit neuem, elektronisch erzeugtem verarbeitet habe. Die Stimme hat hier die gleiche Funktion wie das Schlagzeug in den »Kontakten«. In den letzten Jahren vor allem habe ich viele Stücke geschrieben, in denen elektronische und instrumentale Musik verbunden werden. Das, was ich seit eineinhalb Jahren mache, ist Musik für Spieler und Vierspurband mit vier Lautsprechern. Es ist eine Expansion dessen, was ich vorher in Japan gemacht hatte, der »Telemusik«. In dieser »Telemusik« stellte sich mir das Problem, sehr alte Musik, die auf Band aufgenommen wurde, japanische Tempelmusik, afrikanische, brasilianische und spanische Musik usw., also ungefähr 25 verschiedene Ausschnitte aus Musik verschiedenster Völker, zu integrieren in eine sehr viel kompliziertere, vieldeutigere Klangwelt, die ich mir vorgestellt und die ich mit elektronischen Mitteln realisiert habe. Dabei sind hochinteressante Modulationsprobleme aufgetaucht: Wie kann ich z. B. die rhythmische Struktur einer Musik mit der harmonischen Gestalt einer anderen Musik modulieren, wie eine melodische mit einer rhythmischen, oder eine rhythmische mit einer Klangfarbenstruktur? Ich befand mich plötzlich in einem völlig neuen Bereich. Ich weiß nichts, an das ich mich anlehnen könnte. Das Ergebnis war diese »Telemusik«, in der ich also versucht habe, die differenziertesten Modulationsprozesse anzuwenden.

In dem jetzigen Stück – es soll »Hymnen« heißen – verwende ich einen großen Teil der Nationalhymnen.

Die charakteristischen Strukturmerkmale der Hymnen stehen in dieser Komposition innerhalb eines sehr komplexen Beziehungssystems von erkennbaren und nicht erkennbaren musikalischen Ereignissen.

Manchmal glaubt man, irgend etwas deutlich zu erkennen. Das sind Verkehrszeichen in einer unbekannten Landschaft. Die Arbeit an diesen »Hymnen« ist unsagbar aufregend für mich, weil ich nichts weiß, noch gar keine Erfahrung habe, mit solchen Dingen umzugehen. Ich suche Transformationsmethoden, muß Beziehungen herstellen zwischen strukturellen Merkmalen, die scheinbar unvereinbar sind. Jeden Tag mache ich die größten Umwege, manchmal finde ich zwei, drei Tage lang überhaupt keine Lösung für das, was ich suche.

Nun, wollen wir sehen, wohin mich die »Hymnen« noch bringen. Irgendwo muß ich ja einen Schlußpunkt setzen.

Wir gingen hinaus in sein Studio. Bei mindestens 30 ° Hitze – es war der heißeste Tag im Sommer 1967 – arbeitete Stockhausen ohne Aufsehen nach einer graphischen Aufzeichnung unermüdlich mit seinen Bändern! Ein junger Amerikaner, David Johnson, half ihm dabei. Stockhausen schien seine Umwelt vergessen zu haben. Unbemerkt verließ ich nach etwa zwei Stunden den Raum.

Werkverzeichnis Karlheinz Stockhausen

1950	Drei Lieder für Altstimme und Kammerorchester	
	Studie für Orchester	
	Sonate für Violine und Klavier	
	Drei Chöre nach Texten von Verlaine und Stücke für Chor a cappella	
1951	Kreuzspiel für Oboe, Baßklarinette, Klavier und Schlagzeug (neue Version 1959)	UE
1952	Spiel für Orchester	nicht veröffentlicht
	Schlagquartett für Klavier und 3 x 2 Pauken	nicht veröffentlicht
	Konkrete Etüde	
	Punkte für Orchester (neue Version 1962)	UE
1952/53	Klavierstücke I–IV	UE
1953	Kontra-Punkte für 10 Instrumente (Fl., Klar., Baß-Klar., Fg., Trp., Pod., Klav., Hf., Vl., Vcl.) ⊙ RCASLD 61005	UE
1953/54	Elektronische Studien I und II	UE
1954/55	Klavierstücke V–X (IX u. X 1961 fertiggest.) VIII ⊙ Vox 31015 X ⊙ Wer 60010	UE
1955/56	Zeitmaße für fünf Holzbläser (Ob., Fl., Englisch-hr., Klar., Fg.) Nr. V ⊙ CBS 34-61062	UE
1956	Klavierstück XI	UE
	Gesang der Jünglinge, elektronische Musik ⊙ DG 138811	UE
1955/57	Gruppen für drei Orchester ⊙ DG 137002	UE
1959	Zyklus für einen Schlagzeuger ⊙ Wer 60010 ⊙ Wer SHZW 903 ⊙ Sa PCBS 3461063	UE
	Refrain für drei Spieler: Klav., Celesta, Schlagzeug ⊙ Vox 31022	UE
1959/60	Carré für vier Orchester und vier Kammerchöre ⊙ DG 137002	UE
1960	Kontakte für elektronische Klänge, Klavier und Schlagzeug oder für elektronische Klänge allein ⊙ Wer 60009 ⊙ DG 138811 ⊙ Vox	UE
1961	Originale (musikalisches Theater)	
1961/62	Momente I für Sopran, vier Chorgruppen und 13 Instrumentalisten	UE
1963	Plus/minus, 2 x 7 Studien für Ausarbeitungen	

1963/64	Momente II für Solosopran, vier Chorgruppen und 13 Instrumentalisten ⊙ Wer 60024	UE
1964	Mikrophonie I für Tamtam, zwei Mikrophone, zwei Filter und Regler	UE
	Mixtur für fünf Orchestergruppen, vier Ring-modulatoren und Sinusgeneratoren a) Orchester, großes b) kleine Orchesterbesetzung ⊙ DG 137012	UE
1965	Mikrophonie II für Chor, Hammondorgel, vier Ringmodulatoren und Tonband	UE
1966	»Telemusik«, Tonband ⊙ DG 137012	UE
1967	Solo für ein Melodieinstrument mit Rückkopplung (1 Spieler und 4 Assistenten) ⊙ DG 137005	UE
	»Adieu« f. Bläserquintett: Fl., Ob., Klar., Hr., Fg.	UE
1967/68	»Hymnen«, elektronische und konkrete Musik a) 4-Spur-Tonband ⊙ DG 139421/22 b) mit Solisten	UE
1968	»Prozession« für Tamtam, Bratsche, Elektronium, Klavier, 2 Mikrophone, 2 Filter und Regler (6 Spieler) ⊙ Vox 31001	
	»Stimmung« für sechs Vokalisten (Sopran I/II, Alt, Tenor I/II, Baß)	
1968/69	»Kurzwellen« für Klavier, Elektronium, Tam-Tam mit Mikrophon, Bratsche mit Kontaktmikrophon, 2 Filter mit 4 Reglern und Lautsprechern, 4 Kurzwellenempfänger (6 Spieler)	UE
1969	»Aus den sieben Tagen« für Ensemble (Zahl der Spieler unbestimmt) ⊙ HM 30899	UE
	»Spiral« für Blockflöte und Kurzwellen ⊙ Wer SHZW 903	UE
	»Spiral« für elektrische Blockflöte und Kurzwellen ⊙ Wer 325	UE
1970	Beethoven-Stockhausen op. 1970 ⊙ DG 139461	

Günther Becker

Günther Becker wurde 1924 in Forbach, Baden, geboren. Er studierte von 1946 bis 1949 an der Badischen Hochschule für Musik in Karlsruhe Komposition, Musiktheorie und Dirigieren. Seit 1948 hatte er zusätzlich privat bei Wolfgang Fortner in Heidelberg Kompositionsunterricht. Die Tätigkeit als Ballettkorrepetitor und als Komponist und Pianist beim politisch-satirischen Kabarett in Karlsruhe ermöglichten die wirtschaftliche Existenz. 1953 folgte er seinem Lehrer Fortner nach dessen Berufung an die Nordwestdeutsche Musikakademie nach Detmold. Nach seinem Examen, 1956, wurde Günther Becker aus einem großen Kreis von Musikreferendaren ausgewählt, als Musiklehrer an die Greek National School Anavryta in Athen-Kifissia gehen zu dürfen. Zwei Jahre später unterrichtete Becker zehn Jahre lang am Deutschen Dörpfeld-Gymnasium in Athen. Seit 1957 war er bis zu seiner Rückkehr nach Deutschland Musikreferent am Goethe-Institut Athen. 1962 gründete er dort das Studio für Neue Musik, das er noch heute von Deutschland aus leitet. 1968 kehrte Becker nach Deutschland zurück und lebt heute als freier und unabhängiger Komponist in Essen.

Becker ist Ehrenmitglied der griechischen Sektion der SIMC (Internationale Gesellschaft für Neue Musik). In der italienischen Enciclopedia Storica »La Musica« bearbeitete er das Sachgebiet »Griechische Komponisten«. An den Internationalen Ferienkursen für Neue Musik in Darmstadt nimmt er als Dozent für »Komposition und Instrumentation« häufig teil. 1969 gründete er das Solisten-Ensemble »Gruppe MHz«, das ausschließlich mit elektronisch gesteuerten und elektrisch modulierten Instrumenten arbeitet und dessen Leiter er ist.

Ich besuchte G. Becker im Herbst 1968 in Essen. Erst vor wenigen Monaten war er aus Griechenland nach Deutschland zurückgekehrt. Ich war zunächst begierig nach biografischen Daten, ist es doch interessant zu erfahren, aus welchen persönlichen oder auch äußeren Gründen ein deutscher Komponist zwölf Jahre lang in Griechenland lebt, und wie sich die Begegnung mit einer fremden Geschichte auf die kompositorische Arbeit auswirkt.

Herr Becker, wann haben Sie angefangen zu komponieren? Liegen diese Anfänge bereits in Ihrer Kindheit?

Wenn ich mich recht erinnere, dann habe ich den ersten kompositorischen Versuch mit zwölf Jahren unternommen. In diesem Alter wurde ich von

Werken der Wiener Klassik und darüber hinaus insbesondere von Schubert angesprochen. Nun, dieser erste Versuch war ein dreiteiliges Klavierstückchen in Da-Capo-Form. Nichts anderes als eine Stilübung und Ausdruck meiner devotionellen Gefühle für Schubert. Zu jener Zeit muß ich auch wohl den unerträglich sentimentalen Schubertroman von Joseph August Lux in die Hände bekommen haben, mit dem für einen zwölfjährigen Jungen ansprechenden Untertitel »Ein Roman der Freundschaft«.

Haben Sie dann auch schon bald ernsthaft den Gedanken erwogen, Musik zu studieren?

Keineswegs! Ich hatte einfach kindlichen Spaß am Spiel, am Selbermachen. Sehr viel mehr interessierte mich zu jener Zeit das Zeichnen mit Feder oder Rohrfeder, Tusche und anschließendem Kolorieren. Darin war ich nicht unbegabt. Ich trug mich in den folgenden Jahren ernsthaft mit dem Gedanken, Malerei zu studieren.

Wen würden Sie als Ihren eigentlichen kompositorischen Lehrmeister betrachten?

Wolfgang Fortner, den ich nach dem Krieg in einem Privathaus in Karlsruhe kennenlernte. Er spielte mir am Klavier Teile seiner »Sinfonie 1947« vor, was mich sehr beeindruckte und in mir den Wunsch entstehen ließ, Kompositionsschüler von ihm zu werden. Nach einigen Prüfungsaufgaben im traditionellen Satz nach Fux's »Gradus ad parnassum«, einer zweistimmigen Klavierinvention als Stilübung im linearen Kontrapunkt und Variationen für einige Instrumente über ein Thema von Guillaume de Machaut wurde ich als Privatschüler von Fortner angenommen. So fuhr ich einige Jahre in gewissen Intervallen von meinem seinerzeitigen Wohnsitz Karlsruhe nach Heidelberg zum Unterricht. Daneben verlief mein Theorie- und Kapellmeisterstudium an der Badischen Hochschule für Musik in Karlsruhe. Fortner war es denn auch, der mich nach seiner Berufung als Kompositionslehrer an die Nordwestdeutsche Musikakademie in Detmold 1953 dorthin mitnahm. Er war ein ausgezeichneter Lehrer, keineswegs autoritär, eher kameradschaftlich und ungezwungen. Sein Unterricht – vor allem in unserer Detmolder Kompositionsklasse – war äußerst anregend und bei aller Kritik und auch beißenden Ironie aufgelockert, oftmals ausgelassen heiter. Ich denke dabei besonders an die praktischen Übungen zur Beherrschung metrisch-rhythmischer Abläufe, an die musiktheoretischen Seminare und die Instrumentationsübungen in kleiner Gruppe. In meinen bis 1960 geschriebenen Stücken ist Fortners Einfluß sicherlich spürbar, danach wohl im äußeren Duktus meiner Arbeiten nicht mehr zu finden. Hier sind vielmehr Attribute verbindlich, die für mich, aus dem ehemaligen Unterricht übernommen, zu Maximen geworden sind.

Haben auch andere Persönlichkeiten Ihr kompositorisches Schaffen beein-
flußt? Ich denke z. B. an Kurt Thomas, bei dem Sie in Detmold Chorleitung
studiert haben.

Als Chorleiter empfing ich nachhaltige Eindrücke von Kurt Thomas, als
Komponist geistlicher und weltlicher Chormusik hatte er überhaupt keinen
Einfluß auf meine Entwicklung. Aber da wäre Olivier Messiaen anzuführen,
dessen persönlicher Schüler ich zwar nicht war, dessen »Technique de mon
langage musical« mir jedoch bei einem Parisbesuch anfangs der fünfziger
Jahre in die Hände fiel. Hier profitierte ich vor allem von seinen Ausführungen über die Rhythmik, über die Modi und ihre Transpositionsmögli-
keiten und über melodische Vorgänge in Elimination, Tonpermutation und
Lagenwechsel. Die Kapitel über Form, Harmonie und Vogelgesang interessierten mich dabei weniger. Zu meinem Fach Musiktheorie gehörte selbstverständlich auch die Beschäftigung mit allen einschlägigen und greifbaren
Tonsatzlehren der Vergangenheit, vor allem aber die Auseinandersetzung
mit neueren Lehrbüchern wie etwa von Eimert, Krenek, Rufer, Jelinek
u. a. m., in denen ich manchen für meine Intentionen brauchbaren Gedanken
fand.

Wenn ich Ihre frühen Kompositionen betrachte, die vor Ihrer Übersiedlung
nach Griechenland entstanden sind, so scheinen mir diese sehr verschieden
gegenüber Ihren späteren zu sein. Worauf führen Sie das zurück?

Ich kann nicht beurteilen, ob meine früheren Arbeiten sehr verschieden sind
von meinen später in Griechenland entstandenen. Vielleicht sind sie in ihrem
Habitus orthodoxer. Wenn Sie dabei jedoch die Thematik und Inhalte meiner
Stücke meinen, so muß ich Ihnen zustimmen. Wäre ich nicht nach Athen gekommen im Jahre 1956, so hätte ich wahrscheinlich niemals solche Stücke
geschrieben wie z. B. »Vier Epigramme« nach antiker Epigrammatik von
Sappho, Zonas, Simonides und Appolonidas, weiter die »Diaglyphen alpha-
beta-gamma«, die »Nacht- und Traumgesänge« nach Gedichten von Odys-
seas Elytis, das »Moirologi«, basierend auf Homers Ilias, und »Meteoron«,
wo original byzantinische Gesänge relevant sind. In allen genannten Arbeiten
ist durch die Thematik natürlich etwas spezifisch Hellenisches existent, das
sich jedoch nicht in der Faktur äußert als vielmehr in der hinter den Kompositionen stehenden Mentalität.

Was hat Sie, Herr Becker, bewegt, nach Griechenland überzusiedeln?
Für jeden Deutschen ist die antike griechische Welt doch eine Idealvorstel-
lung, mit der er sich auseinanderzusetzen hat, wenn er in dieses Land kommt.

Meine Übersiedlung nach Athen hatte rein berufliche Beweggründe. Ich nahm
auf Anraten der Detmolder Professoren Maler, Fortner, Bialas und Thomas
ein an die Detmolder Musikakademie gerichtetes Angebot an, die Stelle als
Musikerzieher an der griechischen Anavryta-Schule in Athen-Kifissa zu

übernehmen. Dabei hatte ich über zwei Jahre hinweg auch den seinerzeitigen Kronprinzen Konstantinos zu unterrichten. Selbstverständlich vertiefte und erweiterte ich während der zwölf Jahre in Griechenland meine Kenntnisse über das antike Hellas beträchtlich durch zahlreiche Besuche von Ausgrabungsorten und Freundschaften mit Archäologen. Daneben interessierten mich aber auch sehr stark die Zeugnisse mykenischer und archaischer Zeit sowie die spätere byzantinische Kultur und nicht zuletzt das heutige Griechenland mit seiner wechselhaft tragischen Geschichte. Das alles hatte und hat noch heute für mich eine starke Faszination. Ganz zu schweigen von der griechischen unverhüllten Landschaft mit ihren einmaligen Lichtdifferenzierungen. Hinzu kommt die Gastfreundlichkeit der griechischen Menschen. Die Begegnung mit Griechenland und dem griechischen Geist – das wurde mir seinerzeit sofort bewußt – würde für mich schicksalhaft werden.

Ihre in Griechenland entstandenen Kompositionen scheinen mir glutvoller in den Farben und temperamentvoller im Ausdruck. Hängt das nur mit der mediterranen Umwelt zusammen, oder haben vielleicht Ihre französischen Vorfahren mütterlicherseits auch einen Anteil an der virtuosen Schreibweise Ihrer Stücke?

Der Beginn meiner Tätigkeit als Lehrer in Athen fiel in eine Zeit, in der man in der Komposition der Formungskategorie »Klangfarbe« mehr bestimmenden Einfluß zusprach, was auch für meine Arbeiten aus jener Zeit gelten kann. So mag es sein, daß einige meiner in Griechenland entstandenen Stücke allgemein farbiger und expressiver sind. Wie Sie wissen, habe ich mich spätestens seit dem II. Streichquartett bemüht, die konstruktive Funktion der Farbe wesentlich zu reduzieren und in meinen Stücken formale Innenbeziehungen zu schaffen, die mehr auf zeichnerisch-strukturellen Kriterien beruhen, ohne dabei – was naheliegen könnte – jedoch in motivisch-thematisches Denken zurückzuverfallen. Inwieweit nun die mediterrane Umwelt über die Thematik meiner Stücke hinaus indirekt eingewirkt hat, das kann ich nicht sagen, weil ich mich über diese Seite meines Produzierens noch keiner Selbstanalyse unterzogen habe. Dasselbe gilt wohl für meine französische Abkunft mütterlicherseits. Da möchte ich zwar hinzufügen, daß mich – sofern es sich um die Ausinstrumentierung meiner Stücke handelt – die Clarté im Sinne französischer Instrumentierpraxis immer mehr interessiert als das Gegenteil. Das mag eine Seite meines Naturells und auch meiner Erziehung sein, die im deutschen und französischen Kulturkreis verlief.

Bei der Betrachtung Ihres Werkverzeichnisses ist mir aufgefallen, daß Sie für fast alle Werkgattungen – ausgenommen die Szene – geschrieben haben. Ich schließe daraus, daß Sie bei dem Vorsatz, ein neues Stück zu schreiben, weniger eine bestimmte Besetzung beschäftigt hat als vielmehr eine kompositorische Aufgabenstellung. Könnten Sie mir darüber etwas erzählen?

Daß ich bislang noch kein szenisches Stück geschrieben habe, hängt mit meinem bis vor kurzem ausgeübten Beruf zusammen. Ich hatte einfach nicht die erforderliche Zeit, neben meiner ausgedehnten Unterrichtstätigkeit mich mit dem doch recht komplexen Begriff Szene intensiv zu beschäftigen. Daneben interessieren mich – Sie führten es soeben an – vorerst kompositorische Aufgabenstellungen mehr.

In welchem Werk glauben Sie, Ihre Absicht am klarsten realisiert zu haben?

Ich kann bei mir nicht von einer bestimmten, für meine Arbeiten allgemein verbindlichen Absicht sprechen. Es waren immer und sind noch viele voneinander zu unterscheidende Absichten. Gewiß hat man als Autor eine Vorliebe für das oder jenes eigene Stück, von dem man meint, es sei der Vorstellung am nächsten gekommen. Aber meistens überdeckt bei mir nach zeitlichem Abstand die Unzufriedenheit allzu selbstgefälliges Reflektieren und zeitigt den Wunsch, es das nächste Mal besser zu machen. So möchte ich glauben, daß ich in keinem meiner Stücke die jeweilige Absicht klar und eindeutig realisieren konnte.

Warum haben Sie bis heute noch keine Oper geschrieben?

Einen wichtigen Grund habe ich Ihnen vorhin bereits genannt, als die Sprache auf die Szene kam. Ein anderer Grund, noch gravierender, ist der, daß für mich die Oper ein Anachronismus ist. Werke dieser Gattung, die ich während der vergangenen Jahre gesehen und gehört habe, erzeugten gähnende Langeweile in mir und bestärkten mich darin, daß die Oper in dieser Form tot ist: »Neuer Wein in alte Schläuche«! Demgegenüber scheint mir die Idee des Multi-Media-Stückes zukunftsträchtig zu sein. So habe ich mich mit einigen Kollegen zu einer Gemeinschaftsarbeit zusammengetan. In dieser Teamarbeit obliegt mir die Instrumentalkomposition. Weg also von der Guckkastenbühne und hin zum Raum mit Environment, der einer flexiblen Spielfeldaufteilung entgegenkommt.

Herr Becker, fühlen Sie sich als Avantgardist?

Sie wissen, wie fragwürdig dieses Compositum Avantgarde selbst ist und wie vieldeutig es benutzt und ausgelegt wird. Seine zeitliche und soziologische Bestimmung, geht man ihr nur richtig auf den Grund, enthält keinen Hinweis auf eine revolutionäre Absicht. Das »en avant« und die »Garde« assoziieren strategische Vorstellungen, eben das »Vornesein« und »die Gruppe«. Nun, wer ist denn schon vorne? Sind es diejenigen, die ausschließlich elektronische Musik produzieren, die, die noch für herkömmliche Instrumente schreiben und diese denaturieren, oder Verfechter einer visiblen Musik, für die freigewordene Aktionen einzig kompositorisch verwertbare Materialien geworden sind? Wie immer Sie die Metapher von der Avantgarde mit ihrem militanten Beigeschmack nehmen, was in diesem Augenblick in der Musik »vorn« ist, das bleibt offen. Es sei denn, es wird von einem der Kollektive, die sich das Prädikat »avantgardistisch« in anmaßender Arroganz selbst zulegen, definiert. Dann bin ich kein Avantgardist.

Wann und warum sind Sie nach Deutschland zurückgekehrt?

Ich bin im Juli 1968 in die Bundesrepublik zurückgekehrt und habe in Essen meinen Wohnsitz genommen. Der Musikunterricht Tag für Tag an der Deutschen Schule in Athen langweilte mich trotz guter Bezahlung; ich wollte mich davon frei machen, was mir leider erst im vergangenen Jahr gelang. Bei allem hochgestimmten Lebensstil in Griechenland und der Liebe zum Land war es einfach wichtig, dahin zu gehen, wo sich mir als Musiker ein interessantes Terrain bot.

Ist Ihr Leben als freischaffender Komponist nicht mit vielen Schwierigkeiten verbunden?

Es ist sicherlich nicht einfach, ich glaube jedoch den richtigen Schritt getan zu haben. Neben meiner äußeren materiellen Existenz gibt es eine innere, die doch letzten Endes allein zählt.

Welches unter Ihren Werken ist das bisher erfolgreichste gewesen? Gibt es bestimmte Gründe hierfür?

»stabil – instabil« für großes Orchester. Der Grund mag sein, daß es für ein leistungsfähiges Orchester nicht zu schwer ist. Es wurde im Oktober 1966 in dem Konzertzyklus »musik der zeit« (Westdeutscher Rundfunk) urauf-geführt und hat seitdem viele öffentliche Aufführungen erlebt, u. a. in München, Frankfurt, Warschau und in der Berliner Philharmonie.
Vielleicht sind auch noch andere Gründe vorhanden, die ich selbst nicht durchschauen kann, und die bei Dirigenten und Publikum eine Rolle spielen mögen.

Herr Becker, Sie sind seit vielen Jahren mit den Internationalen Ferien-kursen in Darmstadt verbunden; zunächst als Besucher; dann waren Sie regelmäßig mit eigenen Kompositionen vertreten und seit einigen Jahren als Dozent. Welche Bedeutung hat Darmstadt für Sie?

Ich hatte als Außenseiter – in einem europäischen Randstaat lebend – den Darmstädter Ferienkursen meine erste bedeutende Aufführung mit Reso-nanz zu verdanken. Das hat mir den Weg für weitere und schließlich viele Aufführungen geebnet. Darüber hinaus sind wesentliche Entwicklungen in der neuen Musik in Darmstadt vollzogen worden. Endlich möchte ich auch die für mich wichtigen künstlerischen und menschlichen Begegnungen wäh-rend der alljährlichen Ferienkurse nennen.

Eine ihrer jüngeren Kompositionen »Meteoron« für Orgel, Schlagzeug und elektronisch verarbeitete Klänge beschäftigt sich mit der Mischung von in-strumentalen, elektronischen und konkreten Klängen. Dieses Werk hatte bei der Uraufführung in Kassel im Rahmen der 3. geistlichen Musikwoche einen spontanen großen Erfolg. Habe ich recht in der Annahme, daß der hier vorgezeichnete Weg Ihr zukünftiges Komponieren bestimmen wird?

Das weiß ich noch nicht. Im Moment jedoch in gewisser Weise. Ich glaube – und ich habe das am Ende meiner Kurse in Darmstadt 1967 präzise formuliert–, habe die historisch gewachsenen, aus der Dur-Moll-Tonalität entwikkelten Instrumente in ihren Spielmöglichkeiten zur Genüge ausgelotet und entsprechend künstlerisch eingesetzt worden sind. Man ist dieses Klanggewandes überdrüssig geworden. Tendenzen der letzten Jahre, in der U-Musik schon längst praktiziert, die instrumentalen Möglichkeiten zu erweitern, führten vom einzelnen Instrument ausgehend zunächst zur klanglichen Verstärkung mittels Kontaktmikrophon. Das brachte mich dazu, eine Gruppe von mehreren Instrumentalisten zusammenzustellen, die ausschließlich kontaktverstärkt spielen. Aber die simple Verstärkung muß weitergeführt werden durch elektroakustische Manipulationen, wie sie z. B. durch dazwischengeschaltete Geräte möglich sind. Ich denke dabei etwa an Verzerr- und Verhallgeräte, Vibrateure, Echogeräte, Schweller usw. Eine solche elektrische Beeinflussung des Tons und Klangs erschließt ungeahnte Varianten und ergibt ein vollkommen neues, sehr differenziertes Klangbild, das mir besonders im Zusammenspiel in der Gruppe in Verbindung mit gemeinhin unüblichen Klangerzeugern von unterschiedlichen Materialien zukunftsträchtig scheint. Eine Auftragskomposition des WDR für den »Warschauer Herbst 1970« ist von solchen Kriterien bestimmt. Dabei geht es mir um die Transformation des Orchesterklangs, der übergeht in den elektrisch verstärkten, modulierten Instrumentalklang und auch wieder zurückgeführt wird. Ich hoffe in diesem »Transformationen« betitelten Stück die mich im Augenblick bewegenden Gedanken klar zum Ausdruck zu bringen.

Werkverzeichnis Günther Becker

1954	»Vier Bagatellen« für Klavier zu zwei Händen	Gerig
1957	»Drei Inventionen« für Flöte solo	Zimmermann
1959	Veröffentlichungen und Bearbeitungen griechischer Volksmusik, »pro musica«, Heft 1/1959 ⊙ Elec. SMC 84014	
1961	»Vier Epigramme« für Bariton und Kammerensemble (altgriechisch nach Diodoros Zonas, Sappho, Appolonidas und Simonides)	Peters
1962	»Game for nine« für Kammerensemble	Gerig
	»Diaglyphen« für Kammerorchester	Peters
	»Con buen ayre«, Duplum für Flöte und Gitarre	Zimmermann
1963	Erstes Streichquartett ⊙ VdMK und Deutsche Grammophon 1970	Gerig

1964	»Nacht- und Traumgesänge« für gemischten Chor und Orchester nach Gedichten von Odysseas Elytis	Gerig
	»Moirologi« für hohe Frauenstimme, kleine Klarinette in Es, Klarinette in B, Baßklarinette in B und Harfe nach Versen aus Homers Ilias	Zimmermann
	»Metathesis« für Gitarre solo	Zimmermann
	⊙ Deutsche Grammophon 139377	
1965	»Drei Phasen« für Klavier zu zwei Händen	Gerig
	»stabil-instabil« für großes Orchester	Gerig
1966	»Correspondances I« für Instrumente der Klarinettenfamilie und Kammerorchester	Gerig
	Sammlung und Herausgabe von zwei Bänden »Neue griechische Klaviermusik«	Gerig
1967	Zweites Streichquartett	Gerig
	»Rigolo« für hohe Stimme, fünf Instrumente und Tonband	Gerig
1968	»Serpentinata« für Bläserquintett	Gerig
	⊙ Philips/Paris 1970	
	»Caprices concertants« für Mandoline, Mandola, Gitarre solo und Zupforchester	Gerig
	»Aphierosis« für Violoncello und Klavier	Gerig
1969	»Meteoron« für elektronisch verarbeitete Klänge, Orgel und Schlagzeug	Gerig
	»Correspondances III« für elektrisch gesteuerten Kontrabaß und elektrisch modulierte Bratsche	Gerig
	»Schnickschnack, Audiovision für Kontrabaß mit Kontaktmikrophonen und verschiedenen Modulationsgeräten, 4kanaliges Tonband, Diaprojektoren und ein Lichtenvironment	Gerig
1969/70	»Transformationen« für Orchester, Solistenensemble mit Kontaktmikrofonen, Verstärkern, verschiedenen Klangerzeugern und Tonband	Gerig
1970	»Scanning« für 5 Blechbläser und 2kanaliges Tonband	Zimmermann
	»Disposition«, Sukzessive und simultane akustisch-optische Ereignisse	Gerig

Ivo Malec

Das Kapitel »Ivo Malec« nimmt in dieser Sammlung von »Gesprächen« eine Sonderstellung ein. Malec, Jahrgang 1925, ist der einzige der in dieser Arbeit zur Sprache kommenden Komponisten, den ich nicht persönlich kennengelernt habe. Die Fragen wurden ihm von meinem Verlag per Post zugestellt, er beantwortete sie in französischer Sprache auf einem Tonband. So war es nicht zu vermeiden, daß dieses Kapitel etwas unpersönlich wirkt, es fehlt der wirkliche Kontakt, der sich während einer realen Unterhaltung ergibt.

Sie stammen aus Jugoslawien, genauer gesagt, aus der kroatischen Hauptstadt Zagreb. Hat dieses Land auf Ihre musikalische Sprache Einfluß gehabt, und existieren aus der Zeit vor Ihrer Übersiedlung nach Paris (1955) Kompositionen, zu denen Sie heute noch stehen? Jugoslawien war doch zu jener Zeit noch sehr isoliert gegenüber dem Ausland; haben Sie damals in Zagreb schon neue Kompositionstechniken (Schönberg und Webern) kennengelernt?

Ich glaube nicht, daß Jugoslawien einen entscheidenden Einfluß auf meine musikalische Sprache gehabt hat. Fast möchte ich das bedauern; sind doch hier außergewöhnliche musikalische Reichtümer dadurch zu finden, daß sich in Jugoslawien seit Jahrhunderten die Zivilisation des Orients und des Abendlandes überschneiden und dabei der Tradition der eigenen Kultur begegnen; zum zweiten aus der Tatsache, daß einige Gebiete keinerlei Kontakt mit der Zivilisation gehabt haben, und sie dadurch bis heute eine ungebrochene Tradition bewahren konnten. Diese außergewöhnlichen Reichtümer stellen trotz ihres langsamen aber sicheren Todes eine echte Quelle für Anregungen dar. Und doch muß ich persönlich sagen, daß Generationen von Musikern und Komponisten, besonders seit dem Ende des 19. Jahrhunderts, dieses Material in einer im musikalischen Sinne so einfallslosen Art ausgenutzt, die Musik nationalistisch und für den Tourismus verfärbt haben, daß alles, was sich mit dem Wort und der Bezeichnung »Folklore« verbindet, mir für viele Jahre einen tiefen Widerwillen eingeflößt hat. Doch eines Tages wird man sicher alles, was in gutem Sinne ursprünglich ist, wiederentdecken und in ernsthafter Arbeit mit schöpferischem, musikalischen Geist erfüllen. Ich glaube fest daran, daß es dort noch eine Menge zu lernen gibt.
Wenn Sie in Ihrer Frage von der Isolierung Jugoslawiens sprechen, so hat es sie tatsächlich gegeben. Aber ich glaube auch, eine Isolierung kann es nicht verhindern, daß Menschen dann große Werke schaffen. Denken Sie an Polen: Es war damals bestimmt nicht weniger isoliert als Jugoslawien, aber das hat seine Komponisten nicht gehindert, musikalische Werke von großem Wert zu schaffen.
In Jugoslawien haben wir leider nicht das Glück gehabt, während der beiden Kriege Musiker und Komponisten zu haben, die begabt genug waren, uns

nach dem Zweiten Weltkrieg in die »musikalische Arena« zu führen. Uns fehlten Lehrerpersönlichkeiten, die uns die notwendigen Informationen hätten geben können. So ist es nicht verwunderlich, daß ich, bevor ich nach Paris ging, keinen Kontakt mit jenen neuen Techniken hatte, die im übrigen Europa bereits sehr verbreitet und bekannt waren.

Über die Werke, die ich vor meiner Übersiedlung nach Paris geschrieben habe, möchte ich nichts sagen, denn ich denke nicht mehr an sie. Sie liegen mir jetzt fern, und ich müßte sie wiederhören, um mir eine neue Meinung bilden zu können.

Ihre Übersiedlung nach Paris 1955 und die Berührung mit der neuen »Ecole de Paris« war doch für Ihr weiteres Leben eine Art Weichenstellung. Könnten Sie etwas über diese Zeit erzählen, über Pierre Schaeffer und die »Groupe de Recherches«, die sich ja schon früher als das elektronische Studio in Köln etabliert hat und bis heute eine Art Pendant geblieben ist?

Das Wichtigste im Leben ist die Leidenschaft. Und meine ersten Schritte, meine ersten Kontakte mit Paris und der Pariser »Schule« erweckten in mir Begeisterung und Neugierde, über die ich mich noch heute wundere. Ich habe mir alles angesehen, habe jeden wichtigen Musiker kennengelernt, habe alles gehört, ich informierte mich und sog alles in mich auf, was sich meinem Geist bot. So entdeckte ich eines Tages auch die berühmte Einrichtung des französischen Rundfunks, die sich zu dieser Zeit »Club d'essaie« nannte. In diesem Studio für radiophone Forschung, die von außergewöhnlichen Leuten wie Charles Dulain, Pierre Schaeffer und ihren Freunden gegründet wurde, arbeitete die »Groupe de Recherches de Musique Concrète«. Ich kam vielleicht nicht in der besten Zeit in dieses Studio für Musique concrète; sie hatten um 1955 ihr Augenmerk auf die Vergangenheit gerichtet, um dadurch Probleme der Zukunft zu klären. Schaeffer selbst besuchte das Studio sehr selten (er war durch andere Verpflichtungen in Anspruch genommen). Häufiger war Pierre Henry mit seinem etwas finsteren Blick anzutreffen. Ich hatte aber das Glück, Philippe Artuis zu begegnen, der mich sehr freundschaftlich empfing und mir Produktionen der Gruppe vorführte.

Ich muß sagen, daß ich wie vom Blitz getroffen für diese Musik begeistert war; so wollte ich arbeiten und komponieren! Mein Bestreben war vor allem, die Musik von der wissenschaftlichen Forschung zu befreien und Kompositionen zu schreiben. Meine Idee setzte sich durch, und 1956 hatte Philippe Artuis den guten Einfall, Kompositionen von außenstehenden Komponisten, z. B. bei Maqui, Haubenstock-Ramati und anderen zu bestellen. Wir Komponisten, die bei der »Ecole de Paris« tätig waren, folgten übrigens einer anderen Gruppe, die schon vorher in Paris gearbeitet hatte: Milhaud, Messiaen und Boulez.

Meine erste Komposition im Studio für Musique concrète hat ein Werk ergeben, das sich »Mavena« nennt und das ich sehr liebe. Es ist bedeutsam für eine gewisse Periode meiner Arbeit, die schon die Tendenz erkennen läßt,

Musik und Text zu verbinden. Viel später habe ich auch in meine Orchesterwerke gern einen Text aufgenommen. Zusammengefaßt möchte ich sagen, daß ich damals über die elektronische Musik (auch über das Studio in Köln) sehr wenig gewußt habe! Alle Informationen hierüber sollte ich später bekommen. Die ersten Kontakte mit Paris verschafften mir eine etwas erhöhte Temperatur, die mich trieb, nach rechts und nach links zu schauen, und die die Art des durch Hektik etwas verkürzten Lebens deutlich machte, das ich nun führen sollte. Ein Leben, in dem man die vorher verlorene Zeit einholen will; in der ich also in kurzer Zeit alles erfassen wollte, was mir mein früheres Leben vorenthalten hatte.

Hatten Sie damals auch Kontakte zu Olivier Messiaen und vielleicht zu Karlheinz Stockhausen? Hatten deren Werke Einfluß auf Ihre Kompositionsweise? Oder gibt es vielleicht andere Komponisten, deren Schaffen Sie berührt hat? Ich denke z. B. an Ihre Komposition »Mouvement en couleur« für großes Orchester, die mir noch impressionistische Züge aufzuweisen scheint.

Ich glaube nicht, daß sich die Bezeichnung »impressionistisch« auf »Mouvement en couleur« anwenden läßt; dazu ist die Thematik viel zu präzise – wenn es auch an diesen gewissen Stil erinnern mag – und zu allgemein. Ich würde lieber sagen, daß dieses Stück eher Einflüsse des Pariser Milieus widerspiegelt, weil es das erste wichtige Stück war, das ich nach meinem Debut in Paris komponiert habe. Aber wie bei allen diesen älteren Stücken müßte ich auch dieses Werk erst wieder hören.

Wenn Sie nach Kontakten fragen, die ich zu anderen Komponisten elektronischer oder konkreter Musik hatte, so muß ich sagen, daß für mich die Begegnung mit Messiaen die wichtigste war, obgleich von einer verhältnismäßig begrenzten Dauer. Mich hat vor allem seine sichere Art beeindruckt, mit der er in jedes seiner »Aventures« eintrat. Die Neuheit des Weges im Werk von Messiaen war unbestritten. Es war faszinierend zu sehen (und auch eine große Lektion für uns), mit welcher Sicherheit er sich jeweils am Rande eines »Abgrundes« bewegte.

Bei Stockhausen beeindruckte mich das »Zuviel« an Ideen, sein großer Glaube an Prinzipien und vor allem die wirklich beispielhafte Neugierde, mit der er in unserer Welt umhergeht und die Musik überall dort sucht, wo sie sich befindet oder auch verbergen kann. Ich glaube, Stockhausen ist ein Poet und ein Suchender. Die Kontakte mit seiner Musik waren für mich nicht nur eine Freude, sondern darüberhinaus eine wirkliche Bereicherung. Doch glaube ich nicht, daß von ihm ein Einfluß auf meine Kompositionen ausgegangen ist. Ein solcher Einfluß kam von einer anderen Persönlichkeit. Allerdings handelt es sich dabei nicht einfach um die Einflüsse eines Komponisten auf meine musikalische Sprache, sondern es ging um mehr. Sein Name ist Pierre Schaeffer, den ich für eine der großen Persönlichkeiten in der musikalischen Welt des 20. Jahrhunderts halte. Ihn betrachte ich als meinen alleinigen

Lehrmeister, weil er in mir das erweckt hat, was ich als den wirklichen Sinn alles Lehrens ansehe: Seine Art, das musikalische Phänomen in seiner ganzen Allgemeinheit zu erfassen, die Musik in ihrer Universalität zu beobachten. Er selbst ist ein Suchender, der auf die Dinge zurückkommt, um sie zu überprüfen; alles das hat mich für das Leben gekennzeichnet und mir geholfen, mich definitiv von einer nutzlosen Vergangenheit zu befreien.

Sie haben sich viel mit synthetisch erzeugter Musik beschäftigt. Könnten Sie mir die Definition der »musique concrète« geben und mir sagen, ob und welche Unterschiede zu dem Terminus »elektronische Musik« bestehen? Vielleicht bemühen Sie sich bei Ihrer Antwort um eine Sprache, die auch Außenstehenden verständlich ist.

Ich möchte die »Musique concrète« dadurch erklären, daß ich sie mit der traditionellen Musik vergleiche. Man kann die herkömmliche Instrumentalmusik auch »abstrakte Musik« nennen, weil sie vom Komponisten zunächst abstrakt entworfen wird.

Der Komponist erfindet sie doch in seinem Kopf und überträgt sie durch jene Symbole, die wir Noten nennen, auf das Papier. Nur dann, wenn nämlich dieses mit Notensymbolen versehene Papier von ausübenden Musikern gespielt wird, erreicht es den Zustand des Konkreten: die Komposition kann schließlich gehört werden! Hier geht also der Weg vom Abstrakten zum Konkreten.

Im Gegensatz dazu steht die »Musique concrète«: hier gibt es als Grundlage den in der Natur existenten Ton, den man entweder finden oder selbst hervorrufen, also »schöpfen« kann. Dieser Ton wird mittels Mikrophon auf Band aufgenommen, das Band geht durch das Magnetophon und andere elektro-akustische Apparate, die nun den Ton umwandeln, manipulieren und schließlich das so erhaltene »Endprodukt« dem Hörer übertragen.

Der Unterschied zwischen den beiden Methoden, der »konkreten« und der »elektronischen« Musik, ist heute nicht sehr groß. Nur ist die Quelle, also die Herkunft, unterschiedlich. In der »Konkreten Musik« wird ein Ton verwendet, der in der Natur bereits existiert, also außerhalb eines Mikrophons. In der elektronischen Musik handelt es sich um Töne, die durch einen elektro-akustischen Generator hervorgebracht worden sind, es handelt sich also um Töne ohne Harmonie. Heute sind diese Unterschiede nicht mehr von großer Bedeutung. Vor zehn Jahren bekämpften sich noch beide Schulen, es war ein kleiner Krieg; aber die ehemaligen Feinde wurden zu Freunden, weil die Frage der Methode zweitrangig geworden ist. Beide, die »Musique concrète« wie auch die elektronische Musik, haben ihre Berechtigung, und die Komponisten finden es viel wichtiger, von beiden Quellen zu schöpfen, um zu einem interessanten Ergebnis zu kommen.

Für jede Musik, die auf oder für Tonband komponiert ist, gibt es heute viel allgemeiner gefaßt den Sammelbegriff »elektro-akustische Musik«. Das ist eine Bezeichnung, die wenigstens den Vorteil der Genauigkeit hat.

Wenn ich Ihre neuen Orchesterwerke »Sigma«, »Vocatif« oder »Oral« (für großes Orchester und Rezitator) höre, so fällt mir besonders die an »musique concrète« geschärfte Klangfarbe auf. Welchen Einfluß hat die elektroakustische Musik auf Ihre Kompositionsweise, wenn Sie für reale Instrumente oder für menschliche Stimmen schreiben?

Der Einfluß der elektro-akustischen Musik auf meine instrumentalen und vokalen Kompositionen ist tatsächlich sehr entscheidend und wichtig. Ich denke, daß der gleiche Vorgang wirksam ist, ob man nun einen schönen, reichen und interessanten Ton in der elektro-akustischen Musik oder in der Instrumentalmusik sucht. Ich brauche mir ja nur den Ton von einem Instrument real vorzustellen und kann ihn dann auf dem Papier fixieren. Ich hatte schon vor sehr langer Zeit nicht nur die Methode des Hörens und dann des Vorstellens von Musik angewendet nach den Erfahrungen der elektro-akustischen Musik, sondern ich habe auch die Kompositionstechnik der elektroakustischen Musik direkt auf die Instrumentalmusik in dem Sinne übertragen, daß ich zunächst ihre Techniken wie z. B. Montage, Mischung, Filterung übernahm. Diese Übertragung habe ich dann auf die Instrumentalmusik angewendet, bei der es mir möglich schien, die gleichen Effekte eines kalkulierten Zufalls zu suchen, die man auch auf dem Tonband finden kann.
Ich verwende hier das Wort »Effekt« natürlich nicht im Sinne eines groben Effektes, sondern ich denke an das umfassende Resultat, zu dem man nach meiner Erfahrung jetzt gelangt ist. Wenn man sich vom Zwang der Tradition befreit, so erkennt man, daß im Kopf der Maschinen – in enger Zusammenarbeit mit dem Menschen – gewisse Verfahren des Annäherns, des Manipulierens, zu einem unerwarteten Ergebnis führen. Auf den instrumentalen Bereich angewandt, kann derselbe Vorgang also ein ebenso glückliches Resultat ergeben. Diese wechselseitige Beziehung ist für mich sehr faszinierend zu beobachten: einmal die Hinwendung des traditionellen Instruments zur elektro-akustischen Maschine und auf der anderen Seite die Verweisung von der elektro-akustischen Maschine auf das Instrument, das sich nun wieder bereichert und erneuert findet. Dieses traditionelle Instrument, das seine äußersten Grenzen erreicht zu haben schien, erhebt sich plötzlich als ein Gebilde, dessen Bereiche weit zurückgeschoben sind.
Gleichzeitig habe ich erkannt, daß man ebenso die menschliche Stimme, wenn man die Kompositionstechniken der elektro-akustischen Musik beherrscht, in einer vollkommen neuen Art behandeln kann.

Herr Malec, Sie sind bei Konzerten mit elektronischer Musik durch ganz Europa gereist und haben zur Realisierung vieler Konzerte beigetragen. Welche Erfahrungen haben Sie mit dem doch meist unvorbereiteten Publikum gesammelt? Hatten Sie das Gefühl, spontan verstanden zu werden, oder war meist eine Mauer zwischen Ihnen und dem Publikum?

Ich möchte zunächst sagen, daß ich immer großes Vertrauen zum Publikum gehabt habe und daß dieses Vertrauen niemals enttäuscht worden ist. Das Publikum besitzt eine natürliche Neugierde und reagiert ehrlich, wenn es nicht durch Kritiken oder andere überflüssige Vermittlungen voreingenommen oder vergiftet worden ist. Es gibt heute keine Unterschiede zwischen elektro-akustischer oder anderer avantgardistischer Musik. Ich sehe deshalb auch keinen Grund, warum ein Unterschied in der Art der Reaktion oder in der Möglichkeit der Wahrnehmung von seiten des Publikums bestehen sollte. Bei den zahlreichen Konzerten mit elektro-akustischer Musik erinnere ich mich nur eines einzigen Falles, wo zwischen dem Publikum und uns eine Mauer bestanden hat. Überall sonst hat das Publikum nach einem kurzen, notwendigen Moment der Kontaktaufnahme mit großer Intelligenz reagiert und die Werte der Musik erkannt. Bei der einen mißglückten Aufführung lag die Schuld nicht bei uns oder beim Publikum, vielmehr war ein Mißverständnis der Grund für den Mißerfolg: Das Publikum hatte ein anderes Programm erwartet, es war mit einer bestimmten Vorstellung in das Konzert gekommen; dieses Mißverständnis war dann auch in der Folge nicht mehr zu zerstreuen. Es besteht deshalb kein Grund, Angst vor dem Publikum zu haben; es ist einfach, ansprechbar und auch aufgeschlossen. Man muß ihm nur die Werte zeigen und ihm außerdem Vertrauen schenken. Ich halte es für völlig verkehrt, daß heute so viele Organisationen zwischen Publikum und der Musik bestehen. Die Kritiker, die Agenten und die verschiedenen Organisatoren sagen immer wieder, daß das Publikum vorbereitet werden müsse, weil es allein nicht imstande sei, die neue Musik zu verstehen: das ist doch Unsinn! Die jeweilige Form und musikalische Sprache haben keine Bedeutung für jene, die nicht vergiftet sind.

Sie haben bereits zwei Werke geschrieben, die erfolgreich als Ballette aufgeführt worden sind. Haben Sie eine besondere Beziehung zum Ballett, oder ist es einfach Ihre Musik, die zur choreographischen Gestaltung reizt?

Ich bin von allem, was mit Theater zusammenhängt, fasziniert. Diese Faszination, diese schlecht verborgene Liebe für das Theater, muß wohl in irgendeiner Weise in meiner Musik erscheinen. Das Phänomen hat wohl auch einige Ballettmeister angezogen, eine Choreographie nach meiner Musik festzulegen; denn ich habe keine Musik speziell für das Ballett komponiert. In der nächsten Zeit werden wieder zwei oder drei meiner Werke als Ballett neu gestaltet werden.

Könnten Sie etwas über Ihre jüngsten Werke erzählen und über Ihre Pläne für die Zukunft?

Meine beiden letzten Kompositionen tragen die auf den Inhalt weisenden Titel »Lumina« für Streicher und Tonband, und »Vocatif« für Orchester. In »Lumina« habe ich wieder an meine persönliche musikalische Erfahrung angeknüpft, ein Instrumentalensemble und Tonband zu »mischen«, Diese »Mischtechnik« hat mich immer sehr interessiert, nicht nur, weil sie sich in einem Bereich befindet, in dem die Überraschung sehr groß ist und die Musik tausend Gesichter mit tausend Einzelheiten hat, sondern vor allem, weil es dort zwei Techniken gibt, die sich gegenseitig inspirieren. Darum ist es für den Komponisten äußerst anziehend, gleichzeitig Anreger und Nutznießer zu sein.

In allen meinen neueren Kompositionen spielt die Improvisation eine sehr wichtige Rolle. In dem Orchesterstück »Vocatif« fällt diese Aufgabe den Musikern zu. Sie haben zu improvisieren, zu komponieren, und haben dabei eine gewisse Freiheit: sie müssen jedoch ihr Spiel den Regeln, dem allgemeinen Duktus des Werkes angleichen.

Es erscheint mir überhaupt eine sehr vorteilhafte Tendenz zu sein, die ausübenden Musiker an der Komposition teilhaben zu lassen. Es löst die Musik aus ihrer Isolierung. Durch diese ursprüngliche Aktivität wird die Schöpfung erneuert, die immer ein Vorgang des Teilhabens war. Infolge des »Mitschöpfens« verstehen nun die Musiker das Werk besser, sie fallen nicht in ihre Gewohnheiten, die ihnen durch Tradition und Unterricht auferlegt waren.

Im Anschluß an »Vocatif« habe ich jetzt angefangen, ein neues Stück für Streich-Ensemble zu komponieren, das außerdem ein kleines Vokal-Ensemble enthalten wird. In meiner »Cantate pour Elle« habe ich bereits die Behandlung von Gesangsstimmen studiert. Diese Erfahrungen werde ich hier erweitern, zumal ich jetzt eine größere Zahl von Stimmen haben werde. Ich hoffe, daß dieses Werk mir Gelegenheit geben wird, in einer großen Form zu schreiben, die im Theater abendfüllend sein soll.

Ich habe außerdem vom französischen Staat den Auftrag erhalten, ein szenisches Werk für die Oper in Zagreb zu komponieren. Es wird ein Werk für großes Orchester und großes Vokal-Ensemble sein. Nachdem ich einige Zeit nicht für Gesang geschrieben habe, freue ich mich auf diese Aufgabe. Ich habe mich niemals lange von diesem vielleicht schönsten und reichsten, merkwürdigsten und geheimnisvollsten Instrument der menschlichen Stimme fernhalten können. Meine Erfahrungen mit der elektro-akustischen Musik werden natürlich diese Arbeit beeinflussen; doch brauche ich das nicht mehr besonders zu erwähnen, da ich zwischen beiden Techniken nicht mehr unterscheide.

Ich möchte noch auf eine andere Frage zurückkommen. Mir scheint, Herr Malec, daß Ihr Denken und Ihre Lebensweise von der französischen Kultur beeinflußt sind. Wie sehen Sie diesen Einfluß, und wie stehen Sie zur deutschen und zur östlichen Kultur?

Es stimmt, daß ich zu Beginn meiner intellektuellen und künstlerischen Entwicklung sehr stark von der französischen Kultur beeinflußt war. Schon in Zagreb wuchs ich in einem Milieu auf, das diesem Geist sehr zugetan war. Ich muß aber sagen, daß das, was vielleicht zu Beginn meiner Entwicklung ein großer Anreiz war, sich später als eine Sperrung gegenüber einer anderweitigen Entwicklung entpuppen konnte. Auch hier bin ich Pierre Schaeffer für seine außergewöhnliche Lehre zu Dank verpflichtet. Er zeigte mir, meinen Blick für alle Kulturen offen zu halten. Fast ist es banal zu sagen, aber ich bin davon überzeugt, daß in allen Kulturen der fundamentale schöpferische Geist der gleiche ist. Die Mittel mögen verschieden, die Empfindsamkeit in Nuancen anders sein, im Grunde handelt es sich aber immer um grundsätzliche Erfahrungen mit dem Leben.

In diesem Sinne scheint es mir nötig, alle Kulturen anzuerkennen, ihnen zu folgen und sich mit ihnen zu durchtränken, weil die Universalität der Annäherung aller Dinge, die uns als das geistige Kapital der Menschheit umgeben, jedes Individuum sehr tief betreffen kann, gleich, an welchem Punkt Europas es sich befindet. Meine heimatliche Kultur erscheint mir ebenso wertvoll wie die französische, die deutsche oder die slawische Kultur zu sein, aber ich weigere mich entschieden, sie als etwas anzusehen, das mich entscheidend beeinflussen würde. Ich betrachte sie als besondere Fülle eines sehr viel umfassenderen Ganzen. Dieses Ganze ist das allgemeine Potential der Kulturen dieser Erde, der ich verbunden und nahe bleibe, sowohl als Mitglied der menschlichen Gesellschaft als auch als Bürger meines Planeten.

Können Sie uns zum Schluß noch über bereits erschienene Schallplatten informieren, die doch zur Verbreitung Ihres Werkes wesentlich beitragen?

Die Schallplatte ist für die zeitgenössische Musik wirklich von großer Bedeutung. Mein persönlicher Fall bildet hier keine Ausnahme. Ich habe das Glück gehabt, daß 1968 drei Schallplatten aufgenommen wurden. So ist fast alles, was ich an wichtigen Kompositionen bis 1967 komponiert habe, auf Schallplatten erschienen. Obwohl ich mich nie über mangelnde Aufführungszahlen zu beklagen hatte, muß ich sagen, daß – seitdem diese Platten erschienen sind – ich immer wieder Menschen traf, die meine Musik gut kannten. Ich brauche nicht von den zahlreichen Rundfunksendungen zu sprechen, die durch die Entwicklung der Schallplatte möglich geworden sind. Aber man muß es immer wieder aussprechen, daß die Schallplatte das einzige massive Kommunikationsmittel zum »Musikverbraucher« ist. In jedem Falle ist es das einzige Mittel, das es ihm erlaubt, sich auch zu Hause mit der neuen Musik auseinanderzusetzen. Und gerade das ist notwendig, denn durch häufige Begegnung mit dieser Musik kann eine Annäherung stattfinden, die nötig ist, um diese Musik wirklich ganz zu verstehen.

Ich möchte noch etwas hinzufügen, was mir noch viel wichtiger erscheint. Zeitgenössische und traditionelle Musik leben auf der Schallplatte in engster Nachbarschaft. So kann die Grenze aufgehoben werden, die zwischen der Musik künstlich aufgerichtet worden ist. Im Bewußtsein des Menschen entsteht eine Einheit, wie es die Musik ja auch ist.

Das einzige, was ich noch verbessert sehen möchte, ist die technische Qualität im Hinblick auf die Größe des Spektrums der Frequenzen, wie man es auf dem Tonband ja bereits erreicht hat.

Wenn ich noch einmal auf meine drei Platten eingehen darf; die eine ist bei Erato herausgekommen – sie erhielt den Grand Prix du Disque 1968 von der Académie Francaise du Disque –; auf ihr ist das Stück »Oral« für Orchester und Rezitator. Die beiden anderen Platten kamen in der schönen Sammlung von Philips heraus, der »musique contemporaine« gewidmet, und nennt sich »Prospective XXIème siècle«. Im Bereich eines »Concert collectife« ist mein Stück »Tutti« für Orchester und Band herausgekommen. Auf der Platte, die mir ganz gewidmet ist, steht »Sigma« für Orchester, »Miniatures pour Lewis Carroll« für kleines Instrumental-Ensemble, die »Cantate pour Elle« für Sopran und Tonband und schließlich »Dahovi« für Tonband. Diese Platte bekam den »Grand Prix International du Disque 1969« von der Académie Charles Cros.

Werkverzeichnis Ivo Malec

1948	Sonate für Klavier	
1949	Trio für Klavier, Violine und Violoncello	
1950/51	Symphonie pour grand orchestre	
1952	»Poèmes de Radovan«	UKH-Verlag,
	Zyklus für Stimme und Klavier	Zagreb
1953/55	Bühnenmusiken für Pirandello, Lorca,	
	Dostojewsky, Miller, Lope de Vega,	
	Shakespeare usw.	
1956	»Le Roi Gordogan«, Musik für Rundfunk ORTF	
	»Maquettes«, Ballettmusik	UKH-Verlag,
		Zagreb und
		Gerig, Köln
	Sonata brevis für Cello und Klavier	
1957	»Mavena« für Tonband	
	»Poèmes de Radovan«, Orchesterfassung	
1958	»Tirena« für Chor und Kammerorchester	
	Petite suite baroque für Streichorchester	
1959	Mouvements en couleur für Orchester	Editions Francaises
		de Musique, Paris
1960	»Les Douze Mois«, eine musikalische Erzählung	Editions Francaises
	für Soli, Chor, Kinderchor und Kammerorchester	de Musique, Paris
	»Hekuba« für Chor und Kammerorchester	
	»Séquences« für Vibraphon und Streichorchester	
1961	»Dubravka« für Soli, Chor und Orchester	
	(Kammerorchester)	
	»Reflets«, Musik für Tonband	
	Cembalo spektar, Musik für Tonband	
	Noyaux-minute für Instrumentalensemble	
	Dialogues für Klavier oder Cembalo	Ed. Gerig, Köln
1962	»Dahovi« für Tonband	
	⊙ Philips 836 891 prospective 21° siècle	

	Structures (Flüstern) für Tonband	
	»Dahovi II«	Ed. Salabert, Paris
	Tutti für Orchester und Tonband	Editions Francaises de Musique, Paris
1963	»Sigma« für großes Orchester ⊙ Philips 836 891	Ed. Gerig, Köln
	Trois stèles für Instrumentalensemble (Tri stecka)	
1964	Miniatures pour Lewis Carroll für Instrumentalensemble ⊙ Philips 836 891 prospective 21 siècle	Ed. Gerig, Köln
	»Kikou«, Musikalische Erzählung für Instrumentalensemble	
1965	»Opérabus«. Zwei Szenen	
	Echos für Instrumentalensemble	
1966	Cantate pour Elle für Sopran, Harfe u. Tonband ⊙ Philips 836 891	Ed. Salabert, Paris
	»Planètes« für Instrumentalensemble	
1967	»Oral« für Sprecher und großes Orchester ⊙ Erato	Ed. Gerig, Köln
	»König Lear«, Bühnenmusik	
1968	»Lumina« für 12 Streicher u. Tonband	Ed. Salabert, Paris
	»Vocatif« für Orchester (Ballettfassung »Aquathème«)	Ed. Gerig, Köln
1969	Lied für Streichorchester und Stimmen	Ed. Salabert, Paris

Wolfgang Fortner

In einem Bungalow, idyllisch über dem Mühltal am Rande von Heidelberg gelegen, besuchte ich Professor Wolfgang Fortner. Doch die äußere Ruhe des Hauses täuscht: Professor Fortner ist ein überaus gehetzter Mensch. Die Autobahn zwischen Heidelberg, Freiburg und München wird ihn häufiger beherbergen als sein zauberhaftes Haus. Professor Fortner unterrichtet an der Hochschule für Musik in Freiburg Komposition. In München leitet er die Musica-Viva-Konzerte in der Nachfolge von Karl Amadeus Hartmann. Als Dirigent eigener und fremder Werke setzt er sich in vielen Städten für die neue Musik ein. Fortner ist Mitglied der Akademie der Künste in Berlin und der Bayerischen Akademie der Schönen Künste in München. Seit 1957 ist er Präsident der deutschen Sektion der Internationalen Gesellschaft für Neue Musik (IGNM).

Wolfgang Fortner wurde 1907 in Leipzig geboren. Seine Eltern – beide Berufsmusiker – waren kurz vor der Geburt ihres Sohnes Wolfgang nach Leipzig gegangen: »Sie wollten, daß ihr Kind in der Stadt Bachs geboren würde.«

1928 – noch während seines Musikstudiums (Komposition bei Hermann Grabner, Orgel bei Karl Straube) – errang er mit der Uraufführung seiner »Marianischen Antiphonen« den ersten großen Erfolg.

1930 machte die Aufführung seines ersten Streichquartetts in einem Berliner Privathaus vor versammelter Musikerelite Arnold Schönberg auf den jungen Komponisten aufmerksam.

1931 legte Fortner das Staatsexamen für das künstlerische Lehrfach an der Höheren Schule ab. Im gleichen Jahr wurde er an das kirchenmusikalische Institut nach Heidelberg berufen. Er gründete das Heidelberger Kammerorchester und später die Musica-Viva Konzerte Heidelberg.

1954 ging er für drei Jahre als Professor für Komposition nach Detmold an die Nordwestdeutsche Musikakademie, danach an die Staatliche Hochschule für Musik nach Freiburg im Breisgau.

1960 erhielt er den Bachpreis der Stadt Hamburg. Diesem vorausgegangen waren 1948 der Schrekerpreis der Stadt Berlin und 1953 der Spohrpreis der Stadt Braunschweig.

In dem 1963 von Henry Nannen aus Rundfunksendungen zusammengestellten Buch »Das musikalische Selbstportrait« spricht Wolfgang Fortner unter dem Titel »Die Weltsprache der neuen Musik« über sein Leben und seine Musik. Einen Abschnitt daraus halte ich für besonders wichtig zum Verständnis für die Entwicklung seiner kompositorischen Sprache:

»Die Stücke, die ich nach 1933 schrieb, sind in der Qualität unterschiedlich. Es gibt einige gute Passagen darin unter sehr viel Spreu, die ich heute wegschieben würde. Weil mir das amtlich verordnete Pathos in tiefster Seele zuwider war, flüchtete ich mich in eine gewisse klassizistische Eleganz . . .

Ja, und dann war das alles ausgestanden. Auf einmal dies unbändige Gefühl der Freiheit! Aus dieser Situation, wo pulsendes Leben und das Gefühl einer Wiedergeburt herrschten, ist an meinem Schreibtisch eine ganze Anzahl von Stücken entstanden, die mich dorthin gebracht haben, wo ich stehen wollte.

Die Situation eines Komponisten ist immer eine Situation von morgen. Wenn er glaubt, eine Position errungen zu haben, und die Ergebnisse seiner Erfahrungen nur noch variiert, ist er eigentlich schon gestorben . . .

Und dann kam das Neue: meine Symphonie aus dem Jahre 1947, und das Publikum hat sich temperamentvoll damit auseinandergesetzt . . . Was ich wollte, war etwas ganz Natürliches, das heißt: eine Ordnung, die sich innerhalb der Musik abspielt. Sie erreicht ihren Höhepunkt in einem Schlußsatz, der so durchorganisiert, so durchgestaltet ist in seiner Kontrapunktik, in der Ordnung seiner Tonfolgen, seiner Thematik, daß von hier aus zur Zwölfton-Musik nur noch ein kleiner Schritt ist. Als ich dieses Stück schrieb, habe ich freilich nicht an Zwölfton-Musik gedacht; ich habe kein ›zwölftöniges‹ Werk schreiben wollen. Und doch ergab sich aus der Strenge der formalen Ordnung, der Kontrapunktik, des Umgangs mit den Tönen sowohl in der Vertikalen wie der Horizontalen eine gewisse Vorstufe, eine individuelle Einzelvorstufe, die den späteren Schritt zur Zwölftönigkeit, diesen verspäteten Schritt zur Begegnung mit dem, was Schönberg in einer ganz anderen Stilistik vorgeprägt hatte, für mich notwendig werden ließ. Und hier bin ich an dem entscheidenden Punkt: Denn erst jetzt, da ich eine gefestigte ästhetische Vorstellung von dem hatte, was meine Sprache, mein Habitus im Rhythmischen wie im Klanglichen war, erst jetzt konnte ich mich auf eine Technik beziehen, die mir in diesem Augenblick für die Ordnung meiner Gedanken und meiner Tondisposition hilfreich war, obwohl sie in einem ganz anderen Stilbereich, nämlich dem Schönbergs, individuell gewachsen war . . .«

Herr Professor, in den letzten Jahren haben Sie ausschließlich Zwölfton-Musik geschrieben; ebenso gern, wie diese neuen Kompositionen werden aber auch Ihre Werke, die vor 1950 entstanden sind, aufgeführt – ich denke jetzt ganz besonders an die Hölderlin-Gesänge und an die Shakespeare-Songs. Haben auch Sie zu diesen Werken noch das gleiche Verhältnis, oder stehen Sie ihnen jetzt mit einer gewissen Reserve gegenüber?

Keineswegs. Es gibt auch gar keinen Unterschied im inneren Wesen zwischen diesen älteren Werken und denen, die ich heute schreibe, wenn man die Substanz, wenn man den geistigen Ausdruck meint. Es werden eigentlich nur die Dinge, um die ich mich auch früher bemüht habe, in einer etwas anderen Sprachlichkeit ausgedrückt. Ich würde sagen, daß es beim großen Meister Strawinsky ähnlich ist, zumindest in seinen besten späten Stücken. Strawinsky allerdings hat sich erst sehr viel später als ich dieser Ausdrucksweise bedient, erst, als er durch Robert Craft Webern begegnete. Im Grunde ist bei Strawinsky zwischen einem Meisterwerk wie dem »A Sermon, a Narrative and a Prayer« und der »Psalmensymphonie« kein innerlicher Wesensunterschied, es ist derselbe Strawinsky, er bietet sich nur in einer anderen Sprachlichkeit dar, in einer Sprachlichkeit, die für seinen gegenwärtigen Standpunkt notwendig geworden ist.

Glauben Sie, daß das Publikum das musikalische Gesetz, das hinter einem Werk steht, überhaupt bemerkt?

Das Publikum soll oder könnte merken, ob ein Stück innerlich richtig oder falsch ist, ob es gestückelt ist oder ob es eine innere Perfektion aufweist – wenn es sehr offene Ohren hat. Im übrigen ist für das Publikum das Wissen um die Kompositionstechnik ebenso wenig wichtig wie die Erkenntnis, daß an dieser oder jener Stelle einer Beethovensymphonie ein Neapolitanischer Sextakkord steht.

Etwas ganz anderes: Wodurch werden Sie angeregt, ein Stück, nun dieses eine ganz bestimmte Stück zu schreiben? Entspringt dieser Entschluß einem plötzlichen Einfall, sind Sie durch einen Auftrag gebunden, oder welche anderen Gründe bestimmen die Entstehungsgeschichte eines Werkes?

Das ist ganz unterschiedlich. Die meisten Stücke meines Lebens habe ich geschrieben, weil es mir Spaß gemacht hat. Wenn ich Aufträge bekommen habe – es sind deren zahlreiche –, so waren sie eigentlich so allgemeiner Natur, daß sie gar nicht auf ein bestimmtes Stück abgehoben werden konnten. Wenn der Südwestfunk oder ein Privatmann oder sonst jemand kommt und sagt: »Schreiben Sie bitte für mich ein Stück«, so ist das noch keine Anregung. Die würde es erst sein, wenn es meinetwegen heißen würde: »Schreiben Sie ein Vokalstück über den und den Text« oder »Wir brauchen ein Klavierkonzert«, oder wie es einmal vorgekommen ist, wo der Südwestfunk mich bat, für Karl Seemann eine Art Konzert für Klavier und Orchester zu schreiben. Durch diese Anregung sind die »Mouvements für Klavier und Orchester« entstanden.

Aber ein so wesentliches Stück wie die Oper »Bluthochzeit« ist z. B. auf folgende Art und Weise entstanden: Stroux inszenierte in Hamburg Lorcas »Bluthochzeit«. Ich hatte den Auftrag, dazu die Bühnenmusik zu schreiben, also eine reine Gebrauchsmusik. Bei der Arbeit an dieser Schauspielmusik entstand aus der Begegnung mit Text und Dramaturgie plötzlich ein Interesse, mehr als bloße Musik zu einem Schauspiel zu schreiben. So nahm ich die Zügel in die Hand und begann, das ganze Werk mit meiner Musik auszufüllen.

Durch die Begegnung mit der »Bluthochzeit« war mir das übrige Werk Lorcas zugewachsen. Ich hatte lange den Plan, den »Perlimplín« zu vertonen. Sie kennen es: »In seinem Garten liebt Don Perlimplín Belisa«. Die Ausführung dieses Plans schob ich jedoch immer wieder hinaus. Bis eines Tages der Süddeutsche Rundfunk zu mir kam und mich bat, eine Oper für Schwetzingen zu schreiben. In Schwetzingen kann man nicht alles spielen, nicht die »Götterdämmerung«, auch nicht die »Bluthochzeit«. Ich mußte ein Kammerspiel schreiben, in unserer heutigen musikalischen Sprache, für ein Publikum, das dem Modernen gegenüber aufgeschlossen ist. Aber die Aufführung sollte in einem barocken Theater stattfinden! Da bot sich dieser Stoff des »Perlimplín« an, der mir schon so lange nahe war, und ich habe diesen »erotischen Bilderbogen«, wie es Lorca nennt, mit großem Vergnügen geschrieben. Das war ein Beispiel dafür, wie äußere Anlässe mit eigenen Vorstellungen zusammentreffen können.

Im übrigen ist es natürlich schwierig, einen Komponisten so etwas zu fragen. Denn wie er es macht, ist es falsch! Ich möchte Ihnen das lustige Beispiel vom großen Meister Strawinsky erzählen: In seinen Lebenserinnerungen schreibt er über die Entstehungsgeschichte der »Psalmensymphonie« ungefähr so: »Ich erhielt den Auftrag, zum Jubiläum des Boston-Symphonie-Orchesters ein Stück zu schreiben. Die Besetzung war mir freigestellt, also wählte ich Chor. Das Thema war mir auch freigestellt, da dachte ich, alle Christen interessiert die Bibel, und die meisten Menschen auf der Welt sind Christen. Dann schreibe ich es in lateinischer Sprache, weil das die meisten verstehen können. So ist die »Psalmensymphonie« entstanden!«

Darüber ist nun viel gesprochen worden, vor allem in einer Zeit, in der man versucht hatte, Strawinsky schlecht zu machen: »Da sieht man den Materialismus, wie das Werk entstanden ist! . . .«, dabei muß man nun wirklich zugeben, daß alle diese Erläuterungen den wirklichen psychologischen Zusammenhang gar nicht aufdecken. Warum schreibt er, wenn ihm die Besetzung freigestellt ist, für Chor? Warum nimmt er die Bibel und nicht einen Text von Laotse? Warum? . . . Diese Fragen sind eben unvollkommen. Man kann aus polemischem Vergnügen antworten, man kann die Leute ärgern und sagen: »Weil man Geld dafür bekommen will!« Im Grunde stimmt das alles nicht. Sage ich: »Weil ich von den und den Sachen träume«, erklärt die ganze Welt, man sei ein Romantiker und völlig unzeitgemäß. Sagt man: »Die Konstruktion interessiert mich«, dann ist man überhaupt kein Komponist, dann ist man ein Ingenieur! Letzten Endes wirken natürlich alle diese Dinge zusammen. Und es wird bei jedem Stück ein bißchen anders liegen, auch die soziologischen Voraussetzungen können ja ganz verschieden sein.

Es gibt von mir einen recht bekannten Liederzyklus: »Die Shakespeare-Songs«. Dieser Zyklus z. B. ist auf folgende Art und Weise entstanden: Es war kurz nach dem Kriege. Ich schrieb damals verschiedene Bühnenmusiken für Stroux, der zu dieser Zeit noch in Heidelberg war. Stroux inszenierte gern und viel Dramen von Shakespeare. Ich schrieb die Musiken dazu. In fast jedem Shakespeare-Stück ist ein Narrenpoem enthalten, sie faszinierten mich vor allem. Zufällig schickte mir gerade in dieser Zeit ein alter Freund von mir ein sehr hübsches kleines Büchlein, in dem diese Narrenpoems in Zeilenübersetzung zusammengestellt waren. Dieser Freund, Herr Mantei, ist ein Laienübersetzer Shakespeares, hauptberuflich war er Reichsbahnabteilungspräsident in Berlin. Als mir dann noch ein Buch aus meiner Jugendzeit einfiel, das damals sehr berühmt war, »Shakespeare, der Mensch«, in dem der Autor Frank Harris den Versuch unternimmt – ob man das kann oder nicht, sei jetzt einmal dahingestellt –, aus dem Gesamtwerk Shakespeares seine Biographie abzulesen, da dachte ich, daß die Zusammenstellung dieser Narrenpoems etwas Ähnliches ergeben könnte wie die »Winterreise« Schuberts. Dort sind Gefühle eingefangen, hier sollten es die Gefühle Shakespeares werden. Ich habe dann allerdings nicht die Übersetzung komponiert, sondern die originalen englischen Texte. Die Übersetzungen, zum Teil die von Mantei, zum Teil die Schlegels, sind dann nachträglich von mir selbst unterlegt worden. Aber das englische Original ist an Herrlichkeit nicht zu ersetzen. Sie sehen also: Eine Begeisterung für Shakespeare überhaupt, die äußere Begegnung durch die Bühnenmusiken, eine Jugenderinnerung und das zufällig mit der Post ins Haus flatternde Buch, das alles zusammen hat die »Shakespeare-Songs« geboren. So vielschichtig und vielseitig, mit allem Durcheinander, ist die Entstehung eines Werkes.

Übrigens, weil Sie das vorhin sagten, ist es keineswegs ein zwölftöniges Werk, es stammt aus dem Jahre 1948, steht also noch vor meiner Entwicklung zur Zwölfton-Musik. Es ist ein polytonales oder polykadenziales Stück, wenn man überhaupt so ein dummes Wort anwenden will.

Darf ich hier weiterfragen: Sie haben jetzt also die Idee, welches Stück Sie schreiben wollen. Woher kommt nun aber der musikalische Einfall, wie sieht er aus? Umfaßt er das ganze Werk, ist vielleicht nur ein Motiv da, eine Reihe vielleicht, oder eine winzige musikalische Zelle – wie geht die kompositorische Arbeit vor sich?

Das kann man sehr schwer beantworten, weil es bei jedem Stück anders ist. Manche Stücke schreibt man wie einen Brief herunter, von Anfang bis Ende.

Es gibt auch Stücke, die von einer Gesamtkonstruktion, von einer Gesamtkonzeption ausgehen. Es ist nur natürlich, daß bei zwölftönigen Stücken durch das Aufstellen der Reihe, durch die Technik verschiedener Integrationen, also rhythmischer Reihen, bestimmter Register und Vorplanungen, die Aufmerksamkeit stärker auf das Ganze gerichtet ist als bei einem Komponisten, der ein romantisches Lied schreibt.

Einmal kann sich die Konzeption auf das ganze Stück erstrecken, einmal auf Teile des Ganzen. Wenn ich z. B. an die »Bluthochzeit« denke, die ich schon erwähnte: Diese Oper habe ich nicht von vorne an bis zum Schluß durchkomponiert, ich habe die Komposition vielmehr mit der »Waldszene« begonnen. Ich tat das nicht allein aus musikalischen Gründen, nein, mehr aus rationellen Überlegungen heraus. Ich hatte den Wunsch, die Oper zu schreiben, bevor ich die formalen Bühnenrechte vom Hessischen Rundfunk besaß. Etwas wollte ich den Leuten vorspielen, von denen ich die Rechte bekommen mußte, sie sollten den Eindruck gewinnen, ich sei der Rechte würdig. Als ich diese dann in Händen hatte, schrieb ich aber erst den letzten Akt.

Selbstverständlich hat man eine Vorstellung, wie das ganze Stück aussehen soll. Aber nur als Idee, nicht als Form oder gar als Schema. Aus einem Anfang heraus folgt das Weitere, ich möchte sagen: Auf eine Thesis folgt die Antithesis, wobei man natürlich den großen Plan, wie man die Sache machen will, im Kopf hat. Ich habe selbstverständlich unendlich viele Zettel und bekritzelte Zeitungsränder, im Grunde genommen aber habe ich alles im Kopf und komponiere es nur aus dem Kopf. Ich bin ein unoptischer Mensch, optische Dinge üben auf mich verhältnismäßig wenig Reiz aus. Zum Glück möchte ich sagen; denn wäre ich auf meine Notizen angewiesen, sähe es bitter aus: im entscheidenden Moment würde ich bestimmt nicht wissen, wo ich sie suchen und gar finden könnte!

Dann sind Sie sicherlich beim Komponieren auch nicht von irgendwelchen äußerlichen Dingen abhängig: von einem bestimmten Raum, einer Zeit, dem berühmten »faulen Apfel«?

Nein, abhängig von solchen Dingen bin ich sicherlich nicht. 1960 z. B. habe ich meine »Aulodie« in Sardinien geschrieben; an einen üblichen Arbeitsraum, an ein Klavier war dort nicht zu denken. Diese »Aulodie« ist eine Art Konzert für Oboe und ein sehr kompliziertes Orchester. Unsere heutige Oboe ist dem Aulos, diesem griechischen Blasinstrument, auf das sich der Titel bezieht, am ehesten vergleichbar. Als die »Aulodie« in Sardinien fertig war, fuhr ich nach Rom und gab sie auf dem Flugplatz zur Post. Ich selbst bin dann weitergereist. Das Stück habe ich erst bei seiner Uraufführung auf dem Weltmusikfest in Köln wiedergesehen und gehört.

Klang es da genauso, wie Sie es sich vorgestellt hatten, oder kann man bei der Aufführung gewaltige Überraschungen erleben? Besteht eine Diskrepanz zwischen innerer Vorstellung und Aufführung?

Für das Stück im wesentlichen nicht. Das gibt es natürlich für den sehr jungen Künstler. Wenn man aber im Laufe eines langen Lebens über große Erfahrungen verfügt, dann sollte man wissen, wie das Stück ist. Man kann natürlich von der positiven oder negativen Wirkung auf das Publikum überrascht sein. Positive oder negative Erfahrungen hängen oft mit der Interpretation zusammen. Aber das betrifft ja nicht die Grundvorstellung von dem Stück. Wenn das Stück fertig ist, und wenn man es durchliest, kennt man es so präzise, daß es eigentlich gar nicht anders sein kann, wenn es erklingt. Ich habe deshalb auch niemals Stücke von mir am Klavier durchgespielt. Ich komponiere fast immer ohne Klavier, obwohl ich nicht bestreiten will, daß ich hin und wieder einen Klang anschlage. Aber das ist sehr problematisch geworden in der heutigen Zeit. Und wenn ich mich wirklich einmal habe verführen lassen, einen Klang anzuschlagen, um ihn zu kontrollieren, so habe ich die Erfahrung gemacht, daß ich von der Zusammensetzung dieses Klanges am Klavier enttäuscht war, daß ich unter Umständen sogar alles gar nicht so sehr schön fand. Aber dann habe ich diese Klänge im Orchester gehört, und da war wieder alles so, wie ich es mir vorgestellt hatte. Die Enttäuschung war also das Anschlagen am Klavier, nicht die Realisation dessen, was ich geschrieben hatte. Nach solchen Erfahrungen unterlasse ich es also, am Klavier zu kontrollieren, und schreibe nun genauso gut irgendwo in Süditalien oder sonstwo wie zu Hause.

Und gleich die ganze Partitur?

Das ist verschieden. Jetzt z. B. habe ich ein neues Stück geschrieben für Paul Sacher, »Triplum«, gleich in die Partitur. Bei langen Werken jedoch, vor allem bei Vokalstücken und Opern, schreibe ich ein Particell. Das Verhältnis zwischen der Aufführungsdauer und der Schreibdauer eines Stückes ist sowieso schon schwer vorstellbar. Würde man gleich die Partitur schreiben, verlöre man zuviel Zeit, man könnte vielleicht sogar die Kontinuität verlieren. In dem Particell sind fast alle Töne, alle Strukturen fertig vorgebildet, auch die Instrumentation, aber halt nur auf vier oder fünf Systemen, nicht auf vierundzwanzig, dreißig oder achtundvierzig, wenn Sie an Chor und Soli und alles denken. Hinzu kommt noch ein Vorteil: Bringen Sie das Particell in die Partitur, ändern Sie doch noch das und jenes, Sie kontrollieren es zumindest – und das ist gut so.

Vor vielen Jahren, es war wohl 1952, schrieben Sie einmal in einem Aufsatz über Ihre »Art, mit 12 Tönen zu komponieren«. Dieser Aufsatz ist in dem Buch von Josef Rufer, »Komposition mit 12 Tönen«, im Max Hesses Verlag abgedruckt worden. Sie sagten da, daß ein von Ihnen »angewendetes Prinzip

das sogenannte Ausschneiden eines Modus aus den 12 Tönen und das reihen-
freie Verhalten innerhalb dieses Modus« sei.

».. . Ich lege beispielsweise 6 Töne (oder auch mehr oder weniger) für ein
harmonisches Feld fest und benutze den Rest zur Bildung eines Modus, in
dem dann die Melodiebildung frei, also nicht mehr reihengemäß erfolgt.«
Das sagten Sie 1952. Können Sie heute – 1966 – dazu ein Schlußwort sagen?

Das Wesentliche ist wohl, daß man heute von der Vorstellung einer Gesamt-
zellenbildung ausgeht, die sowohl das Harmonische wie das Rhythmische
und Melodische im Sinne einer Monade in sich schließt, und daß sich das
Ganze sozusagen aus dieser Zelle entwickelt. Dafür ist Webern ein Muster-
beispiel. Man kann es natürlich auch ganz anders als Webern tun, nur glaube
ich nicht, daß die unendliche Melodie Wagners, der Schönberg noch weitgehend angehangen hat – er kam ja aus dieser Tradition –, heute noch möglich ist. Die Entwicklung zur Zelle, zum Punktuellen, zur Zuordnung aller
möglichen Zellen zueinander zu einem Ganzen nach einem großen Plan, das
scheint mir etwas zu sein, das nicht nur mich, sondern auch andere Leute
heute interessiert.

Werkverzeichnis Wolfgang Fortner

(Alle Werke bei B. Schott's Söhne, Mainz)

1929	»Fragment Maria«, Kammerkantate nach Worten von R. Rasche für eine Sopranstimme und 8 Instrumente
	I. Streichquartett
1930	»Creß ertrinkt«, Ein Schulspiel mit Musik in 3 Akten, Worte von Andreas Zeitler
	»Grenzen der Menschheit«, Kantate nach Worten von Goethe für Bariton-Solo, fünfstim. gem. Chor und Orchester
	Suite für Orchester nach Musik von J. P. Sweelinck
	Toccata und Fuge für Orgel
1932	Konzert für Orgel und Streichorchester
	Suite für Violoncello solo
1933	Konzert für Streichorchester
	Vier Gesänge nach Worten von F. Hölderlin für tiefe Stimme mit Klavier
	⊙ Elec. SME 91189
1934	Drei geistliche Gesänge nach Worten von Claudius, Verlaine-Rilke, Psalm 46 für 6stim. gem. Chor a cappella
	Eine deutsche Liedmesse für gem. Stimmen a cappella
	»Die Entschlafenen, Glaubenslied, Lied der Welt« für Männerchor a cappella
1935	Konzert für Cembalo und Streichorchester (nach dem Orgelkonzert 1932)
	Sonatina für Klavier zu zwei Händen
	Praeambel und Fuge für Orgel
1937	»Nuptiae Catulli« für Tenor-Solo, Kammerchor u. Kammerorchester (lat)
1938	II. Streichquartett

1939	Capriccio und Finale für großes Orchester ⊙ DG 32140
1944	Streichermusik II für zwei Violinen, Viola, Vcl. u. Kb.
	Kammermusik für Klavier zu zwei Händen
1945	Serenade für Flöte, Oboe, Fagott

1939 Capriccio und Finale für großes Orchester ⊙ DG 32140
1944 Streichermusik II für zwei Violinen, Viola, Vcl. u. Kb.
Kammermusik für Klavier zu zwei Händen
1945 Serenade für Flöte, Oboe, Fagott
»Lysistrata«, Bühnenmusik zu der Komödie von Aristophanes
»Herr, bleibe bei uns«, Geistliche Abendmusik für eine tiefe Singstimme, gem. Chor, Streichtrio ad lib., Orgel oder Cem.
Sonate für Violine und Klavier
1946 Shakespeare-Songs für Gesang und Klavier
Konzert für Violine und großes Kammerorchester
1947 »An die Nachgeborenen«, Kantate nach Texten von B. Brecht für Sprecher, Tenor-Solo, vierstim. gem. Chor und Orchester
Sinfonie für großes Orchester
Sonate für Flöte und Klavier
1948 Zwei Exerzitien aus der Hauspostille von B. Brecht für 3 Frauenstimmen (Sopran, Mezzo-Sopran, Alt) und Kammerorchester
III. Streichquartett
Sonate für Violoncello und Klavier
1949 »Die weiße Rose«, Ballett in zwei Teilen nach dem Märchen »Der Geburtstag der Infantin« von O. Wilde
1950 Phantasie über die Tonfolge b–a–c–h für 2 Klaviere, 9 Solo-Instrumente und Orchester
Sieben Elegien für Klavier zu zwei Händen
1951 Konzert für Violoncello und Orchester
»Aria« nach Worten von T. S. Eliot aus dem Drama »Mord im Dom« für Mezzo-Sopran, Flöte, Solo-Bratsche und Kammerorchester
»Mitte des Lebens«, Kantate nach Worten des späten Hölderlin f. Sopran und 5 Instrumente
1952 »Die Witwe von Ephesus«, Pantomime nach einer Erzählung des Petronius von Grete Weill
»Isaaks Opferung«, Oratorische Szene nach dem Text der Vulgata für Alt-, Tenor- und Baßsolo mit Begleitung von 40 Instrumenten
Trio für Violine, Viola und Violoncello
1953 Mouvements für Klavier und Orchester ⊙ DG LPM 18405
1954 »La Cecchina«, italienische Ouvertüre nach Niccola Piccini
»The Creation« von James Weldon Johnson für eine mittlere Singstimme und Orchester ⊙ DG 18405
Sechs Madrigale für 2 Violinen und Violoncello ⊙ DG 18325
1956 »Bluthochzeit«, Lyrische Tragödie in zwei Akten und sieben Bildern nach der Dichtung von F. G. Lorca
1957 Impromptus für großes Orchester
Bläsermusik
1958 »Corinna«, Opera buffa in einem Akt nach einer Komödie von G. de Nerval
Ballet blanc für 2 Solo-Violinen und Streichorchester
»Chant de naissance«, Kantate nach Worten von Saint-John Perse für Solo-Sopran, Solo-Violine, Streichorchester, fünfstim. gem. Chor, Bläser, Schlagzeug und Harfe

1958/59	Prélude und Elegie nach Worten von F. Hölderlin, Parergon zu den »Impromptus« für großes Orchester mit Sopran
1959	New-Delhi-Musik für Flöte, Violine, Violoncello und Cembalo
1960	»Aulodie«, Musik für Oboe und Orchester
	Fünf Bagatellen für Flöte, Oboe, Klar. in B, Horn in F und Fagott
1962	Intermezzi für Orgel
1961/63	»In seinem Garten liebt Don Perlimplín Belisa«, Vier Bilder eines erotischen Bilderbogens in der Art eines Kammerspieles von F. G. Lorca
1062/63	»Die Pfingstgeschichte« nach Lukas für Tenor-Solo, sechsstim. gem. Chor, 11 Instrumentalisten oder Kammerorchester und Orgel ⊙ Wer 60035
1964	»Epigramme« für Klavier zu zwei Händen (Für Margrit Weber)
	Zyklus für Violoncello, Bläser, Harfe und Schlagzeug
1965/66	»Triplum« für Orchester mit drei obligaten Klavieren ⊙ Wer 60035
1966	»Terzinen« von H. von Hofmannsthal für eine Männerstimme u. Klavier
1966/67	»Immagini« für Streicher und Sopranstimme, Worte des letzten Satzes von Miroslav Krleža
1968	Konzert für Klavier und Orchester
1969	»Marginalien« für Orchester (dem Andenken eines guten Hundes)

Helmut Lachenmann

Helmut Lachenmann wurde 1935 als Sohn eines evangelischen Pfarrers in Stuttgart geboren. Er studierte in seiner Heimatstadt an der Staatlichen Hochschule für Musik Theorie und Kontrapunkt bei Johann Nepomuk David, Klavier bei Jürgen Uhde. Seit 1957 nimmt er fast regelmäßig an den Darmstädter Internationalen Ferienkursen für Neue Musik teil. Von 1958 bis 1960 lebte er als Schüler Luigi Nonos in Venedig. Seit 1960 wohnt Lachenmann in München, zunächst als freischaffender Komponist, Pianist und Gastdozent der Ulmer Hochschule für Gestaltung. 1965 arbeitete er drei Monate im elektronischen Studio der Universität Gent. Seit 1966 unterrichtet Lachenmann an der Musikhochschule in Stuttgart, seit 1970 ist er Dozent für Musik an der Pädagogischen Hochschule in Ludwigsburg. Lachenmann erhielt 1965 den Musikpreis der Stadt München, 1967 den Förderpreis der Universität Innsbruck, 1968 den Kompositionspreis der Stadt Stuttgart.

Herr Lachenmann, Ihre Musik ist von derjenigen Ihres Lehrers Johann Nepomuk David stilistisch so verschieden, daß man nicht mehr nur von einem Generationsunterschied sprechen kann. Können Sie von den Erfahrungen Ihrer Stuttgarter Studienzeit bei Ihrer gegenwärtigen kompositorischen Arbeit noch Gebrauch machen, oder empfinden Sie den dreijährigen Besuch der Musikhochschule als unnötige Zeitverschwendung? Ich möchte diese Frage gleichzeitig allgemeiner stellen: hat der traditionelle Lehrplan einer Musikhochschule heute noch seine Berechtigung, oder sollte man alle Musikhochschulen »in die Luft sprengen«?

In die Luft sprengen – nein, wozu? Schon eher: durchlüften. Aber ich halte nichts von solch kühnen Redensarten, gleich, ob es sich um Opernhäuser oder Musikhochschulen handelt; so etwas tut man oder läßt man, aber man sagt nicht, daß man es tun sollte. Erfahrungsgemäß applaudieren dann immer die falschen Leute.

Eine Strukturänderung der Musikhochschulen und eine Neuorientierung der Lehrpläne ist unerläßlich. Letztlich aber hängt es von einem selbst ab, was man aus seinem Studium macht. Ich bereue die Arbeit mit traditionellen Mitteln bei meinem Lehrer David überhaupt nicht, denn ich hielt es immer für notwendig, daß Musiker, besonders Komponisten, ganz gleich, welche Art von Musik sie machen werden, frühere Stile kennen und wenigstens im Ansatz beherrschen. Jeder Komponist ist, bewußt und unbewußt, in ganz bestimmten ästhetischen und kompositionstechnischen Bedingungen befangen, so wie sie sich geographisch und historisch für ihn ergeben haben. Es ist wichtig für ihn zu studieren, wie andere Komponisten ihrerseits sich in und zu ihrer entsprechenden Situation verhalten haben, wie sie in ihren Werken einen musikalischen Stil vorgefunden oder geschaffen, reflektiert, erweitert, verändert, wie sie sich darin emanzipiert und verwirklicht haben; er muß ihre Art, Freiheit zu praktizieren, und deren Niveau erkennen und beurteilen lernen, um daraus Maßstäbe und Verantwortung bei sich selbst abzuleiten.

Darüber hinaus aber scheint mir die Tonalität das wenn auch überholte, so doch keineswegs überwundene perfekte Modell einer verbindlichen musikalischen Syntax zu sein, deren historisch vermittelte Maßstäbe und zugleich deren anachronistische Penetranz wir heute nicht ignorieren können.

Der Bruch mit der Tonalität, sei es in den Werken der Wiener Atonalen Schule, in den Werken der seriellen Epoche oder in jüngster Zeit, hat die tonalen Erfahrungskategorien und das daran gebundene ästhetische Bewußtsein als potentiellen Schlupfwinkel bürgerlichen Denkens nie wirklich außer Kraft setzen können. Die Suche der Komponisten nach neuen Erfahrungen, nach neuen Modellen des musikalischen Materials war immer wieder auf andere Weise gehandicapt durch den unvermeidlichen Konflikt mit den tonalen Hörgewohnheiten; sie wurde künstlerisch bedeutsam nur in dem Maße, wie sie diesen Konflikt nicht beiseite schob, sondern ihn bewußt machte und sich in ihm bewährte. Musik ist wider Willen, wenn auch im weiten Sinne, »dissonant« geblieben, das heißt: bezogen, sei es auch durch Negation, auf jene ästhetischen Kriterien, die von der Erfahrung mit der Tonalität genormt sind. Um die Tonalität überwinden, um sich ihrem Sog entziehen und ihre Dialektik bewußt durchkreuzen zu können – anders ist die Regression des musikalischen Denkens, in der wir ohnehin begriffen sind, nicht zu bremsen –, muß man die Tonalität mit all ihren Implikationen kennen.

Als ich 1957 – spät genug – zum erstenmal nach Darmstadt kam, war ich vor allem fasziniert von der Konsequenz, mit welcher dort im engeren Kreis musikalisches Denken revolutioniert und neue adäquate Kompositionstechniken erarbeitet und diskutiert wurden, nicht nur ohne Rücksicht auf die Konflikte, die sich notwendig beim Publikum ergaben, sondern mit dem festen Willen, diesen Konflikt auszutragen, ohne von der Provokation bürgerlicher Tabus durch irgendwelche Tricks abzulenken.

Über die Unbeholfenheit der seriellen Methoden heute die Nase zu rümpfen, ist dumm und billig. Inzwischen hat sich die neue Musik auf dem Umweg über das modernistische Kolorit querfeldein einen Kontakt zum Publikum geschaffen, von dessen oberflächlichen Kommunikationsmöglichkeiten sich bequem Gebrauch machen läßt; einen Kontakt, gegen den nichts zu sagen wäre, wenn er nicht den Ansprüchen in den Rücken gefallen wäre, denen er sich letztlich verdankt. Bei solcher Art Arrangement zwischen neuer Musik und bürgerlichem Publikum spielt die Tonalität eine korrumpierende Rolle: Scheinbar selbst zu einem exotischen Element zwischen Modernismen aller Art geworden, bildet sie nach wie vor, und jetzt erst recht, die latente ästhetische Mitte, von wo aus sich alles, gleichsam als ins Unendliche zu erweiternde tonale Dissonanz, in seinem kommunikativen Spannungswert bestimmt. Expressive Cluster, Zitate, Parodien, Verfremdungen oder andere antithetische Vermittlungen mehr oder weniger geläufiger Clichés, bis hin zur verbalen Gesellschaftskritik, kurz: Jegliche Art des bewußt aggressiven kompositorischen Verhaltens – was ist es schon viel anderes als ein boshaft unaufgelöst gelassener Dominantseptakkord mit ein paar Vorhalten?

Aus dieser Perspektive jedenfalls ist der bürgerliche Kulturbetrieb gern bereit, auch die letzten Brüskierungen und Antikunstveranstaltungen liebevoll zu verdauen; die Haßliebe, die sich in ihnen verrät, ja das bloße Engagement, das immer noch mit dem künstlerischen Medium rechnet, entschärft alles – sie schmeichelt in jedem Fall der kleinbürgerlichen Koketterie.

Aus dieser fatalen Umarmung sich zu lösen – und ich nehme mein eigenes Schaffen von solcher Gefährdung nicht aus –, das scheint mir das wesentliche Problem des Komponierens heute zu sein. Eine Voraussetzung ist ganz gewiß das Studium der Entwicklung des musikalischen Materials bis heute, die verschiedenen Formen, in denen es sich entfaltete, gelegentlich stagnierte, sich zurückbildete, sich zugleich doch weiter entfaltete, immer als Resultat individuellen kompositorischen Zwangs, immer als Ausdruck reflektierten ästhetischen Bewußtseins. Das aber läßt sich, und damit komme ich auf Ihre Frage zurück, untersuchen, analysieren, lernen und lehren.

Es mag hier nicht der Ort sein, darüber zu diskutieren, ob die Musik, die kein Publikum findet, eine ästhetische Bedeutung hat. Ich möchte Sie aber fragen, ob sich Ihre kompositorischen Arbeiten an ein Publikum richten und in welchem Sinne sie es tun.

Auf keinen Fall möchte ich für irgendeine gerade bestehende Gesellschaftsordnung oder gar für irgendeine Gesellschaftsschicht das erwünschte Dekor, die tönend bewegte Tapete liefern. Zugleich sehe und erwarte ich, daß meine Musik gerade als Resultat material-immanenter Auseinandersetzung – hierbei allerdings gibt es keinerlei Hinüberschielen zum Publikum – einen ganz charakteristischen, rationalen und emotionalen, oft auch je nach Temperament offen oder latent polemischen Kontakt zu welchem Publikum auch immer schafft, einen Kontakt, der sich durchweg aufs Ästhetische bezieht und gerade dadurch eine Menge darüber hinausreichender gesellschaftlicher, menschlicher, privater und öffentlicher Tabus beiläufig bloßlegt, bewußt macht und einen Lernprozeß in bezug auf die Tabus auslöst – einen Lernprozeß, auf den es letztlich ankommt und von dem auch ich selbst mitbetroffen bin. Indem ich jede Arbeit als Versuch individueller Emanzipation auffasse, bewahre ich meiner Musik vielleicht mehr Glaubwürdigkeit als diejenigen, welche es sich doch immer wieder nicht verkneifen können, die künstlerische Missionarsrolle zu übernehmen und damit wieder jene militante Form von Geborgenheit zu vermitteln, die alle Kunst auf recht gefährliche Weise ungefährlich und – pardon – apolitisch macht.

Daß ich die große Masse, auch der bürgerlichen Schicht, nicht erreiche, weiß ich. Möglich auch, daß meine Musik unbewußt gewisse intellektuelle Einsichten voraussetzt. Das wäre wieder ein Problem des gegenwärtigen, überzüchteten und dialektischen Verhaltens zu jener allgemeinverbindlichen Kommunikationsebene, die ich vorhin mit dem Begriff Tonalität angesprochen habe. Aber meine Musik versteht sich im Gegensatz zur tonalen nicht als Sprache oder Botschaft aufgrund einer vorausgesetzten Syntax, sondern als realistischer Prozeß, der sich akustisch auswirkt und so mitteilt und dessen Stimmigkeit sich auf jedem Niveau bewähren müßte – wie es in der populären klassischen Musik ja auch der Fall war.

Die Verständlichkeit, oder mit Webern zu sprechen: die Faßlichkeit solcher Musik steht im umgekehrten Verhältnis zu ihrer Abhängigkeit von tonalen Hörkategorien, zugleich aber offenbar auch in direktem Verhältnis zu ihrer – jedes »Verständnis« möglicherweise wieder trübenden – Schockwirkung: Je weniger tonale Reste, umso faßlicher, aber zugleich umso provozierender – also »unfaßlicher« für den, der's nicht wahrhaben will.

Sie haben zwei Jahre bei Luigi Nono in Venedig studiert. Nono stellt heute seine Musik ganz in den Dienst des politischen Engagements. Doch sein Weg ist ein ganz anderer als Ihrer . . .

Nono ist wohl der einzige Komponist seiner Generation, der die Frage nach der politischen Relevanz künstlerischen Handelns von Anfang an gestellt und mit der Frage nach neuen ästhetischen Voraussetzungen, nach neuem Material und neuen Methoden verknüpft hat, ohne sich auf irgend einen salonfähigen Kompromiß einzulassen und ohne von irgend einem jener Pseudo-Avantgardismen irritiert zu werden, welche in den 60er Jahren unter dem Deckmantel des Fortschritts die allgemeine Regression und Trivialisierung der Mittel in die Wege geleitet hatten. Die jahrelange Isolierung und Verpönung Nonos bei uns ist eine Blamage für das deutsche Musikleben.

Daß mir die direkte Verquickung von sozialistischer Propaganda mit musikalischen Formen problematisch erscheint, weil das eine dem anderen den Stachel nimmt, ändert nichts daran, daß Nono für mich der aktuellste Komponist geblieben ist, von dem ich nie aufgehört habe, zu lernen.

Welche Gründe waren für Sie bei Ihrer Lehrerwahl ausschlaggebend?

Ich sprach schon davon, daß ich die Zeit, in der ich bei David studiert habe, nicht missen möchte. Ich habe David sehr verehrt und tue das jetzt noch. Es lag gewiß nicht an ihm, daß meine Begeisterung für neue Kompositionspraktiken, so wie ich sie in Darmstadt kennengelernt habe, mich in einen gewissen Konflikt mit meiner bisherigen Studier-Umgebung brachte. Es wurde mir aber klar, daß zwischen der Arbeit unter der Anleitung eines um 40 Jahre älteren Lehrers und vor allem zwischen dem Studium, wie es von einer Musikhochschule 1958 geboten werden konnte, und dem Komponieren in eigener Verantwortung ein großes Niemandsland voller Hindernisse kompositionstechnischer, psychologischer, vielleicht auch moralischer Art lag, das noch zu durchqueren war, wobei mich die bisherigen Arbeitsbedingungen nur irritieren und lähmen würden. Damals ergab sich die Freundschaft mit Nono in Darmstadt, und es war selbstverständlich, daß ich ihn bat, bei ihm weiterarbeiten zu dürfen. Ich war in der folgenden Zeit sein einziger Schüler, wir kamen zwanglos zusammen, manchmal Tag für Tag, manchmal wochenlang überhaupt nicht, je nachdem, wie die Arbeit das mit sich brachte. Ich analysierte alte und neue Musik, entwarf serielle und frei improvisierte Studien, machte kompositorische Übungen mit verschiedenen Mitteln. Nach und nach stellte ich mir die Aufgaben selbst. Selbstverständlich war mein Denken bald ganz im Sinne Nonos orientiert. Sicher habe ich damals manche Überzeugung einfach übernommen, die womöglich in mir selbst gar nicht angelegt war. Ich finde das überhaupt nicht tragisch; irgendwann stößt man alles künstlich Erworbene wieder ab, zurück bleiben tausend wertvolle Erfahrungen, Dankbarkeit, Kritik, Bewunderung und die Verpflichtung, seinen eigenen Weg genauso konsequent zu gehen.

Haben Sie während Ihrer Lehrjahre bei Nono schon richtige »Werke« komponiert, oder haben Sie in diesen zwei Jahren nur Studien gemacht?

Ich habe während dieser Zeit zwei Stücke komponiert. Das erste, »Souvenir«, ist für eine utopische Besetzung geschrieben. Es wurde nie gespielt. Vorbild oder unbewußtes Modell dieses Stücks waren wohl die »Varianti« von Nono, mit ihrer – gewiß problematischen – Spekulation auf synthetische Klangnuancierung mit instrumentalen Mitteln. In diesem seriellen Stück habe ich sogar das damalige »Wahrzeichen« der Musik Nonos, jene Zickzack-Allintervallreihe übernommen. Ich war mir meiner kompositorischen Selbständigkeit so sicher, daß ich es auf eine solche Art oberflächlicher Stil-Verwandtschaft bewußt ankommen lassen wollte. Das war natürlich naiv gedacht. Auch das zweite Werk, »Due Giri per orchestra«, habe ich nie gehört.

Komponieren Sie auch heute noch mit seriellen Mitteln?

Bei bestimmten Arbeitsgängen bediene ich mich manchmal serieller Methoden und verschaffe mir so eine Menge unvorhergesehener Daten und vorher unberücksichtigter Möglichkeiten für die Aufbereitung des Klangmaterials. Aber viele der Eigenschaften, auf die es mir in meiner Musik ankommt, und deren Prägnanz mit der Kompositionsmethode eng zusammenhängt, lassen sich schon von Natur aus nicht seriell manipulieren, sie würden einfach verlorengehen.
Immerhin: oft bestimme ich mit seriellen Methoden eine Art Zeit-Gerüst, ein Gefüge aus Schichten, abstrakten Anordnungen, welche die unterschiedlichsten Beziehungsmöglichkeiten untereinander anbieten. Was ich damit anfangen, welchen Gebrauch ich davon machen werde, weiß ich dabei noch nicht. Auf irgendeine Weise werde ich meine ersten, möglicherweise noch

ganz ungenauen Vorstellungen über ein Stück daran ausprobieren und die Resultate und mich selbst dabei beobachten. Serielle Mittel als Inventionshilfe – warum nicht? Ich verhalte mich zu einem solchen seriellen Plan wie ein Bildhauer zu einem zufällig gefundenen unbehauenen Stein, mit dem Unterschied, daß ich nicht nur Teile davon »wegschlagen« sondern ihn nach Wunsch deformieren und interpretieren kann, wobei ich zur endgültigen Form selbst erst noch hinfinden muß. Ob ich solch ein Gerüst schließlich wieder ganz abstoße, ob Reste davon in der Komposition einen Platz finden oder ob es tatsächlich die Struktur des Ganzen reguliert; in jedem Fall hat die Auseinandersetzung damit meiner Phantasie über ihre eigenen Grenzen hinweggeholfen und mir klar gemacht, was ich eigentlich will. In »Interieur I«, in »Trio fluido«, in »Consolation I und II« und in »Notturno« bin ich so vorgegangen.

Ihre ersten Vorstellungen von einem Stück sind also mehr formaler als klanglicher Art?

Ich mag Klang- und Formvorstellung nicht voneinander trennen. Sie bedingen einander, das eine erscheint im Licht des anderen. Komponieren heißt ja nicht, neue Klänge oder neue Formen erfinden, sondern neue Funktionszusammenhänge, neue Arten der Dialektik zwischen beidem stiften. Selbstverständlich äußert sich das dann beim Arbeiten in der Auseinandersetzung mit Klangproblemen und Klangmöglichkeiten einerseits und formalen Entwürfen andererseits. Aber: Von dem einen sprechen heißt: Dabei ans andere denken. Dazu kommt noch, daß die erste Vorstellung doch im allgemeinen eher eine Art mehr oder weniger unmotivierter Erinnerung ist als schon ein schöpferischer Akt. Der beginnt bestenfalls zusammen mit den ersten kompositionstechnischen Konflikten, die sich ergeben. Und was sich dann in der Phantasie, im Intellekt, in der Psyche eines Komponisten abspielt, das ist viel zu komplex, zu chaotisch, zu unberechenbar, zu überraschend für ihn selbst, als daß man noch von einer klaren Vorstellung reden könnte, die es zu realisieren gelte. Wenn die kompositorische Reflexion in Gang gekommen ist, wenn sie auf vollen Touren läuft, schlägt die allseitige Wachheit um in einen schlafwandlerischen Zustand, in dem man bei aller Anstrengung und Kontrolle – freilich nicht ohne diese – das eigentlich Wichtige und in Hinsicht darauf Richtige in Wirklichkeit unbewußt tut. Was hinterher als klar formulierte Musik sich präsentiert, ist zumeist eine vorher unvorhergesehene, unerwartete Art der Erfüllung dessen, was man sich vorgenommen hatte; es ist der zuvor unbekannte Ausgang eines Abenteuers, auf das sich der Komponist eingelassen hat mit dem Ziel, nicht so sehr seine Umgebung als eher sich selbst zu erneuern, zu verändern, zu bereichern: Musik als Lernprozeß im weitesten Sinne: so interessiert sie mich auch bei anderen. Für mich – sicher nicht nur für mich – ist Komponieren ein Prozeß des Abgetriebenwerdens von ursprünglichen Plänen und Vorstellungen durch Kräfte, die nachher den eigentlichen Sinn eines Werkes ausmachen.

Eine Zeitlang habe ich mich mit Aleatorik befaßt, Aleatorik nicht im Sinne von Improvisation, sondern von vielfacher Vertauschbarkeit innerhalb fester Anordnungen. Das waren Partituren, bei welchen die Musiker die zusätzliche Mühe hatten, aus verschiedenen Reservoirs von Möglichkeiten zu wählen und anhand der sich ergebenden Konsequenzen ihre Stimmen und damit die Aufführungspartitur selbst zu arrangieren. Die Absicht dabei war, die Spieler an jenem »Abenteuer« teilhaben zu lassen und so dessen Ausgang in deren Tätigkeit hinein zu verlagern, obwohl mit der Materialbestimmung und den darauf bezogenen Spielregeln die Würfel in bezug auf den Charakter des Stücks schon gefallen waren. Auch spielte dabei die Erwartung eine Rolle, daß ein typischer musikalischer Charakter – genau wie derjenige eines Menschen – unter verschiedenen zufälligen Voraussetzungen sich immer wieder anders und doch jedesmal als derselbe mitteilt. In den Werken dieser Zeit – das waren die »Fünf Strophen«, »Angelion« und »Introversion I« und »II« – gab es also doch so etwas wie getrennte Klang- und Formvorstellung, aber nur, um der erwarteten Vielfalt von Beziehungsmöglichkeiten zwischen beidem nicht vorzugreifen.

Heute bin ich von aleatorischen Praktiken – zumindest solcher Art – abgekommen; in meinen letzten Stücken haben sich immer eindeutige präzise Lösungen herauskristallisiert. Im übrigen gilt hier dasselbe, was ich über die seriellen Techniken sagte: Das meiste von den Eigenschaften und Mitteln, von denen ich heute ausgehe, würde mit diesen aleatorischen Techniken so außer Kontrolle geraten, daß seine Funktion verlorenginge.

Sie bezeichneten einmal Ihre jetzigen Kompositionen als eine Art »instrumentaler musique concrète«, als klangliches Resultat mechanischer Prozesse. Wie ist das zu verstehen?

Ich kann das nur provisorisch andeuten. Meine letzten Werke gehen von einem Moment des Klanglichen aus, das schon immer Teil des Musik-Erlebnisses war, aber höchstens in extremen naturalistischen Fällen, und sonst nur untergeordnete Beachtung fand, obwohl die Wirkung von Musik wesentlich damit zusammenhängt: nämlich vom Klang als charakteristischem Resultat und Signal seiner mechanischen Entstehung und der dabei mehr oder weniger ökonomisch aufgewendeten Energie. Während beim »Musizieren« eine im allgemeinen möglichst diskrete Anstrengung unternommen wird, damit ein Ton in der gewünschten Weise erklinge – wobei sein musikalischer Sinn möglicherweise erst noch im Konflikt mit dem schon erwähnten stilistischen Stör- und Korruptionsfaktor »Tonalität« sich zu bewähren hat, was ihn wider Willen »kompliziert« und mißverständlich macht –, möchte ich versuchen, den kausalen Zusammenhang umzukehren: den Ton klingen zu lassen, um die ihm zugrunde liegende »Anstrengung« (des Spielers wie des Instruments) ins Bewußtsein zu rücken, also eine Art des Rückschlusses von der Wirkung auf die Ursache zu veranlassen, was übrigens bei jedem Alltagsgeräusch selbstverständlich und – was mich besonders reizt – nicht davon abhängig ist, ob einer »musikalisch« oder »gebildet« ist. Insofern also eine »musique concrète«, mit dem fundamentalen Unterschied, daß diese die Alltagsgeräusche dem Musikhören einverleiben will, während ich welchen Klang auch immer zunächst als direkten oder indirekten Niederschlag von mechanischen Handlungen und Vorgängen profanieren, entmusikalisieren und von dort her zu einem neuen Verständnis ansetzen will. Klang als akustisches Protokoll eines ganz bestimmten Energieaufwandes unter ganz bestimmten Bedingungen, dieser Aspekt spielte schon immer, nicht zuletzt auch im Rahmen der klassischen Instrumentation, zumindest eine unbewußte Rolle. Wenn Richard Strauß in seiner Bearbeitung der Berlioz'-schen Instrumentationslehre das hohe Pizzikato-G in Berlioz' Ouvertüre zu »König Lear« mit einer geplatzten Ader im Kopfe des halbverrückten Königs vergleicht und wenn andererseits Paganinis Flageolett-Töne die Zeitgenossen in dem Maße faszinierten, als ihre Herkunft der uneingeweihten Phantasie gewisse Rätsel aufgibt – wie überhaupt bei jeglicher Art von Virtuosität –, so spielt hier immer ein realistischer Aspekt mit, der trotz seiner üblichen Beziehung zur musikalischen tonalen Sprache, auch ohne Rücksicht auf diese, und ohne sie erst recht, seine Wirksamkeit behält. Eine Musik allerdings, die aus solcher Perspektive den Klang versteht und mit ihm operiert, erfordert eine konsequent darauf ausgerichtete Kompositionstechnik; sie schafft sich notwendig auch ihre eigenen, klingenden Formen. Aber über beides läßt sich hier kaum sprechen, denn noch ist zu wenig entwickelt. Auch die bisher bekannt gewordenen Werke des instrumentalen Theaters haben diesen Aspekt zugunsten von anderen, zumeist antithetisch aufs Alte fixierten Aspekten vernachlässigt und eher verschüttet. Zerplatzte Papiertüten, zerspringende Flaschen, ersticktes Singen: solange solche Vorgänge sich als extreme Fälle oder als szenische Komposition einerseits, als mehr oder weniger emotional eingesetzte Elemente eines allgemein klangfarblichen Kontextes andererseits verstehen, bleiben sie exponiert als bloße Avantgardismen, sie genügen so jedenfalls dem von mir angedeuteten Anspruch nicht. Es geht ja weder um Klangfarben noch um Aktionen, sondern um die akustisch vermittelte Beziehung zwischen beidem. Das muß ad hoc komponiert, in ein darauf bezogenes System integriert und so prinzipiell freigelegt werden.

Natürlich spielt bei der Realisation solcher Musik die verfremdete Instrumentalbehandlung eine wesentliche Rolle; denn die übliche Instrumentalpraxis sucht in jedem Fall den optimalen, reinen Klang und zwar auf dem Weg des geringsten Widerstandes, und um die Differenzierung gerade dieses Widerstandes und um den Klang als Ausdruck dieses Widerstandes geht es ja gerade. Hier läßt sich ganz konkret mit Spannungen musikalisch operieren, die unmißverständlich Auskunft über sich selbst geben und allenfalls belastet sind von dem Vorurteil, daß dies keine Musik mehr sei, ein Vorurteil, welches vielleicht für die Verständnisbereitschaft, in diesem Falle aber nicht für das Verständnis selbst ein Hindernis darstellt, gleichgültig, ob sich der Kontakt als Provokation tonal genormter oder als Anregung emanzipierter ästhetischer Erwartung äußert. Das Material selbst jedenfalls ist dem Erleben zumindest so unmittelbar zugänglich wie die tonalen Funktionen es waren. Dieser Aspekt ist revolutionär insofern, als er gewaltlos profaniert, wo von »Kunst« positiv oder negativ die Rede ist, und als er die künstlerischen Kriterien den gesellschaftlichen Normen entzieht, statt diese bloß zu attackieren: ein Aspekt, so direkt und einfach, daß er schon wieder »unanständig« wird: er wird, von welchem Hörer auch immer, »verstanden« werden und zugleich möglicherweise dessen Protest hervorrufen. Dies ist sein Risiko. Die Aufführungen – fast hätte ich gesagt: die Aufregungen – von »temA« und von »Air« haben das schon angedeutet. Dabei betrachte ich diese Werke als ein erstes Tasten in der von mir beschriebenen Richtung, als Versuche mit den nächstliegenden Mitteln. Ich verspreche mir aber viel von diesem Weg, gleichgültig, wer die nächsten Schritte macht.

Ihre Werke bedürfen gewiß verständnisvoller Interpreten. Wie aber verhalten sich Orchestermusiker bei den Aktionen, die Sie ihnen vorschreiben?

Mit Orchestermusikern gibt es manchmal Schwierigkeiten. Das kann sich natürlich lähmend und entstellend auf die Musik auswirken. Die erwähnte Provokation fängt ja in diesem Fall bei dem Musiker selbst an. Nicht daß er technisch überfordert wäre: im Gegensatz zu vielen neuen Partituren hat er in meinen Stücken eindeutige, rhythmisch bequeme und griff- oder ansatztechnisch jederzeit realisierbare, aber eben weithin ungewohnte Aufgaben, bei denen es meist nicht auf ein genau vorgeschriebenes Resultat, sondern auf die Intensität der Aktion als solche ankommt, von der das Klangresultat dann »berichten« wird. Verfremdete Instrumental-Aktion aber scheint eine übergroße psychologische Belastung für den Orchestermusiker zu bedeuten, zumal dann, wenn solche Verfremdung nicht als effektvolle Ausnahme, sondern als ernsthaft gemeinte Mitwirkung erscheint und sich so dem oberflächlichen, schockbereiten Konsensus des Publikums entzieht. So fühlen manche Musiker sich durch ihre Aufgaben lächerlich gemacht und bloßgestellt – Mißverständnisse, die sich nicht mit einem Satz, sondern allenfalls durch die klingende Musik – und das ist eben der Teufelskreis – beheben lassen. Natürlich ist der einzige Weg eines vorläufigen Arrangements mit den Musikern der Humor: Humor – indem man's trotzdem macht. Wenn der eine Probe lang vorhält, ohne die Disziplin zu untergraben, wenn das Stück einmal »da« war, dann ist das Schlimmste überstanden, dann ist der Überblick über den Sinn des einzelnen Tuns gegeben, dann gibt es vielleicht sogar Verständnis und überzeugte Einsatzbereitschaft bei einzelnen. Das Risiko ist aber – wie bei jedem unvermittelten Lernprozeß – immer wieder von neuem da.

Wie notieren Sie Ihre Musik?

Ich halte mich, wo es nur irgend geht, an die traditionelle Notation. Für neue Spielweisen benutze oder erfinde ich ad hoc zusätzliche Zeichen, wenn diese durch ein Stück hindurch verbindlich bleiben können und oft genug vorkommen, damit es sich lohnt, sie sich einzuprägen. Darüber hinaus bediene ich mich von Fall zu Fall der verbalen Beschreibung von Aktionen. In den letzten Stücken, in »Guero« für Klavier und »Pression« für Cello, habe ich mich graphischer Darstellung bedient: die Vertikale entspricht hier nicht mehr ohne weiteres dem Bereich zwischen hoch und tief, sondern je nachdem immer wieder einer anderen Instrumenten-Oberfläche, so daß nicht mehr das Resultat, sondern die Stelle am Instrument, wo der Spieler zu berühren, zu streichen, zu schlagen oder sonst etwas zu tun hat, angegeben ist.

Glauben Sie mit Ihren letzten Kompositionen einen Weg auf lange Sicht eingeschlagen zu haben, oder halten Sie es für denkbar, daß sie einen Übergang zu neuen Zielen darstellen?

Das weiß ich nicht. Vielleicht stimmt beides.

Was ich will, mein »Ziel«, ist immer dasselbe: Eine Musik, die mitzuvollziehen nicht eine Frage privilegierter intellektueller Vorbildung ist, sondern einzig eine Frage kompositionstechnischer Klarheit und Konsequenz; eine Musik zugleich als Ausdruck und ästhetisches Objekt einer Neugier, die bereit ist, alles zu reflektieren, aber auch in der Lage, jeden progressiven Schein zu entlarven. Kunst als vorweggenommene Freiheit in einer Zeit der Unfreiheit. Als Musiker, auf welchem Weg auch immer, auf dieses Ziel hinzuarbeiten und alle daraus entstehenden inneren und äußeren Konflikte auszutragen, heißt an der Emanzipation des Geistes und an der Veränderung des gesellschaftlichen Denkens mitwirken. Mehr kann Musik nicht leisten.

Werkverzeichnis Helmut Lachenmann

1959	Souvenir für 41 Instrumente	Herbert Post-Presse
1960	Due Giri für Orchester	–
1961	Fünf Strophen für 9 Instrumente	Herbert Post-Presse
1962	Echo Andante für Klavier	Gerig
1963	Wiegenmusik für Klavier	Gerig
1964	Introversion I und II für 6 Spieler	Tonos, Darmstadt
1965	Scenario, elektronische Musik	
	Streichtrio	Edition Modern
1966	Interieur I für einen Schlagzeugsolisten	Edition Modern
	⊙ Gaudeam. Found. 69001	
	⊙ Deutsche Musik der Gegenwart (VDMK)	
	Trio fluido für Klarinette, Marimbaphon und	Gerig
	Bratsche	
1967	Consolation I für Stimmen und Schlagzeug	Gerig
1968	Consolation II für 16 Stimmen	Gerig
	temA für Flöte, Stimme und Cello	Gerig
1966/68	Notturno für kleines Orchester mit Cello-Solo	Gerig
	(Musik für Julia)	

1968	Air, Musik für großes Orchester mit Schlagzeug-Solo	Gerig
1969	Pression, Studie für Cello-Solo	Gerig
	Guero, Studie für Klavier	Gerig
1970	Dal niente, Musik für einen Soloklarinettisten	Gerig
1070/71	Kontrakadenz für großes Orchester	Gerig

Hans Werner Henze

»Der bürgerliche Künstler oder einer, der sich gesellschaftlich geborgen fühlt, neigt dazu, in seinem Tun das ihm zu Gebote stehende Material zu desintegrieren, während der Abgesonderte, der out-law, alles daran setzt, mit dem gleichen Material das Gegenteil zu erreichen, nämlich sich unbedingt zu integrieren. Dies ist eine Tatsache, die sich zu allen Zeiten und in allen Künsten so zugetragen hat, wobei noch zu bemerken wäre, daß die Sehnsucht nach Integration, die dem segregierten Künstlertyp eigen ist, in eine gesellschaftliche Form strebt, die seinem segregierten Wesen entspricht: In die eine oder andere Form von Minorität, der sein Mitgefühl gilt und die seine sinnliche und geistige Substanz erregt. Niemals wird er es darauf anlegen, sich mit Grundtendenzen seiner Zeit in Einklang zu setzen. Das Verständnis, um das er wirbt, sucht er nicht bei den arrivierten Mittelschichten der Konsumenten, sondern bei Individuen oder Minoritäten, mit denen er sich verständigen zu können glaubt. Sein Verhalten und die Form seiner Produktion sind daher implicite provokant, und mehr oder weniger bewußt legt er es auch auf diese Provokation an.«

(Henze »Essays« S. 32 B. Schott's Söhne, Mainz)
Der Mann, der diese Sätze 1964 schrieb, ist Hans Werner Henze, der am 1. 7. 1926 in Gütersloh in Westfalen geboren wurde. Schon während der Schulzeit – zunächst in einem Dorf bei Bünde, wo auch sein Vater als Lehrer beschäftigt war, später in Bielefeld – bricht seine musikalische Begabung in einem solchen Maße hervor, daß er für Schuldinge keinerlei Interesse mehr aufbringen kann. Er bricht die Schule ab und beginnt 1943, fünfzehnjährig, mit dem Studium an der Braunschweiger Staatsmusikschule. Dort belegt er die Fächer: Klavier bei Ernst Schacht, Theorie bei Rudolf Hartung, dazu Schlagzeug.
1944 wird Henze zum Kriegsdienst einberufen. Die schreckensvollen letzten Jahre des Krieges, dazu den Drill des faschistischen Militärs versucht er in freien Stunden durch die Beschäftigung mit Musik zu überstehen. Die Kompositionen aus dieser Zeit sind in den letzten Wochen des Krieges verlorengegangen.
1945 aus englischer Kriegsgefangenschaft heimgekehrt, muß Henze (als ältester Sohn) die siebenköpfige Familie über Wasser halten: Als Transportarbeiter verdient er Geld; später übernimmt er für kurze Zeit die Stellung eines Korrepetitors am Bielefelder Theater. Von 1946 bis 1948 lebt er als Privatschüler von Wolfgang Fortner in Heidelberg und ist gleichzeitig am dortigen Kirchenmusikalischen Institut

immatrikuliert. Fortner als Lehrer, Henze als Schüler beteiligen sich beide an den Internationalen Ferienkursen für Neue Musik, die 1946 erstmals im Jagdschloß Kranichstein bei Darmstadt stattfinden. (Bis 1952 nimmt Henze regelmäßig an diesen Ferienkursen teil, 1955 noch ein letztes Mal als Leiter eines Kompositionskurses neben Boulez und Maderna.) Als er 1948 in Darmstadt und anschließend in Paris bei René Leibowitz die »Methode, mit zwölf Tönen zu komponieren« gelernt hat, verläßt er Heidelberg ohne Examen und lebt einige Monate in Göttingen, allein um zu komponieren. 1949 arbeitet er als Bühnenmusiker an Heinz Hilperts Theater in Konstanz, nach einem Aufenthalt in Berlin 1950 am Theater in Wiesbaden als künstlerischer Leiter und Dirigent des Balletts. Ein Stipendium seines Verlages B. Schotts Söhne in Mainz ermöglicht ihm 1952 die Auflösung dieses zeitraubenden Arbeitsverhältnisses: 1953 übersiedelt er nach Ischia, wo er zunächst »Ode an den Westwind« zu Ende komponiert und darauf die Oper »König Hirsch«. Italien wird ihm zur Heimat: 1957 zieht er nach Neapel, 1961 nach Rom, 1964 baut er sich ein Haus in Marino bei Rom.
Von 1961 bis 1967 unterrichtete er eine Meisterklasse für Komposition am Mozarteum in Salzburg.

Um mir den immer etwas schwierigen Anfang eines Gesprächs zu erleichtern, lassen Sie mich bitte mit einer Frage nach Ihren beiden letzten Kompositionen beginnen. Sie haben sowohl Ihre »Sinfonie Nr. 6« wie auch das Rezital für vier Spieler »El Cimarrón« in Cuba komponiert. Wenn wir zunächst einmal von dem politischen Engagement, auf das hin Sie sicherlich nach Cuba eingeladen wurden, absehen können, möchte ich Sie fragen, wieweit diese beiden Kompositionen musikalisch von Cuba, von seinem Rhythmus, seiner Volksmusik beeinflußt sind.

Ein Einfluß cubanischer Musik auf meine beiden letzten Stücke ist sicherlich vorhanden. Im Falle des »Cimarrón« ist die Verbindung sogar ganz direkt. Das Stück, das ich für die vier Freunde, die es jetzt aufführen, komponierte, also für den nordamerikanischen Sänger William Pearson, den cubanischen Komponisten und Gitarristen Leo Brouwer (der inzwischen nach Habana zurückgekehrt ist und von dem deutschen Gitarristen Bruck abgelöst wurde), den japanischen Schlagzeuger Stomu Yamash'ta und den Flötisten Karl-Heinz Zöller, erzählt die Lebensgeschichte des (jetzt einhundertelfjährigen) Esteban Montejo, der, zur Zeit der Sklaverei geboren und aufgewachsen, als ein Cimarrón, das ist ein entlaufener Sklave, in der Wildnis gelebt und später im Unabhängigkeitskampf gegen Spanien (1895–98) gekämpft hatte. Ich habe Montejo selbst kennengelernt.

Hans Magnus Enzensberger hat mir für die Komposition des »Cimarrón«
aus der Lebensgeschichte Montejos, die dieser dem cubanischen Ethnologen
und Schriftsteller Miguel Barnet erzählt und die Barnet mit Hilfe eines
Tonbandes aufgezeichnet hatte, fünfzehn Episoden eingerichtet. Ich habe den
«Cimarrón« bei meinem zweiten Besuch 1969 in Cuba komponiert, während
ich in der Landwirtschaft arbeitete, politische Studien trieb und Musikstu-
denten unterrichtete. Mehrfach zitierte ich Rhythmen und melodische Fragmente aus der heute noch in Cuba lebendigen Yoruba- und Lukumi-Musik.
An einer Stelle (im 8. Stück »Die Frauen«) habe ich einen Nationaltanz,
den Son, rekonstruiert. Im 13. Stück »Der schlechte Sieg« improvisieren
zwei der Spieler lateinamerikanische Rhythmen, an anderen Stellen mache
ich parodistisch Collagen aus Folklore (Rumbas, Habaneras, etc.).
Im Falle der Sinfonie ist der Einfluß des Folkloristischen weniger direkt.
Dieses Stück »handelt« von allen Ländern der Dritten Welt und von unserem gestörten, problematischen Verhältnis zu ihnen und ihrer Kultur. Ich
baute ein Lied der Nationalen Befreiungsfront in Vietnam ein, »Sterne in
der Nacht«, ebenso ein Lied von Theodorakis, dem Führer der griechischen
Jugendorganisation Lambrakis, das er im Gefängnis komponiert hatte: die
Freiheitshymne. Im dritten Teil werden cubanische Nationalrhythmen zi-
tiert. Diese Elemente bestimmen die Struktur des Ganzen, alles bezieht sich
auf sie und umkreist sie. Bei einmaligem Hören wird man das kaum erkennen können, vielleicht wird es aber in der Unruhe, in der nervösen Spannung, dem Zustand unaufgelöster Widersprüche, der dem Ganzen anhaftet,
spürbar.

*Ihre »Sinfonie Nr. 6« wurde in Habana uraufgeführt. Sie selbst haben sie
dirigiert. Meine Kenntnisse vom kulturellen Leben in Cuba sind so gering,
daß ich erstaunt war, von der Existenz eines cubanischen Symphonieor-
chesters zu hören.*

In Cuba existieren sogar mehrere Symphonieorchester. Habana ist eine
Großstadt, deren Altstadt im spanischen Kolonial-Barock und deren neuere
Teile in modernen Kolonialstilen gebaut sind; es fehlt nicht der nordame-
rikanische Wolkenkratzer-Stil als Symbol der letzten Kolonisierung. Jetzt
sieht das Ganze mehr wie eine große Werkstatt aus, in der die Revolution
gemacht wird. Ich war schon bei meinem ersten Besuch in Cuba 1969 von
dem heroischen Unabhängigkeitskampf dieses Volkes und der Vehemenz
des Aufbaus des Sozialismus stark beeindruckt. Als mich die Cubaner frag-
ten, ob ich eine Sinfonie für ihr Nationalorchester komponieren wolle, habe
ich freudig akzeptiert und sofort angefangen zu arbeiten. Ende 1969 bin
ich nach Cuba zurückgekehrt und habe die Aufführung in dem riesigen
Teatro Garcia Lorca gemacht (nach drei Wochen Proben).

*Seit Sie sich öffentlich auf die Seite des kämpferischen Sozialismus gestellt
haben, wird zuweilen der Vorwurf gegen Sie erhoben, inkonsequent zu sein:*

Sie stellten Ihre Kompositionen einem etablierten Publikum vor und fänden Anklang in einer Gesellschaftsschicht, die Ihrer politischen Einstellung nicht folgte. Meine Frage: Denken Sie bei Ihrer schöpferischen Arbeit überhaupt an ein Publikum, das Ihre Kompositionen einmal hören und beurteilen wird, schreiben Sie nicht vielmehr einfach die Musik, die Klänge nieder, die Ihnen aus musikalischen Gesichtspunkten heraus notwendig und allein richtig erscheinen?

Nein. Ich bin bei meiner kompositorischen Arbeit, wie im Leben auch, von den bestehenden gesellschaftlichen Verhältnissen konditioniert. Ich stelle mir meine Hörer so deutlich wie möglich vor Augen. Nicht immer macht mich das glücklich, nur in Ausnahmefällen tut es das, wie z. B. beim Schreiben dieser Sinfonie, wo das Publikum, das ich mir vorzustellen hatte, das Konzertpublikum von Habana war. Das besteht hauptsächlich aus Studenten, Söhnen von Bauern und Arbeitern, die jetzt zum ersten Mal lernen, ihr Talent zu entwickeln, die zu denkenden Menschen werden, die Kriterien gewinnen und über sich selbst Klarheit bekommen. Ihretwegen habe ich mich besonders angestrengt. Die Sinfonie bedeutet für mich das Durchbrechen in eine für mich neue Welt von Musikdenken.

Können Sie bitte einige hauptsächliche Punkte nennen, die Ihr heutiges Musikdenken von einem früheren unterscheiden?

Es ist die Loslösung von elitären und klassizistischen Monologen. Die Widersprüche brechen auf. Es ist eine Öffnung hin zu unhermetischer, ja sogar pop Musik. Übrigens kann ich mir heute, im Gegensatz zu früher, Musik vorstellen, bei der ein weiterer Raum für die schöpferische Initiative der Spieler existiert: Sie können selber auf der Basis des vorgegebenen Materials kreativ weiterspinnen. Das ist nichts Neues, nimmt bei mir aber doch wohl andere Formen an und hat andere emotionale und praktische Gründe als in der »gängigen Moderne«. Ich komponiere also neuerdings »offene Formen« und nähere mich den Möglichkeiten freier Entfaltung des Materials durch den Instrumentalisten. Allerdings: Improvisation gerät schnell in den Leerlauf, endet im Klischee! Dem kann man zuvorkommen. Meine Vorschläge hinsichtlich der Entscheidungsfreiheit für den Interpreten ändern sich von Situation zu Situation. Im »Cimarrón« gebe ich dem Spieler z. B. an einer Stelle nur Tonhöhen an, da kann er sich Rhythmen erfinden; dann wieder kommt es vor, daß er sich an vorgeschriebene Rhythmen halten kann, während er die Tonhöhen selber wählt. Es gibt Stellen, wo graphische Zeichnung allein den Verlauf der Musik indiziert.

Dies alles hat aber meine Sprache nicht verändert, sondern erweitert. Der leicht zu verstehende, einfache »Cimarrón« ist übrigens eine logische Folgerung aus den in der »Sinfonie Nr. 6« gemachten Erfahrungen. Er wäre nicht denkbar ohne die überaus mühsame Arbeit, die ihm in der Sinfonie vorausgegangen ist: Diese hat ihm die Tür geöffnet.

109

Wenn ich noch einmal zu meiner vorhergegangenen Frage nach dem politischen Engagement zurückkehren darf: Den Fehler des gegen Sie gerichteten Vorwurfs der Inkonsequenz sehen Sie also wohl in der Erwartung, daß von einer thematisch engagierten Musik eine evolutionäre musikalische Sprache abhängig sein müsse. Da es eine wirklich neue, nicht nur eine sich neu gebärdende Musik aber noch nicht gibt, ist der engagierten Kunst der Sprung aus dem Experimentier-Stadium heraus noch nicht gelungen. Experimente aber werden nur einem kleinen Hörerkreis vorgestellt, der nicht mehr überzeugt zu werden braucht.

Verbindet sich in Ihnen mit dem Anspruch eines absolut musikalischen Schaffensprozesses der Wunsch, durch Ihre Musik ein weites Publikum von der Richtigkeit Ihrer politischen Einstellung zu überzeugen?

Der Vorwurf der Inkonsequenz und die Inkonsequenz selbst, einmal vorausgesetzt, daß sie vorhanden ist, sagen mehr über die gesellschaftlichen Verhältnisse aus als über mich als Einzelperson. Eine Veränderung der Gesellschaft kann durch Musik nicht erfolgen. Ich, der Komponist, habe eine bestimmte politische Überzeugung. Diese Überzeugung prägt meine Gedanken und damit auch meine Musik. Doch das ist nicht alles: Es gibt neue Mittel und Wege, durch die sich die Musik aktiv in den Klassenkampf einschalten kann, und die sie aus ihrer Abstraktion befreien, daß sie sich im marxistisch-leninistischen Sinne revolutionär nennen kann. Ich bin mit der Kritik des Komponisten Nils Hoffmann einverstanden, wie er sie kürzlich in der sozialistischen Zeitschrift »Kunst und Gesellschaft« formuliert hat »... was sich als Abbau bürgerlicher Formen in musikalischen Ereignissen – ihrer Erstellung, Interpretation und Rezeption – postuliert, ist es nur scheinbar: In Wirklichkeit richtet sich die Kunst auf eine veränderte, gesellschaftliche Situation ein. Nicht kann die Kunst die Gesellschaft verändern, sondern es verändert die Gesellschaft die Kunst.«

Hoffmann warnt davor, Aleatorik und Happenings als Faktoren von Befreiung zu sehen (ich selbst kenne Happenings mit faschistoiden Zügen) und schreibt: »... wie aber formale Zwänge in Terror umschlagen, wenn sie, statt die Funktion der Form ernsthaft zu hinterfragen, lediglich durch undefinierte Systeme oder entstellte Formen ersetzt werden, wird das Durchbrechen der Tabus zur vorgetragenen Perversion, die dann allerdings nicht mehr gegen das bestehende System sich wendet, sondern ihr realer Ausdruck ist«, im Sinne von Lenins Feststellung: »Der durch den Schrecken des Kapitalismus wildgewordene Kleinbürger ist eine soziale Erscheinung, die ebenso wie der Anarchismus den kapitalistischen Ländern eigen ist.«

Sie haben immer eine skeptische Distanz zu den musikalischen Hauptströmen gehabt und sich bewußt außerhalb solcher Strömungen gestellt. 1957, nach der Veröffentlichung von »König Hirsch«, als Ihnen »Abtrünnigkeit« von der dodekaphonischen Schule vorgeworfen wurde, schrieben Sie in der Rheinischen Post (abgedruckt in »Essays«): »... ich glaube nicht, daß es,

wie man oft sagen hört, eine verbindliche Sprache unserer Zeit gäbe: eine
Methode ist keine Sprache, und die Anwendung einer neuartigen Technik
sagt über die Qualität des Musikstücks, auf das sie angewendet war, über-
haupt nichts . . . Jede Methode kann jeden Augenblick durch künstlerischen
Willen annulliert werden . . .«
Darf ich einen Sprung tun und Sie fragen: Wie komponieren Sie? Wie berei-
ten Sie eine Komposition vor; wie sieht die Ausarbeitung aus?

Ich bereite eine Komposition vor, indem ich sie lange, oft jahrelang plane.
Nicht, indem ich mir Notizen oder Skizzen mache (was gelegentlich auch
vorkommt), sondern: Während ich bin (rauche, laufe, autofahre, dirigiere,
komponiere, schlafe), umkreise ich denkend, lesend, diskutierend, liebend das
neue Stück. Langsam kommt Material zusammen: Reaktionen auf Erlebnisse,
Gelesenes, Erfahrenes, Gehörtes. Erst wenn ich eine Methode gefunden habe,
das Geplante zu notieren, kann ich mit dem Schreiben beginnen. Da geht es
dann oft leicht und rasch. Die Rhythmen und Klänge und Intervalle laden
sich an sich selber auf, als handelte es sich um ein Prinzip der entwickelnden
Variation, eine Entwicklung aus motivischen Kernen. Aber die Methode,
das Wie, zu finden, das ist die Schwierigkeit dieses Handwerks.
Das Sammeln des Materials kann übrigens unterschiedlich lange dauern.
»Versuch über Schweine« z. B. war eine ganz spontane Angelegenheit. Als
ich den Text, er ist von meinem chilenischen Freund Gastón Salvatore ge-
schrieben, zum ersten Mal las, habe ich mir sofort einige Skizzen gemacht.
Das ganze Stück war in vierzehn Tagen fertig. Im Falle der Sinfonie für
Cuba realisierte sich dagegen ein Jahre alter Plan für ein neues Orchester-
stück.
Mein nächstes Stück werde ich im November zu komponieren anfangen.
Wieder ist der Text von Gastón Salvatore. Der Titel ist: »Der langwierige
Weg in die Wohnung der Natascha Ungeheuer«. Diesen Text kenne ich bereits seit zwei Jahren, aber immer wieder habe ich die Arbeit hinausgezö-
gert. Jetzt ist wohl der Moment gekommen, wo ich ohne zu große Konflikte
und mit ausreichendem Material die Komposition in Angriff nehmen kann.
Es wird eine Weiterentwicklung der Cimarrón-Strategie werden. Aber an
Stelle der vier Spieler gibt es vier Gruppen: Ein Klavierquintett, ein Blech-
bläser-Quintett, eine pop-music-Gruppe und Yamash'ta, der ein Autowrack
als Schlagzeug benutzt. Außerdem gibt es Pearson als Vokalisten und
einige Montagen aus »musique concrète«. Die Ideen von der »sichtbaren
Musik«, wie sie im »Cimarrón« zuerst erschienen, kommen hier schärfer und
gezielter wieder. Es geht um falsche Utopien, um Probleme der »Neuen Linken«, um die tödlichen Rückkehrversuche (einiger) in die Bourgeoisie.
Aber um eine solche Arbeit mit dem nötigen Maß von Genauigkeit entwik-
keln zu können, muß ich mich nun für die nächsten Wochen und Monate
völlig abschließen. Ich darf durch keinerlei Nebenbeschäftigung abgelenkt
sein. Es gibt dann auch einen ganz festen Arbeitsrhythmus. Ich kann nur

schreiben, wenn ich weiß, ich habe Zeit, und diese Zeit wird mit nichts als dieser Arbeit verbracht. (Ich bin so abergläubisch, daß ich eine Arbeit nicht einmal durch Reisen zu unterbrechen riskiere; denn man verändert sich auf jeder Reise aufgrund der Begegnungen und Erlebnisse.)

Welcher Art mag der Anstoß sein, ein bestimmtes Werk komponieren zu wollen? Ist es vorwiegend ein Text, der Sie reizt, ist es eine musikalische Idee oder ein Anstoß von außen, ein Auftrag, eine Bitte vielleicht?

Ein bezahlter Auftrag kann auch ein Anstoß sein (denn unsereins erhält sich davon). Man muß sehen, daß die Pläne, die man oft jahrelang hegt und entwickelt, nicht damit kollidieren. Das war in meiner Anfangszeit öfter der Fall – man kann krank werden davon! Heute kommt das nicht mehr vor, und ich lasse mir meine Pläne nicht mehr durchkreuzen.

Oft ist es so, daß ich von der message eines Textes so angesteckt bin, daß sich Musik dazu einstellt. Es ist auch vorgekommen, daß ich eine Musik wußte, zu der erst ein klärender Text gefunden werden mußte, ich denke an die »Elegie für junge Liebende«: Da hatte ich feste Vorstellungen von Klang und Strukturen, die ich Auden und Kallman beschrieb, bis sie mit dem Text der Oper (einem Libretto, dessen Qualität noch gar nicht recht eingesehen worden ist) antworteten.

Am liebsten schreibe ich für Instrumentalisten, mit denen ich befreundet bin. Mein 2. Klavierkonzert z. B. habe ich für Christoph Eschenbach gemacht, das erste war für Noel Mewton-Wood, einen Australier, der leider früh gestorben ist, die »Musen Siziliens« für das Klavierduo Rollino–Sheftel, der »Cimarrón« für meine Freunde Pearson, Zöller, Brouwer und Yamash'ta.

Ich schreibe also solche Sachen auf die Spieler zu. Dahinter verbirgt sich wohl der Wunsch, den Abstand von der Realität zu verringern und die eigene Arbeit nützlicher zu machen, endlich vielleicht auch eine immanente Tendenz, in anderen aufzugehen bis hin zur Anonymität. Komponieren ist für mich seit jeher eine Angelegenheit des Kontakts mit anderen Menschen gewesen. Das war schon so, als ich noch zur Schule ging und für meine Schulfreunde kleine Quartette, Sextette oder was es so war, zurechtbastelte. Die Stücke wurden dann auch einmal gespielt und, meist naserümpfend, weggelegt.

Bei den ersten Ferienkursen in Darmstadt 1946 wurde Ihr »Kammerkonzert für Flöte, Klavier und Streicher« aufgeführt. Sie wurden daraufhin sofort von dem Musikverlag B. Schotts Söhne in Exklusivvertrag genommen. Hier beginnt auch Ihr Werkverzeichnis. Haben Sie vor diesem Zeitpunkt Stücke komponiert, die Sie heute für eine Aufführung freigeben würden?

Ich habe schon mit ungefähr zwölf Jahren zu komponieren begonnen. Die Stückchen waren amateurhaft und klangen etwa so, wie ich es der Moderne abgeguckt hatte, die man unter der Nazizensur kennenlernen konnte; also jene, die noch toleriert wurde, aber auch die andere, die man gelegentlich unter dem Ladentisch erstehen konnte. Ich lernte schon, die Unterschiede zu erkennen.

Auch der theoretische Unterricht an der Staatsmusikschule in Braunschweig half mir für meine kompositorischen Versuche wenig. Ich zeigte sie auch gar nicht erst vor. Aber ich beschäftige mich viel mit Lyrik, einen Band Trakl trug ich immer bei mir; das war für meine musikalische Zukunft bestimmender als das Studium. Auch während dieser grauenvollen Soldatenzeit, 1944 bis 45, habe ich Trakl-Gedichte für Orgel und Gesang vertont, darunter »Sebastian im Traum«. (Unsere Abteilung war für einige Monate in der Lüneburger Heide stationiert, da gab es eine Dorfkirche mit einer Orgel. Wir hatten auch einen [Operetten-] Tenor, den ich zwang, diese Sachen für mich zu singen – ich lernte dabei einiges über tessitura.) Aber diese Noten sind alle verlorengegangen.

Bei Fortner habe ich meine erste gründliche kompositorische Ausbildung genossen. Daß ich Fortner als Lehrer fand, geschah durch Zufall: Ich wollte eigentlich nach Stuttgart fahren, um den Pianisten Hobowsky um Klavierunterricht zu bitten. Doch ich blieb in Heidelberg liegen. Als ich zufällig erfuhr, daß hier Fortner wohnte, ging ich zu ihm und bat ihn um Kompositionsunterricht. Zwei Jahre lang erlernte ich bei ihm neue musikalische Techniken mit Ausnahme der Schönbergschen Zwölftontechnik, aber auch die kontrapunktischen Künste der Tradition. Meine Kompositionen aus dieser Zeit wirkten derb und hart, wie die eines verspäteten Bürgerschrecks. Für eine Weile schien mir der frühe Hindemith eine geeignete Anregung (Stücke wie die Kammermusiken I–V z. B.), dann kamen die Strawinskys der ersten neoklassischen Manier, bis die Welt Alban Bergs (Altenberglieder und Violinkonzert) mich eines Besseren belehrte. Das war die Trakl-Musik, die nun aus ihrer Verdrängung wieder auftauchte!

So ging ich auf die Dodekaphonie zu. Ich hoffte, daß mein Bedürfnis nach eigenen Ausdrucksmitteln gleichzeitig nach strenger Absicherung der Dinge, die ich sagen wollte, sich in der Dodekaphonie eher erfüllen könnte als mit den Mitteln, derer ich mich bis dahin bediente. Ich versuchte es in der Kammersonate, dem Geigenkonzert und dem »Chor gefangener Trojer«, auch in der 2. und 3. Sinfonie. 1948 half mir René Leibowitz, die Gesetzmäßigkeiten der Zwölftonmusik zu verstehen. Allerdings komponierte ich auch nach diesen Unterweisungen kaum jemals »zwölftönig« im strengen Sinne. »Strenge« Stücke sind die Klaviervariationen, später auch die Klaviersonate, das 2. Streichquartett, das Bläserquintett, Teile von »Boulevard Solitude« (die Musik der Liebenden) und die »militärischen« Stücke in »Prinz von Homburg«. In »Ende einer Welt« (1952–53) wurde Dodekaphonie bereits parodiert, was nicht ausschloß, daß ich später immer wieder auf sie zurückzugreifen hatte. Auch rhythmische und dynamische Parameter habe ich seriell behandelt (z. B. in »Antifone« und in »Novae de Infinito Laudes«), und bei aller »Freiheitlichkeit«, die in meiner Musik zu finden ist, bleibt eins, das wichtigste der Schönbergschen Prinzipien, bestehen: nämlich die Entwicklung des Materials aus einem motivischen Kern. In jeder Arbeit habe ich dieses Prinzip, welches die Grundidee unserer europäischen Musik beinhaltet, weiter zu entwickeln und ihm neue Impulse zuzuführen versucht. In einem Vortrag (1959 in Braunschweig) drückte ich es so aus: »Klangfarben, Rhythmen, Akkordisches und Thematisches müssen auf das Ziel des Werkes hin erfunden werden. Konstruktionen und ihre Regeln ergeben sich aus den im Anfang des Werks dargelegten Erscheinungen, Erfindungen; ihre Entwicklung und Variation unterliegt keinerlei von außen kommender Vereinbarung und hängt ganz allein von der Gegebenheit des einen Werks ab.«

Bereits Anfang der fünfziger Jahre, als ich an meiner zweiten Oper »König Hirsch« arbeitete, stellte ich mir die Aufgabe, den Abstand zwischen musica da camera und musica da piazza zu verringern durch Interpolation »fremder« Elemente: Volksmusik und den dreschenden Klang der Prozessionsmärsche. Das ganze Stück sollte wie ein frisch gestrichener Zirkus wirken. Heinz von Cramer, der Librettist, und ich waren damals in einer surrealistischen Phase; uns faszinierten Max Ernst, Apollinaire, Satie. Später bin ich von dieser Welt abgerückt, aber es will mir scheinen, als ob die Zeit gekommen sei, sich ihr erneut kritisch zuzuwenden, bewaffnet mit umfangreicherer Einsichtsmöglichkeit: in die gesellschaftlichen Strukturen, die den Surrealismus motiviert haben, und in die Möglichkeiten, Kunst zu politisieren und realistisch zu machen, wie sie Aragon, Breton und Luis Bunuel vorgebildet haben. Bunuel übrigens erklärt seinen Weg vom Surrealismus zum Realismus, indem er sagt, der Marxismus habe ihn gelehrt zu erkennen, daß die heutige Wirklichkeit schrecklicher und grotesker sei, als der Surrealismus es sich je träumen ließe und darstellen könnte.

Herr Henze, ein großer Prozentsatz Ihrer Kompositionen ist für die Bühne geschrieben: 7 Opern, 10 Ballette, 2 Funkopern. Wissen Sie eine Erklärung für ein so offenkundiges Theaterblut, für einen solchen »Eros zum Theater«?

Ich habe oft zu analysieren versucht, warum das Theater mich so fasziniert. Schon als Kind spielte ich mit den Geschwistern und Nachbarskindern sehr ernsthaft Theater. Mein Bruder Gerhard und ich hatten auch eine Kasperlebühne, und wir fertigten selbst Puppen an. Später dann, mit zwölf Jahren, als ich wußte, daß ich Komponist werden würde, konnte ich mir die Arbeit eines Musikers nicht anders vorstellen als mit Theaterarbeit verbunden. Und wirklich wurde das Theater meine Domäne: Zauberei, Magie, Maskerade, Exklamation, Pathos und Buffonade gesellten sich mir zur Musik in einer Weise, die es zu ermöglichen schien, die Richtung, in die das Leben geht, zu verstehen und zu verdeutlichen. Und ich identifizierte mich mit den Tänzern und Mimen, Beleuchtern und Souffleurs. Schminke und Dekor bekamen eine tiefere Bedeutung: sie wurden Teilbestand einer Existenz, die nicht anders sich zu helfen wußte, als Charaden aufzuführen, sich zu bemänteln, sich und damit das ganze schiefe Verhältnis zur Wirklichkeit. Das geschah mit eben jener Intensität, welche die ganze vorliegende Theatermusik produziert hat. Nun habe ich mich von der Konzeption einer solchen Welt gelöst. Das macht vieles schwerer, anders, Wichtiges macht es leichter. Wenn ich wieder für das Theater schreiben werde, wird es anders aussehen als früher. Es wird kritisch sein, es wird die Aufgaben eines Sozialisten beinhalten. Selbst meine früheren Arbeiten für das Theater könnten, was ihre Inszenierung betrifft, unter anderen Gesichtspunkten und Voraussetzungen, darunter der der Selbstkritik, zu kritischen Faktoren umfunktioniert werden. Einen Anhaltspunkt dafür habe ich in der »Undine«-Aufführung an der Komischen Oper Berlin, bei der folgendes klar wird: »Strichlos«, wie sie ablaufen durfte, erlaubt sie die bruchlose Kenntnisnahme der Konstruktion und des Verlaufs der Zeit. Die Musik erzählt ein deutsches Märchen, sie tut es in einer die Romantik ironisierenden Sprache und versetzt den Hörer in eine Welt voller Chimären, Träume, Ängste, Bizarrerien und Frustrationen. In einer der üblichen unterprobierten, die Musik notzüchtigenden Aufführungen ist nicht auszumachen, wann die Musik »direkt« gemeint ist, wann sie sich gegen sich selber dreht und wann sie in italienische Operntheatralik ausbricht, wo Parodie sich parodiert. In einer Produktion wie der in der Komischen Oper, bei der jedes Orchestermitglied die Zusammenhänge zu kennen scheint und bewußt zur Genauigkeit des vorzuführenden Prozesses beisteuert, werden die Berechnungen und Probleme des Sujets szenisch und musikalisch evident, sie werden Information.

Sie dirigieren Ihre sinfonischen Werke in den meisten Fällen selbst. Tun Sie das, um Authentizität zu erreichen, oder weil Ihnen Dirigieren einfach Spaß macht?

Ich dirigierte früher sehr gern, besonders solche Orchester, die »von selbst« spielen, und denen man den Text nicht erst mühevoll beibringen muß. Ich hasse das Schulmeistern (dabei würde ich gern Kinder unterrichten) und hasse es, mich zu ärgern. Bei Orchesterproben kann man leicht die Geduld verlieren, was bei diktatorischen Kapellmeistern von konstruktiver Wirkung zu sein scheint, bei einem Typ wie mir aber nur wie ein faux pas wirkt und die Stimmung verdirbt. So neige ich eher dazu, das Dirigieren ganz zu lassen; ich ertrage den Rapport Autorität – Befehlsempfänger nicht. Andererseits scheint bisher kaum ein Orchester-Emsemble bereit, sich auf einer Ebene mit dem Dirigenten zu akzeptieren. Dies ist Teil der gesellschaftlichen Krise, die wir erleben: Das alte Orchester wird nicht mehr lange bestehen können, bestenfalls wird es ein Museumsstück. Kaum ein bemerkenswerter neuer Autor schreibt noch Orchestermusik. Die Probenzeit ist zu kurz (dank der Kommerzialisierung des Musiklebens), es läßt sich kein Einverständnis erzielen, ganz zu schweigen davon, daß kaum ein menschlicher Kontakt zwischen Dirigent und Orchestermusikern zustande kommt, als bestehe ein Klassenunterschied. Immer weniger bin ich bereit, mich solcher Art von kontaktlosem, mißverständlichem und widerspruchsvollem Musikmachen auszusetzen, bei der keine Klärung, kein Fortschritt, keine Freundschaft entstehen kann, bei der es nie – und nie könnte es anders sein – über konventionelle Höflichkeit hinauskommt.

Daß mein Dirigieren je eine authentische Darstellung einer meiner Partituren zustande gebracht hätte, bezweifle ich auch, nur die von mir bespielten Grammophonplatten haben so etwas, aber das ist der Akribie der Aufnahmeleiter und Techniker zu verdanken, die keine Ungenauigkeit tolerieren.

Ihre Instrumentation ist überaus farbig. Und wenn Sie auch wie im »Cimarrón« viele neue Möglichkeiten der Instrumente ausnutzen, habe ich doch das Gefühl, daß Sie immer »für« das Instrument komponieren. Sein Klang wird nicht verfremdet, er kommt spezifisch zum Tragen.

Ich arbeite viel mit Instrumentalisten und weiß, daß sie froh sind, wenn man ihnen Möglichkeiten gibt, mit ihren Instrumenten etwas Brauchbares anzufangen. Man kann doch nicht von ihnen verlangen, daß sie an einer Negation ihres Instrumentalspiels aktiv teilnehmen! (Von der Negation der Komposition im allgemeinen sind sie ohnehin betroffen!) Die Klangqualität der traditionellen Instrumente ist bisher durch nichts übertroffen worden, und ich kann mir nicht vorstellen, daß irgendetwas in der Lage sein wird, die Noblesse und Schönheit dieses Klanges zu ersetzen. Und man komme mir nicht damit, dies seien bürgerliche Kategorien! Auch die Elektronik wird den Instrumentalklang nicht ablösen. Übrigens sind es die Instrumentalisten selbst, die mit neuen Ideen kommen, die den Wirkungsradius ihrer Produktionsmittel erweitern und die sogar einer neuen musikalischen Ästhetik den Weg ebnen. In dem Maße, wie sie sich kreativ entfalten, redressiert sich die Rolle des Komponisten: er wird wieder einer unter vielen, er darf seinen autoritären Hut an den Nagel hängen und seine alte Solistenrolle vergessen.

Zwar sprachen wir zu Beginn schon von einigen Komponisten, die Ihnen während Ihrer Lehrzeit Vorbild oder Leitbild waren. Darf ich zum Abschluß aber noch die Frage stellen, ob vielleicht Komponisten aus einer anderen Zeit Einfluß (der wäre dann sicher unbewußt) auf Ihre musikalische Ausdrucksweise hatten und sogar vielleicht haben? Als ich vor vierzehn Jahren die Aufführung Ihres »König Hirsch« in der Berliner Oper hörte, mußte ich unwillkürlich an Mozart denken. Wenn man überhaupt von der heutigen Musik zu vergangenen Epochen eine Brücke schlagen kann, scheint mir eher eine Verbindung von Ihnen zu Mozart zu bestehen, als zu der Zeit der Romantik oder gar Spätromantik.

Wenn Sie das sagen, machen Sie mir ein unverdientes Kompliment. Mozarts Musik ist die , die ich am meisten liebe. In ihr kommt es zu einer Identität des Materials, wie es kaum noch einmal möglich geworden ist. Verdi, Rossini, Bellini, robuste Theatermusik, haben mich in ihrer lapidaren Einfachheit, die von vielen Leuten irrtümlich für Banalität gehalten wird, in starkem Maße beeindruckt und insofern auch beeinflußt, als sie mich dazu brachten, über neue Möglichkeiten von Einfachheit nachzudenken. Wie schon gesagt, waren es zu meiner Studentenzeit Schönberg und, auf eine andere Weise, Strawinsky, die mich auf den Weg gebracht haben.

Seit ich seine Musik kenne, habe ich viel Bewunderung für Luigi Nono. Ich denke, daß seine Musik oft mißdeutet und mit falschen Ohren gehört worden ist. Nono hat sich politisch und künstlerisch entwickelt, was sich deutlich in seiner Musik abzeichnet. Sie ist von einem starken Bewußtsein getragen, das kämpferischen Sprachgeist zeitigt.

Von den jüngeren Komponisten schätze ich Peter Maxwell Davies, Luc Ferrari, Leo Brouwer, Henning Brauel, Stephen Douglas Burton, Toru Takemitsu und Harrison Birtwistle.

Mein Musikstudium ist noch nicht beendet. Ich halte es für wichtig, sich immer weiter mit der Tradition, mit der Geschichte auseinanderzusetzen. Man muß sein eigenes Tun, seine eigene Arbeit immer wieder in Relation zur Geschichte bringen. Musikschreiben ist kein somnambuler Vorgang, sondern ein Denkprozeß. Der Denkprozeß aber ist Analyse, nicht allein Selbstanalyse.

Werkverzeichnis Hans Werner Henze

(Alle Werke bei B. Schott's Söhne, Mainz)

1946	Sonate für Violine und Klavier
	Kammerkonzert für Solo-Klavier, Solo-Flöte und Streicher
1947	Concertino für Klavier und Blasorchester mit Schlagzeug
	Sonatine für Flöte und Klavier
	Fünf Madrigale für kleinen gemischten Chor und elf Soloinstrumente nach Villon
	Erstes Streichquartett
	Erste Sinfonie (Neufassung 1963) ⊙ DG 139 203/204
1948	Chor gefangener Trojer (revidiert 1964)
	aus Goethes Faust II für gemischten Chor und großes Orchester
	Kammersonate für Klavier, Violine und Violoncello (revidiert 1963)
	Der Vorwurf. Konzertarie nach Worten von Franz Werfel für Bariton, Trompete, Posaune und Streichorchester
	Whispers from Heavenly Death. Kantate nach Walt Whitman für hohe Singstimme und 8 Soloinstrumente,
	b) für Singstimme und Klavier ⊙ DG 139 373
	Wiegenlied der Mutter Gottes nach einem Text von Lope de Vega für einstimmigen Knabenchor und 9 Soloinstrumente
	Das Wundertheater. Oper in einem Akt für Schauspieler nach einem Intermezzo von Miguel Cervantes (neue Fassung 1964 für Sänger)
1949	Variationen für Klavier
	Jack Pudding. Ballett in drei Teilen
	Suite aus Jack Pudding für Orchester
	Zweite Sinfonie für großes Orchester ⊙ DG 139 203/204

Serenade für Violoncello solo ⊙ DaCa 93 702

Apollo et Hyazinthus. Improvisationen für Cembalo, Altstimme, 8 Solo-
instrumente auf Texte von Trakl

Ballett-Variationen. Handlungsloses Ballett für großes Orchester

1949/50 Dritte Sinfonie für großes Orchester ⊙ DG 139 203/204

1950 Rosa Silber. Handlungsloses Ballett für Orchester

Erstes Konzert für Klavier und Orchester

Sinfonische Variationen für Kammerorchester

1950/51 Labyrinth. Choreographische Fantasie über das Theseus-Motiv für
kleines Orchester

1951 Boulevard Solitude. Lyrisches Drama in 7 Bildern. Text von Grete Weil

Die schlafende Prinzessin. Ballett nach der Musik von
Peter Tschaikowsky, eingerichtet für kleines Orchester

Ein Landarzt. Funkoper nach der Novelle von F. Kafka
(Bühnenfassung 1964)

a) Oper in einem Akt

b) Monodram für Bariton und Orchester

1952 Der Idiot. Ballett-Pantomime nach Dostojewskij
Text von Ingeborg Bachmann, Idee v. T. Gsovsky

Quintett für Bläser (Fl., Ob., Klar. in B, Horn in F, Fag.)
⊙ Cand. CE 31 016

Zweites Streichquartett

Pas d'action. Ballett in zwei Bildern von Peter Csobàdi
(Neufassung 1964 als Tancredi e Cantilena)

Ballett-Suite aus Pas d'action

1953 Das Ende einer Welt. Funkoper, Text von Wolfgang Hildesheimer
(Bühnenfassung 1964 als opera buffa in einem Akt)

Sinfonische Zwischenspiele aus »Boulevard Solitude«

»Ode an den Westwind«. Musik für Violoncello und Orchester über das
Gedicht von Percy B. Shelley ⊙ DG 139 382

1952/55 König Hirsch. Libretto von Heinz von Cramer
(reduz. Fassung 1962 als Il re cervo oder Die Irrfahrten der Wahrheit)

Musik zum Hörspiel »Die Zikaden« von Ingeborg Bachmann

Quattro Poemi für Orchester

Drei sinfonische Etüden (Neubearbeitung 1964)

Vierte Sinfonie (in einem Satz) für großes Orchester ⊙ DG 139 203/204

1956 Maratona. Ballett von Luchino Visconti

Suite aus dem Ballett »Maratona« für zwei Jazz-Bands und Orchester

Fünf Neapolitanische Lieder auf anonyme Texte des 17. Jahrhunderts
für mittlere Stimme und Kammerorchester ⊙ DG LPM 18 406

Concerto per il Marigny für Klavier und 7 Instrumente
⊙ Vega C 30 A 65

1956/57 Undine. Ballett in drei Akten von Frederick Ashton
frei nach De la Motte-Fouqué

Jeux des Tritons Divertissement aus dem Ballett »Undine«

1957 Hochzeitsmusik aus dem Ballett »Undine« für sinfonisches Blasorchester
⊙ Columbia XTV 92 917

Nachtstücke und Arien nach Gedichten von Ingeborg Bachmann
für Sopran und großes Orchester
1957/58 Sonata per Archi DG 139 396
1958 Prinz von Homburg. Oper in drei Akten nach dem Schauspiel von
H. von Kleist, für Musik eingerichtet von Ingeborg Bachmann
Kammermusik über die Hymne »In lieblicher Bläue« von Fr. Hölderlin
für Tenor, Gitarre und 8 Soloinstrumente ⊙ SaP RCA LSC 2964-B
Drei Fragmente nach Hölderlin für eine Singstimme und Gitarre
(aus der Kammermusik)
Drei Tentos für Gitarre (aus der Kammermusik)
(eingerichtet von Julian Bream) ⊙ SaP DG 139 377
Drei Dithyramben für Kammerorchester
Erste und zweite Suite aus dem Ballett »Undine« für Orchester
Trois pas des Tritons aus »Undine« für Orchester
1959 Sonata per Pianoforte
Des Kaisers Nachtigall (L'Usignolo dell'Imperatore)
Pantomime von Giulio di Majo, frei nach Chr. Andersen
für Kammerorchester
La Forza delle Circostanze ovvero Ella non riusci' a convincerlo
Grand opera von 10 Min. Dauer, Libretto von Giuseppe Patroni-Griffi
1960 Antifone für Orchester
»Aufstand«. Jüdische Chronik zusammen mit Blacher, Dessau, Hartmann,
Wagner-Régeny, auf Texte von Jens Gerlach ⊙ SaP Wer 60 023
1959/61 Elegie für junge Liebende (Elegy for Young Lovers)
Oper in drei Akten von W. H. Auden und Chester Kallman
Szenen aus »Elegie für junge Liebende« ⊙ DG 138 876
1961 Six Absences pour le Clavecin ⊙ Ph. 48 111 L
1962 Fünfte Sinfonie für großes Orchester ⊙ DG 139 203/204
Novae de Infinito Laudes. Cantata per quattro soli, coro misto e
strumenti. Testi di Giordano Bruno
Bühnenmusik zu »Les Caprices de Marianne« von Alfred de Musset
in der Fassung von Jean-Pierre Ponelle
1963 Filmmusik zu »Muriel« von Alain Resnais
Being Beauteous. Kantate auf das gleichnamige Gedicht aus
»Les Illuminations« von Arthur Rimbaud für Koloratursopran, Harfe
und vier Celli ⊙ DG 139 373
Ariosi mit Gedichten von Torquato Tasso für Sopran, Violine, Orchester
b) für Sopran, Violine und Klavier zu vier Händen
Adagio für 8 Instrumente (Klar., Horn, Fag., Streichquintett)
Cantata della Fiaba Estrema per soprano, piccolo core e tredici strumenti,
Poesia di Elsa Morante ⊙ DG 139 373
Los Caprichos. Fantasia per orchestra
Lucy Escott. Variations für Klavier oder Cembalo ⊙ Ph. P 48 111 L
1964 Divertimenti für zwei Klaviere
Chorfantasie auf die »Lieder von einer Insel« von Ingeborg Bachmann
für Kammerchor, Posaune, 2 Violoncelli, Kontrabaß, Portativ, Schlag-
werk und Pauken
Bühnenmusik zu »Der Frieden« von Aristophanes in der Übersetzung

von Peter Hacks
1964/65 Der junge Lord. Komische Oper in zwei Akten von Ingeborg Bachmann nach einer Parabel von Wilhelm Hauff ⊙ DG 139 157/59
Zwischenspiele für Orchester aus »Der junge Lord«
1965 In memoriam: Die weiße Rose für Kammerorchester
Die Bassariden (The Bassarids). Opera seria mit Intermezzo in einem Akt nach den »Bacchantinnen« des Euripides, Libretto von W. H. Auden und Chester Kallman
Mänadenjagd, aus der Oper »Die Bassariden« für großes Orchester
1966 Musik zum Film »Der junge Törless« von Volker Schlöndorf
Fantasia für Streicher aus »Der junge Törless« ⊙ DG 139 396
»Der junge Törless«. Fantasia für Streichsextett
Musen Siziliens. Konzert für Chor, 2 Klaviere, Bläser und Pauken auf Eklogen-Fragmente des Vergil ⊙ DG 139 374
Doppio Concerto per Oboe, Arpa ed Archi ⊙ DG 139 396
Concerto per Contrabbasso ⊙ DG 139 456
1967 Telemanniana für Orchester
Zweites Konzert für Klavier und Orchester
Moralities (Moralitäten). 3 szenische Kantaten nach Fabeln des Äsop von W. H. Auden für Soli, Sprecher, Chor und Orchester ⊙ DG 139 374
1968 Das Floß der Medusa Oratorio volgare e militare in due parti – per Che Guevara für Sopran, Bariton, Sprechstimme, gemischten Chor und Orchester ⊙ DG 139 428/29
Versuch über Schweine, nach einem Gedicht von Gastón Salvatore für Sprechstimme (Bariton), Blech-Quintett und Kammerorchester ⊙ DG 139 456
1969 Sinfonia Nr. 6 für zwei Kammerorchester
El Cimarrón. Autobiografia de Esteban Montejo. Rezital für vier Spieler, Buch von Miguel Barnet, für Musik eingerichtet von Hans Magnus Enzensberger, Bariton, Flöte, Gitarre und Schlagzeug
1970 Compases para preguntas ensimismadas. Musik für Viola und 22 Spieler
1970/71 Der langwierige Weg in die Wohnung der Natascha Ungeheuer. Show mit 17, Gedicht von Gastón Salvatore

Günter Bialas

Geboren am 19.7.1907 in Bielschowitz/Oberschlesien, studierte er in Breslau und Berlin, hier vor allem bei Max Trapp. 1933 ging Bialas als Studienrat nach Breslau. Nach dem Kriege leitete er in München für ein Jahr den Bachverein. 1949 nahm er den Ruf als Kompositionslehrer nach Weimar an, ging jedoch bereits 1950 nach Detmold an die Nordwestdeutsche Musikakademie als Leiter des Seminars für Privat-Musik-Lehrer. Seit 1959 lehrt er Komposition an der Akademie der Tonkunst in München.

Kurz vor meinem Besuch bei Professor Bialas 1967 hatte in München das Zweite Gesamtdeutsche Musikfest stattgefunden. In einem dieser Konzerte sang Ursula Rhein eine Partie aus der Oper »Hero und Leander« von Günter Bialas, die im November 1966 in Mannheim mit großem Erfolg uraufgeführt worden war.

Wenige Tage nach meinem Besuch feierte Prof. Bialas seinen sechzigsten Geburtstag. Zu diesem Anlaß brachte der Sender Freies Berlin die »Schöpfungsgeschichte« nach Martin Buber. Grund genug, Günter Bialas über diese beiden Werke um besondere Auskunft zu bitten.

»Fünfundzwanzig Vorhänge und kein Protest, das ist für eine neue Oper ein beachtlicher Erfolg«, so schrieb die Presse nach der Uraufführung Ihrer Oper »Hero und Leander«. Wolf-Eberhard von Lewinski beschreibt in Melos 11/1966 ausführlich diese Oper. Er erklärt ihre Wirkung auf das Publikum mit folgenden Worten: »Die Musik hat gutes sprachliches Niveau, stets die Waage zwischen geistiger Überhöhung und direkter Emotion wahrend. Bialas zeigt eine eigene, aber nicht eigenwillige Handschrift, er ist traditionell im guten Sinne des Wortes. Das hat auch einen sofort spürbaren Kontakt mit dem Publikum zur Folge.« Darf ich Sie bitten, etwas über diese Oper, aber auch etwas über Ihre Vorstellungen von der Oper im allgemeinen zu sagen?

Von Jugend an hatte ich die Möglichkeit, Oper in allen ihren Phasen zu erleben. Mein Vater – eigentlich Lehrer – leitete in Kattowitz das Deutsche Theater, und so kam ich zeitig in Kontakt mit der Bühne, die mich immer interessierte, obwohl ich erst verhältnismäßig spät zu einem Ergebnis kam. Eine Oper zu schreiben, stellt an den Komponisten besondere Forderungen: Ich darf für die Bühne keine absolute Musik schreiben, ich muß vielmehr die Oper als Ganzes verstehen. Zur Oper gehört das Spiel, eine möglichst einfache, verständliche Fabel, keine philosophischen oder problematischen Stoffe. Im Mittelpunkt des Geschehens steht der singende und agierende Mensch. Man wird sich vielleicht wundern, daß ich Grillparzers Schauspiel »Des Meeres und der Liebe Wellen« als Stoff für meine erste Oper wählte. Auf der

Sprechbühne ist das Stück schon fast problematisch geworden. Heinz Hilpert inszenierte es vor einigen Jahren in München ganz unterkühlt; in dieser Form ist es vielleicht noch aufführbar. Für mich wurden die Schönheit von Grillparzers Sprache und der übersichtliche Handlungsablauf bei dieser Wahl entscheidend.

Grillparzer selbst war mit seinem Stück nie recht zufrieden. Es gibt von ihm unzählige Entwürfe und auch Lösungen, die Eric Spieß, der mir das Libretto schrieb, für die Opernbühne verwenden konnte. Spieß führte die Handlung auf die einfachsten Vorgänge zurück, alle Nebenpersonen wie Vater, Mutter und Geschwister fielen weg. Es geht nur noch um Liebe und Tod. Das Musaios-Gedicht, Grillparzers Quelle für seine Dichtung, bildet nach antikem Vorbild den Prolog und liefert auch den Text für ein Chor-Intermezzo vor der Todesszene Leanders. So wird die Handlung in einen balladesken Rahmen gestellt.

Ich bin vor diesem Text sehr gewarnt worden, es hat sich aber doch gezeigt, daß die Menschen diese einfache Fabel erleben und daß die Musik diese Wirkung nur steigern kann.

Ihre »Schöpfungsgeschichte« ist ein bedeutend älteres Werk. Sie sind, soviel ich weiß, der erste Komponist, der sich nach Haydn diesen Text ausgesucht hat. Was hat Sie daran so angesprochen?

Ich hätte die Schöpfungsgeschichte nach Haydns herrlichem Werk nicht noch einmal vertont, wenn mich nicht die Übertragung des biblischen Schöpfungsberichtes durch Martin Buber so stark interessiert hätte. Buber tritt hier nicht nur als üblicher Übersetzer in Erscheinung, seine Arbeit ist viel mehr. Buber selbst hat genau beschrieben, was er mit dieser Art Übertragung des hebräischen Textes ins Deutsche zeigen will: der Bibeltext müsse verkündigt, er müsse ausgerufen werden! Diese neue Sicht des alten Textes – ich habe ohnehin eine Vorliebe für archaische Texte – bot sich mir direkt zur Vertonung an. Fast ein Jahr lang habe ich mich nur mit dem Text beschäftigt, ehe ich genau wußte, wie ich ihn musikalisch gestalten wollte.

Schreiben Sie sich Ihre Überlegungen, Ihre Ideen irgendwie auf, machen Sie sich einen Plan, in Worten oder in Noten fixiert?

Nein, gar nichts. Die Vorstellung existiert nur im Kopf. Ich habe dabei nicht den Text im ganzen klar vor mir, aber ich habe eine Vorstellung von seiner Vertonung. Beim Niederschreiben ändert sich natürlich noch allerlei; denn das Komponieren selbst, das oft sehr schnell geht, bringt manche eigene Entwicklung mit sich. Ein Teil wird dann plötzlich viel länger, als ich ihn geplant hatte, weil mir vielleicht zur Verständlichmachung eines Bildes mehr Wiederholungen nötig scheinen als vorher gedacht. Die Gesamtform muß stimmen; gerade ein so ausgedehntes Werk von über einer Stunde Dauer braucht stärksten Zusammenhang und strengste Formung.

Ich habe versucht, mit musikalischen Mitteln das deutlich zu machen, was Martin Buber mit seiner Übersetzung erreichen wollte. So ließ ich bei meiner Planung von vornherein zwei Möglichkeiten einer Textvertonung außer Betracht: Hätte ich Satz für Satz des Textes nach barocker Manier polyphon verarbeitet, wäre der Text im einzelnen nicht mehr verständlich geblieben; hätte ich die Erzählung am Text entlang Wort für Wort ins Musikalische übertragen, wäre eine langweilige, rezitativische, also ungeformte Musik herausgekommen. Früher wurde ein so großer Text aufgeteilt in Chöre, Arien und Rezitative. Doch damit hätte ich die Absichten Bubers durchkreuzt. Angelpunkt der Form wurden die gleichbleibenden Teile wie »Und Gott sah, daß es gut war« oder »Abend ward und Morgen ward: erster Tag . . .« Einen solchen Text konnte ich durch Wiederholungen zu einer bildhaften Wirkung entfalten. Zwischen die sieben Schöpfungstage schob ich Orgelmeditationen, die Übergänge bilden, die angesprochene Thematik fortführen und neue vorbereiten sollen. Der neunstimmige Chorsatz läßt verschiedenartige klangliche Wirkungen zu. Die Entwicklung geschieht nicht wie bei einer polyphonen Musik horizontal in der Zeit, der Klang entfaltet sich vielmehr vertikal im Raum. Zu dem sechsstimmigen Chor treten drei von ihm entfernt aufgestellte Echostimmen. Das ergibt eine Raumwirkung, bei der der reale Klang gleichsam ins Irrationale fortgesetzt wird. 1961 war das Werk fertig. Die Uraufführung fand in Kassel statt; es gibt eine gute Schallplattenaufnahme von der »Schöpfungsgeschichte«, gesungen vom Vocaal Ensemble Hilversum.

Diese beiden Kompositionen, die »Schöpfungsgeschichte« und Ihre Oper, machten Sie in weitesten Kreisen bekannt. Doch was war vorher? Welche kompositorischen Probleme beschäftigten Sie, können Sie mir vielleicht Kompositionen nennen, an denen man die Lösung einer kompositorisch-technischen Frage ablesen kann? In eine Frage zusammengefaßt: Wie verlief die Linie Ihrer musikalischen Entwicklung?

Ich möchte fast sagen, daß mein Leben in zwei Etappen verlief: Ich studierte zunächst in Berlin Schulmusik und kam so mit Fritz Jöde in Berührung. Jöde war damals Lehrer an der Akademie und hatte einen Kreis von jungen Komponisten um sich versammelt – den Kreis der Zwölf –, deren Kompositionen vorwiegend von der Norddeutschen Singgemeinschaft aufgeführt wurden.
Der junge Hindemith machte damals den stärksten Eindruck auf mich, und ich wollte auch später sein Schüler werden, woran mich dann allerdings die politische Entwicklung hinderte. So kam ich 1936 an die Preußische Akademie der Künste zu Max Trapp.
Ab 1939 unterrichtete ich in Breslau an der Universität angehende Schulmusiker im Fach Theorie. Doch dann mußte ich in den Krieg, vier Jahre lang. Vier Jahre nicht schreiben können, ist eine harte Probe. Und als endlich dieser entsetzliche Krieg zu Ende war und ich in Glonn bei München für

meine Familie und mich eine Unterkunft und als Leiter des Münchner Bachvereins sogar eine Stellung gefunden hatte, fing ich auch wieder an zu komponieren. Ich schrieb zunächst nur, um überhaupt erst einmal festzustellen, ob ich noch Komponist sei, also weiter nach dem Vorbild von Hindemith, Strawinsky, Bartók. Es entstanden ein Bratschenkonzert, das »Konzert für doppelchöriges Streichorchester und Pauken« und viele Lieder, wie z. B. die »Orpheussonette« nach Gedichten von Rilke. Ich hatte wieder Erfolg. Als der Südwestfunk mein »Konzert für doppelchöriges Streichorchester und Pauken« brachte und das positive Echo Schott veranlaßte, es sogleich in Druck zu nehmen, wußte ich: ich hatte den Anschluß wiedergewonnen!

Doch nach einigen Jahren hatte ich das Gefühl, daß mir dieses rein spielerisch-konzertante Komponieren nicht mehr genüge, daß ich es zu gut beherrschte, um auf dieser Linie weiterzuarbeiten. Ich hatte nun auch eine befriedigende Existenz gefunden: Mir war in Weimar die Leitung einer Kompositionsklasse angeboten worden. Doch schon im ersten Semester machte sich die Spaltung in Ost- und Westdeutschland schmerzlich deutlich, so daß ich nach Detmold übersiedelte. An diese Nordwestdeutsche Musikakademie hatte sich Wilhelm Maler ein ausgezeichnetes junges Kollegium zusammengeholt. Meine Frau, sie ist Sängerin, bekam eine Gesangsklasse anvertraut. Wir waren ein gut harmonisierender Kreis von Komponisten. Fortner kam hinzu, später auch Klebe. Als ich 1959, nach dreizehn Jahren in Detmold, die Berufung nach München bekam, übernahm Kelterborn, der einige Zeit auch mein Schüler war, meine Stelle.

Mein Lebenskreis hatte sich verändert, auch ich hatte mich verändert. Nach dem Kriege bekam ich neue Werke zu hören: die Zwölftontechnik interessierte mich. 1948 komponierte ich etwa ein Jahr lang überhaupt nicht, sondern beschäftigte mich nur eingehend mit allen möglichen Techniken. Meine erste zwölftönige Komposition war das 1949 komponierte »Zweite Streichquartett«. Im ersten Satz steuerte ich auf die zwölf Töne zu, die anderen Sätze sind dann in Reihentechnik komponiert, allerdings in einer persönlichen Abwandlung der Schönbergschen Lehre. Ich glaube schon, daß der Gebrauch der zwölf Töne heute unumgänglich ist, es gibt keine Musik mehr von Gewicht, die noch im Dur-moll-System geschrieben wird. Alle Komponisten, die heute etwas Wesentliches zu sagen haben, arbeiten mit zwölf Tönen. Wie ich allerdings mit diesen zwölf Tönen arbeite, ist meine Sache, es gibt da sehr viele verschiedene Möglichkeiten. Es müssen auch nicht immer nur zwölf Töne sein, es gibt schließlich noch mehr als zwölf Töne!

Ich habe also keineswegs die Schönbergsche Reihentechnik einfach übernommen, ich benutze sie vielmehr frei. Ausschlaggebend für die Wahl der Mittel ist die Idee des Stückes. Bei einer mehr spielerischen Musik werde ich sparsam sein mit den Ausdrucksmitteln; möchte ich differenzierte Dinge ausdrücken, werde ich dementsprechend kompliziert das Material handhaben.

In diesem Jahr des Studierens habe ich mich neben den Zwölftonstudien auch mit sehr alter und primitiver Musik beschäftigt. Dabei stieß ich

unter anderem auf die Lyrik der Neger. Ich faßte einige Negertexte im
»Gesang von den Tieren« zusammen. 1949 wurde diese kleine Kantate
im Neuen Werk in Hamburg aufgenommen. Meine Frau sang die Altpartie,
begleitet von Flöte, Klarinette, Cembalo und Handtrommel. Nach vorwiegend kultischen Texten schrieb ich die »Indianische Kantate« für Bariton,
Chor und ein etwas größeres Ensemble: drei Holzbläser, drei Celli, Kontrabaß, Cembalo und Schlagzeug. RIAS Berlin unter Generalmusikdirektor
König bespielte für die Deutsche Grammophon-Gesellschaft davon eine
Schallplatte. Kleine Tongruppen, die in der Schichtung übereinander oft
Zwölfton-Komplexe ergeben, bestimmen hier das Satzbild, das von der
primitiven Musik angeregt ist.

Ich habe eine Vorliebe für alte, archaische Texte, Sie sehen das ja auch an der
Wahl des Schöpfungsberichtes. Ich glaube, die Musik kann sich in diesem
Bereich freier entfalten als in der heutigen Sprache. So reizte es mich, die
»Sibyllinischen Weissagungen« in der Übersetzung von Wolters zu vertonen.
Auch in »Dies irae« sind die Weissagungen dieser griechischen Sibylle ent-
halten. Ich stellte einige zu einer größeren Kantate unter dem Titel »Ora-
culum« zusammen. Diese Kantate wurde auf dem ersten deutschen Chorfest
in Essen vom Rundfunkchor des NDR Hamburg und dem Hamburgischen
Staatsorchester uraufgeführt.

1955 schrieb ich einen Liederzyklus nach Gedichten von Lorca. Gleichzeitig
entstand ein Triptychon für Orchester, »Romanzero«, das sich mit der Lor-
caschen Lyrik auseinandersetzt. Ich glaubte bei diesem Werk, Form und
Sprache Lorcas durch die Umsetzung ins Instrumentale vielleicht noch freier
und deutlicher musikalisch gestalten zu können. »Romanzero« wurde 1956
in Dortmund uraufgeführt und seitdem oft gespielt.

Als Auftragskomposition des Westdeutschen Rundfunks Köln entstanden
die »Invocationen« für Orchester. Die Grundidee ist ähnlich der von »Romanzero«. Dort wurde Lorcas Sprache ins Instrumentale übersetzt, hier
wurden die Grundformen des Gebets übertragen: invocatio, lamentatio,
laudatio.

Es folgten noch viele Kammermusik- und Orchesterwerke, die ich nicht alle
aufzählen kann, bis zu den Opern »Hero und Leander« von 1966 und »Die
Geschichte von Aucassin und Nicolette« von 1969.

*Haben Sie so viel Freude an einer Opernkomposition gefunden, daß Sie
gleich zwei Opern kurz hintereinander komponiert haben?*

Ich habe eigentlich an jeder Arbeit ganz besondere Freude. Auch die Urauf-
führung meines Klavierkonzerts »Concerto lirico«, das ich im Auftrag des
WDR Köln nach »Hero und Leander« schrieb, erwartete ich mit großer
Spannung. Aber Sie haben in gewisser Weise schon recht: Ich habe eine starke
Beziehung zum Singen, zur Solostimme und auch zum Chor, obwohl die
Singstimme nicht zu all dem fähig ist, was ich mit Instrumenten darstellen
kann. Sie ist an gewisse Bezüge im tonalen Raum gebunden.

125

Meine zweite Oper nach einem Text von Tancred Dorst »Aucassin et Nicolette« ist als Gegenstück zu dem tragischen und großen Stoff von »Hero und Leander« konzipiert. »Aucassin et Nicolette« ist in der Form viel gelockerter, vom Spiel her experimenteller. Pantomime und Tanz sind eingeflochten. Der Text geht zurück auf eine altfranzösische chantefable eines anonymen Dichters aus dem 13. Jahrhundert. Schon im Original ist diese Geschichte ganz bezaubernd. Sie besteht aus Liedern und Erzählungen und handelt von einem französischen Prinzen und einer Mohrin, die nach vielen Irrungen und Wirrungen zueinanderfinden.

Das Ganze läuft in einzelnen lockeren Szenen ab. Drei Spielmacher, Antons genannt, erzählen in den Zwischenszenen vor einem Brecht-Vorhang die Geschichte und stellen sie pantomimisch dar. So erreiche ich eine improvisierte Art des Spiels in kleiner Besetzung und mit einem kleinen Orchester. Eine heitere Oper zu schreiben, finde ich fast etwas schwerer als großes tragisches Musiktheater zu machen, sie stellt den Komponisten vor schwierigere kompositorische Probleme.

Werkverzeichnis Günter Bialas

1936	Erstes Streichquartett	Manuskript
	Trio für Violine, Viola, Violoncello	Manuskript
1940	Konzert für Viola und Orchester	Manuskript
1942	»Alte Weisen im neuen Satz« für dreistim. gem. Chor a cappella	Schott, Mainz
	Drei Hochzeitslieder (Herder) für gem. Chor a cappella	Bärenreiter-Verlag
	Veni Creator Spiritus für fünfstim. gem. Chor a cappella	Christophorus-Verl.
	Eichendorff-Liederbuch für gem. Chor und zwei Gitarren	Bärenreiter-Verlag
1946	Drei Gesänge nach LiTai Pe für Alt und Flöte	Manuskript
	»Orpheus singt« für mittlere Stimme u. Orchester (Klavier)	Manuskript
	Trio für Flöte (Violine), Viola und Violoncello	Bärenreiter-Verlag
	Sonate für Violine und Klavier	Manuskript
	Sonate für Flöte und Klavier	Müller, Heidelberg = Bärenreiter
	Sonatine für Bratsche und Klavier	Manuskript
1947	Konzert für Flöte und Orchester	Müller, Heidelberg = Bärenreiter
	Konzert für Violine und Orchester	Bärenreiter-Verlag
	Konzert für doppelchöriges Streichorchester und Pauken	Schott, Mainz
1948	»Hetameron«, 7 Klavierstücke	Möseler

1949	Zweites Streichquartett	Möseler
	»Gesang von den Tieren«, Kammerkantate für	Möseler
	Alt, Flöte, Klar., Cem., Schlagzeug	
1950	»Indianische Kantate« nach Eingeborenen-Dich-	Möseler
	tungen für Bariton, Kammerchor, acht Instru-	
	mente und Schlagzeug ⊙ DG Musica Nova	
1954	»Oraculum«, Kantate nach den sibyllinischen	Möseler
	Weissagungen für Sopran, Tenor, gem. Chor und	
	Orchester	
1956	»Romanzero« für Orchester	Bärenreiter-Verlag
1957	»Invokationen« für Orchester	Bärenreiter-Verlag
	Serenata für Streicher ⊙ Bär BM 30 L 1517	Bosse-Verlag
	Lieder und Balladen nach G. Lorca für Sopran und	Bärenreiter-Verlag
	Klavier (Drei Lieder mit Orchester)	
1958	Quodlibet, Divertissement für Kammerorchester	Bärenreiter-Verlag
	Sonata Piccola für Violine und Klavier	Bärenreiter-Verlag
	Kanonische Etüden für zwei Flöten	Bärenreiter-Verlag
1960	Sinfonia Piccola für drei Bläser und Streich-	Bärenreiter-Verlag
	orchester ⊙ Bär BM 30 L 1517	
1961	Konzert für Klarinette und Kammerorchester	Bärenreiter-Verlag
	Im Anfang, Die Schöpfungsgeschichte (Buber)	Bärenreiter-Verlag
	für drei Echostimmen, 6stim. gem. Chor, Orchester	
	⊙ Bär BM 30 L 1308	
	oder: a cappella mit Orgelzwischenspielen	Bärenreiter-Verlag
	Sieben Meditationen für Orgel	Bärenreiter-Verlag
1962	»Oedipus, der Tyrann« (Sophokles), Musik zu den	Manuskript
	Chören und Zwischenspiele	
	Konzert für Violoncello und Orchester	Bärenreiter-Verlag
1963	»Lobet den Herrn« für gem. Chor, Gemeinde-	Christophorus-Verl.
	gesang und Orgel ⊙ Chr SCLX 75520	
	»Jorinde und Joringel«, ein Märchen mit Musik	Bärenreiter-Verlag
	(Grimm) für eine Frauen- und eine Männerstimme,	
	Kammerorchester	
	Partita für zehn Bläser	Bärenreiter-Verlag
1964	»Preisungen« nach Buber für Bariton und	Bärenreiter-Verlag
	Orchester oder Bariton und Orgel	
1965	»Da Pacem«, Choralmotette für zwei gem. Chöre,	Bärenreiter-Verlag
	3 Echostimmen, Gemeindegesang und Orgel	
1966	»Hero und Leander«, eine Oper in 7 Bildern	Bärenreiter-Verlag
	Musik für Harfe und Streicher (Harfenkonzert)	Bärenreiter-Verlag
1967	»Concerto lirico« für Klavier und Orchester	Bärenreiter-Verlag
	Symbolum (nach Goethe) für Männerchor und	
	Bläserquintett	
1968	Vier Impromptus für Violoncello und Klavier	Bärenreiter-Verlag

127

1969	Pastorale und Ronda für neun Instrumente (Nonett)	Bärenreiter-Verlag
1967/69	»Die Geschichte von Aucassin undNicolette«, eine Oper in 13 Bildern (Text von Tancred Dorst)	Bärenreiter-Verlag
1969	Drittes Streichquartett	Bärenreiter-Verlag

Grete von Zieritz

Voller Neugier hatte ich diese Begegnung erwartet: Ich sitze diesmal einer Frau gegenüber, zierlich und vital, von bezwingendem Temperament: Frau Professor Grete von Zieritz. Sie kam zu mir, weil man auch für ein Gespräch Ruhe braucht, und Ruhe bietet ihr ihre Wohnung gleich neben dem Tauentzien im Westen Berlins nicht.

In Rundfunksendungen oder in Kritiken wird immer wieder darauf hingewiesen, daß Grete von Zieritz eine »absolute Ausnahme« darstelle, daß sie »aus dem ohnehin kleinen Kreis von Komponistinnen eine der wenigen sei, die internationalen Ruf erlangt« habe.

Diese Tatsache stimmt mich nachdenklich, und es ist interessant, darüber Überlegungen anzustellen: Warum tritt die Frau im Bereich der schöpferischen Musik, in der Komposition, so selten hervor, obwohl sie doch, vor allem in unserem emanzipationsfreudigen Zeitalter auf fast allen Lebens-, Wissens- und Kunstgebieten sich durchzusetzen und Hervorragendes zu leisten versteht?

Wie konnte nun gerade Grete von Zieritz zu einer dieser Ausnahmen werden, so daß ihr 1958 der Österreichische Bundespräsident für ihre Leistung als Komponistin den Professorentitel verlieh, und daß 1967 die Autographen-Partitur ihres Tripelkonzerts während einer Ausstellung »Schätze und Kostbarkeiten der Österreichischen Nationalbibliothek« in einer Vitrine neben Debussy und Hindemith ausgelegt war?

Das Lebensbild, das sie mir in kurzen Worten gab, zeigt die unerbittliche Konsequenz, mit der sie sich für die Komposition entschied. Alle Einflüsse, die sich in irgendeiner Weise – und seien sie noch so persönlicher Art – störend auf ihre Arbeit hätten auswirken können, hielt sie auf das Entschiedenste von sich fern. 1912, also bereits mit dreizehn Jahren, als sie als pianistisches Wunderkind in Graz das A-Dur Klavierkonzert von Mozart in einem öffentlichen Konzert spielte, schien ihr das »einfache Herunterdrücken der Tasten« nicht zu genügen. Noch während der Schulzeit begann sie am Steiermärkischen Musikverein in Graz – wohin der Vater als General von Wien aus versetzt war – Kompositionsunterricht zu nehmen mit allen theoretischen Fächern, die einen solchen Unterricht untermauern. Mit achtzehn Jahren legte sie dort die Reifeprüfung in Komposition mit Auszeichnung in allen Fächern ab. Anschließend wurde ihr in Graz die Leitung einer Pianistenklasse angeboten, die sie jedoch ablehnte. In Berlin – sie wollte dort in einem Kursus bei Martin Krause ihre pianistischen Fähigkeiten vervollkommnen – wurde sie Franz Schreker vorgestellt, dem damaligen Direktor der Berliner Musikhochschule. Grete von Zieritz blieb in Berlin, studierte von 1926–1931 in der Meisterklasse von Franz Schreker Komposition und lebt von da an, seit nun mehr als fünfzig Jahren, als freischaffende Komponistin und Pianistin in Berlin.

Noch während ihres Studiums bei Franz Schreker wurde ihr 1928 für ihre »Vier geistlichen Lieder für Bariton, Flöte und Klavier« der Mendelssohn-Staatspreis verliehen; im gleichen Jahr errang sie das Schubert-Stipendium der Columbia Phonograph Company New York.

Liebe Frau Professor von Zieritz, ehe Sie überhaupt begannen, in Berlin bei Franz Schreker Komposition zu studieren, hatten Sie mit der Aufführung Ihrer »Japanischen Lieder« im Jahre 1921 einen großen Erfolg errungen. Wie kam es zu dieser Aufführung?

Ich hatte, bevor ich nach Berlin zu Franz Schreker ging, in Graz bereits ein Kompositionsstudium absolviert. Der Direktor des Steiermärkischen Musikvereins, Roderich von Mojsisovisc, unterrichtete mich – zum Teil in Privatstunden, für die ich nicht zu bezahlen brauchte – in allen theoretischen Fächern wie auch in Komposition. Er selbst war ein Komponist der Spätromantik; das ist verständlich, da er bei Reger und Thuille studiert hatte. Ich erlernte bei ihm ein gutes technisches Rüstzeug, konnte aber auch echte Empfindungen entfalten. Ich halte es rückblickend für besonders wichtig, daß er mein Gefühl – das Gefühl einer damals Dreizehnjährigen – nicht verfälscht oder gar verdorben hat. Der Einfluß eines Lehrers kann in diesen Entwicklungsjahren besonders gefährlich sein.
Ich fuhr nach Berlin nicht in der Absicht, weiter Komposition zu studieren, ich wollte vielmehr bei Martin Krause, er war einer der letzten Lisztschüler, an einem Pianistenkursus teilnehmen.
Als Reiselektüre für die Fahrt von Wien nach Berlin hatte mir meine Großmutter ein Reclamheft mit japanischen Gedichten und Novellen in die Hand gedrückt. Ich las sie die Nacht über im Zug, und als ich in Berlin ankam, warf ich alle Koffer hin, packte nichts aus, sondern setzte mich hin und komponierte in zwei Tagen fünfzehn Gedichte. Eine Vision leitete mich, ein weißes Schemen saß hinter der Stirne zwischen meinen Augenbrauen und sagte gebieterisch: Hier diese Note, dort jene! Die »Japanischen Lieder« wurden mein erster großer Erfolg. Sie wurden 1921 in der Berliner Singakademie im »Anbruch« uraufgeführt, zusammen mit einem Streichquartett von Krenek, der Schüler von Schreker war. Eine noch nettere Erinnerung habe ich aber an die Uraufführung meiner »Vogellieder«, die Erna Sack 1936 in einem Symphoniekonzert der Sächsischen Staatskapelle in der Dresdener Staatsoper unter Karl Böhm mit Friedrich Rucker, Flöte, sang. Um ihre sensa-

tionell hohe Stimme zu zeigen – »die Leute kommen, um meine hohen Töne zu hören, dafür bezahlen sie ja« –, tauschte sie in der großen Kadenz die Singstimme gegen die Flötenstimme und erreichte ungeahnte Höhen.

Franz Schreker hatte von dem Erfolg der »Japanischen Lieder« gewußt, als Sie ihm in Braunschweig, im Hause Grotrian-Steinweg vorgestellt wurden. Er hat Sie sicher sehr gern in seine Meisterklasse für Komposition aufgenommen. Es geht von ihm aber die Erzählung, daß er seinen Schülern gegenüber sehr streng und distanziert gewesen sei. Erlaubte er, daß seine Schüler bereits während ihrer Studienzeit ihre Kompositionen aufführen ließen, oder speziell zu Ihnen: Hatten Sie während Ihrer Studienjahre bei Schreker Aufführungen Ihrer Arbeiten?

Die Arbeiten der Kompositionsschüler wurden in Hochschulkonzerten aufgeführt. Außerhalb der Hochschule waren Aufführungen nur in Ausnahmefällen erlaubt. Ich bot einmal, ohne sein Wissen – er war verreist – meine »Passion im Urwald« zur Uraufführung in einem Symphoniekonzert an. Schreker wohnte der Aufführung zufällig bei, ich sah meinen Abschied von der Hochschule in nächste Nähe gerückt, doch trotz seiner Verblüffung über eine solche Eigenmächtigkeit eines Schülers war er von der Arbeit und dem Erfolg sehr beeindruckt.

Sie haben immer als freischaffende Komponistin gelebt. Ist ein solches Leben nicht unsagbar schwer und voller Entbehrungen?

Ja, es ist schwer, man muß ja auch leben. Man ist als freischaffender Komponist auf Aufträge angewiesen; denn ohne ein Existenzminimum hat man nicht die innere Ruhe, die zum Komponieren mindestens ebenso nötig ist wie äußere Stille. Schreker prägte einmal den treffenden Ausspruch: »Schade, daß sie kein Mann ist, sie wird es sehr schwer haben!« Im Gegensatz zu meinen männlichen Kollegen, denen ein eklatanter Skandal häufig zur geschickten Reklame gereicht, darf ich mir als Frau keinen Mißerfolg erlauben. Aber ich möchte auch keinen Skandal. Ich habe jeder geschriebenen Note gegenüber ein Verantwortungsgefühl, das hat mich Schreker gelehrt. Auch dem Publikum gegenüber fühle ich mich verantwortlich. Die Kluft zwischen dem Komponisten und dem Publikum ist ohnehin heute schon groß genug. Ich möchte das Publikum nicht vor den Kopf stoßen. Das bedeutet aber nicht, daß ich jemals Konzessionen zu machen gewillt wäre, Konzessionen weder in der Komposition noch im Anspruch auf beste interpretatorische Leistung; denn darunter würde mein Stück leiden!
Wo finden Sie heute ein Werk, in dem jede Note ihre Notwendigkeit beweist? Gewiß, jeder Komponist wird sicherlich mit einer »guten Konstruktion« ins Diskussionsfeld rücken, doch wenn man an einem Stück eine gute Konstruktion entdeckt, wer sagt mir, daß diese Konstruktion nötig war?
Ich glaube, meine Musik kommt bei dem Publikum so gut an, nicht, weil ich es etwa mir oder dem Zuhörer leicht mache und »eingängig« schreibe –

ich glaube, daß ich oft sogar eine härtere Sprache spreche als viele meiner männlichen Kollegen, sie brauchen nicht einmal älter zu sein als ich! –, sondern weil meine Musik eine ganz persönliche Sprache spricht, eine ganz persönliche Aussage hat und sich nicht nach modischen Prinzipien richtet, die sich in den meisten Fällen sehr schnell überleben. Ich bin kein Experimentierkomponist, ich bin ein Musikerkomponist, der sich an ein Publikum von Musikliebhabern wendet. Man muß in sich selbst hineinhorchen und den Weg finden, den einzigen Weg, der einem ganz persönlich adäquat ist. Dadurch passe ich natürlich in keine zeitgenössische oder historische »Schablone«, wie es eine Kritikerin ganz richtig sagte.

Gibt es irgendwelche Komponisten, klassische oder moderne, die Ihnen Vorbild waren?

Ich hatte eigentlich niemals in meinem Leben ein musikalisches Vorbild. Ich lege auch größten Wert darauf, mich von niemandem beeinflussen zu lassen. Ich schreibe meinen Stil, der an niemanden gebunden ist, und suche immer die letzte Form meiner momentanen Entwicklung zu erreichen; denn die hört bei einem Komponisten ja niemals auf. Und mit fortgeschrittenem Alter verläuft meine Entwicklung nicht um das Geringste langsamer. Im Gegenteil: Meine Musik wird immer konzentrierter, sie wird zur geballten Kraft. Mir stellt sich immer wieder die Aufgabe, das innere Hören mit dem Bild in Einklang zu bringen, das ich in den meisten Fällen von einem Stück habe. Denn in sehr vielen Fällen ist für meine Musikproduktion eine Vision, ein Bild ausschlaggebend. Ich bin zwar nicht in der Lage, auch nur ein Blatt zu zeichnen, obwohl meine direkten weiblichen Vorfahren gute Malerinnen gewesen sind, keine Sonntagsmalerinnen, sondern studierte, anspruchsvolle Maler, aber vielleicht hat sich diese schöpferische Begabung bei mir einfach in Musik umgesetzt. Denn auch ich muß sehen, aber dann höre ich. Dann brauche ich nur noch ein Stück Notenpapier und absolute Ruhe, damit ich mich in diesen Dämmerzustand versetzen und der Strom fließen kann. Ich muß das Bild festhalten, dann kommt die Musik meist von selbst, während des Schreibens.

Können Sie einige Beispiele einer solchen Vision geben?

Professor Geuser wünschte sich einmal von mir ein Stück für Klarinette und Klavier. Ich freute mich sehr über diese Bitte, denn zu den Blasinstrumenten, wie zu der menschlichen Stimme, habe ich ein besonderes Verhältnis, sind sie doch durch Luft kosmisch verbunden. Ich hatte zwar zu dieser Zeit gerade die Proben im RIAS für meine »Hornvariationen über Signale und Märsche der alten k. u. k. österreichisch-ungarischen Monarchie« und wollte mich ganz dieser Aufgabe widmen, . . . da plötzlich befiel mich ein ganz merkwürdiger Zustand, meine Beine versagten den Dienst, denn ich flog, flog und sah mich oben in einer merkwürdigen Umlaufbahn als Rakete. Meine »Musik für Klarinette und Klavier« trägt folgendes Motto: »Bei 100 km Höhe verliert die Atmosphäre ihre Fähigkeit, das Licht zu zerstreuen, der Himmel verliert seine Farbe, die Finsternis des Weltraums überfällt den Menschen, der bis hierher vordringt.« (Aus: »Du wirst die Erde seh'n als Stern« von Wolfgang D. Müller.) Ich beendete das Werk am 27. April 1957. Dieses Datum ist insofern erwähnenswert, weil erst ein halbes Jahr später, bekanntlich am 4. Oktober 1957, der erste sowjetische Sputnik in den Raum startete.

Die Entstehung der Komposition erfolgte absolut unter einem bohrenden, inneren Zwang. Was heute täglich die Spalten der Blätter füllt, lag damals für die breite Öffentlichkeit, die nicht beruflich im Dienste der Wissenschaft an der Erschließung des Weltraums arbeitete, ziemlich im Dunkel. Es muß daher die Ahnung kommender Ereignisse von weltweiter Bedeutung gewesen sein, die meine Phantasie so sehr beflügelte, daß sie den bisher gewohnten, mit beiden Füßen betretbaren irdischen Raum verlassen konnte.

Der erste Satz, »Aufbruch« betitelt, ist ein motorisches Stück, das den Raketenstart versinnbildlicht. Die drei übrigen Sätze, «Vor den Spiegeln«, »Entrückung«, »Das fliehende Licht«, spielen im Raum, in den Bereichen der Schwerelosigkeit. Die musikalische Sprache ist keinem bestimmten Dogma verpflichtet. Die »Entrückung« ist am Rande zwölftönig orientiert, aber mehr im pythagoreischen Sinne, im Hinblick vielleicht auf seine Harmonie der Sphären. Es ist unglaublich kräftezehrend, das Bild festzuhalten, der Alltag reißt mich immer wieder heraus, hinzu kommt, daß ich ja essen, daß ich schlafen muß. Ich dürfte niemals abbrechen müssen, ich müßte »oben« bleiben können. Und wenn das Werk geschrieben ist, dann falle ich zusammen, dann muß ich ja hinunter. Ich habe dabei irrsinnige Entfernungen zu durchmessen, und alles ist wieder furchtbar schwer auf dieser Erde, die ich ja an und für sich hasse, weil sie mich quält.

Dieser »Musik für Klarinette und Klavier«, die als absolutes Musikstück betitelt ist, liegt eine Vision, eine Idee zugrunde, die Sie durch die Musik auszudrücken versuchen. Fast alle Ihre Kompositionen stellen ein dramatisches Geschehen dar, ich denke dabei vor allem an Ihre zwei Szenen für Violine und Klavier, bzw. Orchester: »Der verurteilte Zigeuner« und »Ligäa, die Sirene«, die – ohne Worte – nach der gleichnamigen Novelle von Lampedusa komponiert wurde. Liegt da nicht die Idee der Programmusik nahe?

Es ist für mich sehr wesentlich, daß meine Kompositionen nicht der Programmusik zugeordnet werden. Konzertaufführungen, die das Publikum ohne Kommentar mit meinen Kompositionen konfrontieren, haben bewiesen, daß sie auch als absolute Musik verstanden werden. Ich male keine Bilder, das würde die musikalischen Belange nur schädigen. Ich stelle mit den Mitteln der Musik seelische Situationen dar. Man könnte die Szenen, die Sie eben erwähnten, dann eher als »Hör-Spiele« bezeichnen. Bei der ersten Aufführung der »Musik für Klarinette und Klavier« hat man die Entstehungsgeschichte als Einführung gebracht, bei der zweiten schon nicht

133

mehr. Die Leute hörten die Musik absolut. Das finde ich richtig so: Trotz meiner Vorstellungen ist es ja auch absolute Musik, Kammermusik in diesem Falle. Wenn einzelne Hörer dabei selbst ihre Phantasie schweifen lassen und etwas Bestimmtes herauszuhören glauben, so freue ich mich darüber, egal, ob es nun meinem Bilde entspricht oder nicht.

Es muß aber nicht immer eine Vision sein, die einer Komposition zugrunde liegt. Es kann auch ein bestimmtes Material sein, um das ich ein Stück baue. Ich werde als Beispiel dafür etwas über meine »Hornvariationen« sagen. Die Einleitung der – um den Titel genau zu sagen: »Variationen über Signale und Märsche der alten k. u. k. österreichisch-ungarischen Monarchie für Horn und Klavier« (komponiert 1956) – beginnt mit der Retraite und verschiedenen Signalen, die ineinander kontrapunktisch verwoben werden. Es folgen variiert der Wallonenmarsch aus dem Jahre 1763 und der alte Zapfenstreich, 18. Jahrhundert. Nach einem Zwischenspiel des Horns leitet das Klavier zum Trenck-Pandurenmarsch über. Die Melodie stammt von dem Pandurenoberst Freiherrn v. d. Trenck. Ich fand diese Melodie im Kriegsarchiv in Wien. Den Varianten dieser Marschmelodie ist ein ziemlich breiter Raum gewidmet. Es folgt der Rakoczy-Marsch, der mit pp-Bässen im Klavier beginnt. Im Verlauf kündigt sich der Radetzky-Marsch an, der mit dem Rakoczy-Marsch in verschobenen Rhythmen kontrapunktiert, bis er deutlich erkennbar als Radetzky-Marsch den Schluß des Stückes bildet. Die musikalische Sprache dieses Werkes paßt sich dem Melos der Märsche an, um eine allzu große Diskrepanz zwischen Thema und Varianten zu vermeiden.

Auch dazu hatte ich ein Bild, diesmal war es der wilde Pandurenoberst v. d. Trenck, ein Vetter des preußischen Trenck, ein Wüstling, den Maria Theresia wegen seines Lebenswandels hatte einsperren lassen. Ich mußte in diese Zeit hineinhorchen, sie auf mich wirken lassen. Der finstere dämonische Mensch drückte dem ganzen Werk sein Siegel auf. Er war stets dabei. Ich sprach ihn an!

Phantasie überbrückt Zeit und Raum. Man kann in der heutigen Zeit die Welt der Maria Theresia erleben, man kann im Norden südländische Leidenschaften musikalisch auferstehen lassen. So schrieb ich vor drei Jahren, angeregt durch Lampedusas Novelle, »Ligäa, die Sirene« in den Dünen der Nordsee. Sinfonisch erweitert, als Konzertstück für Solovioline und Orchester, wurde daraus meine »Sizilianische Rhapsodie«. RIAS Berlin brachte sie im Forum der Neuen Musik. Koji Toyoda spielte die Geige, die die Rolle der Sirene darzustellen hat. Er spielte sie so, daß man die Sirene sehen konnte. Ich hatte ihm in den Proben gesagt, er müsse ein geigender Schauspieler sein! Ein singender Schauspieler ist für uns heute eine Selbstverständlichkeit, das verlangen wir auf jeder Bühne, aber einen instrumentalen Schauspieler findet man selten. Er hat es großartig gemacht! Ich schrieb dazu noch eine Ballettfassung, damit das Werk als Kurzballett eventuell auch an kleineren Bühnen aufgeführt werden kann. Die Solovioline wird hier aufgeteilt in die ersten und zweiten Orchestergeigen. Früher habe ich viele Werke geschrieben, die das Klavier als gleichberechtigten Partner oder als Begleitinstrument verwendeten. Dann übernahm ich meistens den Klavierpart selbst, ich konnte also das Werk leiten und bekam das Pianistenhonorar.

Spielen Sie auch heute noch öffentlich Klavier? Im Radio hörte ich Aufnahmen »mit der Komponistin am Flügel«, wie es so schön heißt.

Das sind alte Aufnahmen. Ich spiele heute nicht mehr meinen Klavierpart selbst: ich habe für die Pianistik nicht mehr soviel Zeit. Denn neben der kompositorischen Arbeit habe ich meinen Nachlaß zu ordnen, den die Musiksammlung der Österreichischen Nationalbibliothek von mir erst teilweise erhalten hat. Sie will ein Lebensbild von mir aufbauen, und ich schicke ihr Autographen und Erstausgaben. Eine Originalkritikensammlung von 1913–1965, die 7 Leitzordner umfaßt, hat die Österreichische Nationalbibliothek schon erhalten. Die Autographen sehe ich selbstverständlich auf Fehler durch, ich ändere jedoch nichts an den Kompositionen.

Die Etappen der Entwicklung, in der ein Komponistenleben verläuft, machen ein Lebensbild ja erst interessant. Klar abzugrenzen sind diese Etappen sowieso nicht. Das ist eine Frage der gleitenden Lebensentwicklung.

Welche musikalischen Stilmittel verwenden Sie für Ihre Kompositionen?

Ich verwende für meine Stücke die Stilmittel, die mir für ein bestimmtes Werk geboten scheinen. Wenn ich eine persönliche Aussage machen möchte, kann ich mich nicht auf eine Universaltechnik festlegen. Ich setze alle uns heute zur Verfügung stehenden musikalischen Techniken jeweils dort ein, wo es die Diktion des Stückes erfordert. So benutze ich Vierteltöne, zwölftönige Passagen, chromatische Reihen u. ä. Mein »Radikales Quintett für Trompete, Tenorposaune, zwei Klaviere und Schlagzeug« (auch die Klaviere werden als Schlaginstrumente benutzt), ein Kompositionsauftrag des SFB 1959, konnte ich in keiner anderen Technik als der Zwölftonmusik konzipieren. Es ist ein musik-politisches Zeitstück in grellstem Colorit. Der erste Satz, »Positionen« betitelt, beginnt mit einem Beckenschlag und dem Spiel beider Klaviere im höchsten Diskant und im tiefsten Baß. Die Positionen wechseln, wie sich Klingen kreuzen. Im zweiten Satz »Marsch seit 1914« steigen aus dem gespenstischen Pianissimo der kleinen Trommel die vergangenen Jahrzehnte auf. Es ist der Marsch in den Krieg, in die Gefangenschaft, in die klirrenden Ketten der Konzentrationslager. Der zweite Satz endet spukhaft, wie er begonnen.

Der dritte Satz »Palaver«: Über große Menschheitstragödien hinweg sucht man in endlosen Gesprächen Verständigung.

Wenn ich hier die Dodekaphonie streife, so streiche ich trotzdem die Musik im traditionellen Sinne nicht ab, ich arbeite kontrapunktisch im Sinne von einst und jetzt, es gibt Spiegelreflexe und Kanons. Das ist hier nötig. Aber sowie es monoton werden könnte, lasse ich wieder rein musikalische Belange sprechen. Diese Freiheit, aufhören zu können, wann ich will, mich niemals wiederholen zu müssen, möchte ich mir bewahren.

Erzählen Sie, bitte, noch etwas über Ihre Kompositionen. . . .

1956 schrieb ich mehrere Zigeunermusiken. »Zigeunermusik für Sopran, Flöte, Violine und Klavier« war das erste Stück. Darauf folgte »Der verurteilte Zigeuner«, eine Szene für Violine und Klavier. »Die Zigeunerin Agriffina« für dramatischen Koloratursopran und großes Orchester besteht aus sechs Gesängen. Das erste Gedicht zeichnete Puschkin auf, es ist der wilde Text einer russischen Zigeunerin, fünf Gedichte entnahm ich siebenbürgischen und südungarischen Zigeunertexten. Auf den Erfolg der Zigeunermusik hin erhielt ich einen Rundfunkauftrag, für das Kiermeier-Ensemble ebenfalls ein Zigeunerstück zu komponieren. Da das Kiermeier-Ensemble gehobene Unterhaltungsmusik spielte, machte ich mir den Spaß, einmal ganz populäre Zigeunermusik mit allen Schluchzern und rhythmischen Schleifern zu schreiben. Unter dieses Stück setzte ich aber doch lieber meinen Namen nicht, ich ließ es unter einem Pseudonym veröffentlichen.

Eines meiner erschütterndsten Erlebnisse war die Komposition von »Le violon de la mort«, einem Werk, das durchweg aus einer zwingenden Vision entstanden ist. Diese Danses macabres sind als Duo Concertante für Violine und Klavier, aber auch mit Orchester und als Ballett aufführbar.

Es war Sommer 1951. Infolge der schweren Erkrankung meines Vaters und in der Erkenntnis, daß sein Leben nicht zu retten sein würde, befand ich mich in einer schweren seelischen Depression. Da hatte ich ein einmaliges Erlebnis. In einer menschenleeren, einsamen Hochgebirgsgegend hörte ich plötzlich eine Geige. Es war ein wildes, sehr akzentuiertes Spiel von jemandem, der alles kann, ohne je üben zu müssen. Ein Klirren war in den Tönen, das mir besonders deswegen auffiel, weil es von einer menschlich-fleischigen Hand nicht ausgehen konnte. Ich ging dem Rätsel dieses Geigenspiels nach und plötzlich sah ich ihn – den Tod. Er lachte, während er spielte. Aber es war der Bann um ihn. Ich durfte nicht näher kommen. So setzte ich mich in ungefähr zehn Meter Entfernung, schrieb mit, was er spielte und änderte auch später an dieser Aufzeichnung des ersten Satzes nichts. Sein Motto lautet: »Der Tod ist stärker als das Leben! Er steht im Tor des Eingangs zur Unendlichkeit mit seiner Geige.«

Ich kam in die Stadt. Die folgenden vier Sätze sind nicht vom geigenden Tod diktiert, wohl aber von ihm inspiriert. Mittelalterliche, expressive und emotionelle Aspekte zeigen sich darin. Die Mottoworte des zweiten Satzes »Marche des ombres«: »Die junge Braut dringt ein in das Reich der Schatten. Verzweifelt sucht sie ihren Geliebten. Plötzlich steht der Tod vor ihr, überlebensgroß, im schwarzen Faltenwurf. Vergebens sucht sie zu entfliehen. Er rührt sie an.«

Der dritte Satz: »Valse«. In der grotesken Gestalt des Gevatter Tod bittet er das Mädchen zum Tanz, der allmählich in wilde Raserei ausartet. Das Mädchen stirbt an diesem Tanz.

Der vierte Satz: »Lamentation«. Der Tod hat sich an das Mädchen verloren. Weinend trägt er die Tote hinab in sein Reich. Er kann sie nie mehr erwecken.

Es ging zu Ende mit den Kräften meines Vaters. Ich schrieb an der wilden und schmerzlichen Kadenz – irgendwo ertönt eine dunkle Glocke –, ich fühlte, daß mein Vater bald den letzten Weg antreten würde.

Der fünfte Satz, »Cancan phantastique«, trägt die Mottoworte: »Ergrimmt über seine Ohnmacht sucht der Tod nach neuen Opfern. In einer düsteren Herberge fegt er im Kehraus mit einem riesigen Besen über Tische und Bänke hinweg.« Mit dem Cancan endet das Werk.

1952 führte ich das Stück zusammen mit Professor Lessmann in der Fassung für Violine und Klavier im Amerika-Haus, Berlin, auf. Ich hatte Professor Lessmann gesagt, er müsse »den Tod spielen«, und zwar so, wie ich ihn damals gehört hatte, klirrend, wie mit Knochenfingern. Bei dieser Uraufführung passierte es: Als ich den Saal betrat, saß mein Freund, der Tod, auf dem Flügel in einem karminroten Gewand, lachte und erwartete unser Spiel. . . . Ich habe noch lange mit dem Tod gelebt.

Zum Abschluß möchte ich Ihnen noch von zwei Kompositionen erzählen, die mir besonders am Herzen liegen: das sind meine Chorwerke. Ich habe einmal die »Kosmische Wanderung«, ein Chorwerk mit Pauken und Schlagzeug von 1968. Zwei Jahre vorher hatte ich ein großes Chorwerk in drei Teilen komponiert, das sich dem Problem der Völkerverständigung widmet und daher ein internationales Publikum anspricht.

Dieses Chorkonzert-Programm für achtstimmigen a-cappella-Chor komponierte ich 1966 nach alten Azteken-Texten, Negerlyrik und portugiesisch-spanischen Gesängen. Die Azteken-Texte, die den ersten Teil ausmachen, hatten mich so bezaubert, daß ich sie einfach komponieren mußte. Ich entschied mich für einen Blumen- und einen Klagegesang. Hinzu kommt die Gegenüberstellung Christentum – Heidentum. Cortez erobert Mexiko und bringt den Azteken den Christenglauben. Die Azteken hängen an ihren Göttern, noch wissen sie mit dem neuen Gott nichts anzufangen. Die spanischen Mönche versuchen die Eingeborenen zu bekehren. Das ergibt eine faszinierende Überschneidung, auch in kompositorischer Hinsicht. In die Chöre der Heiden, teilweise gesprochen in Silbensprache, fallen die Chöre der Mönche. Es gab im 16. Jahrhundert einen Komponisten, Don Francisco Placido, der das Lied von Christi Geburt 1553 komponiert hatte, nur ist es leider in keinem Museum der Welt zu finden.

Ich wanderte in die wunderbarste Farbenwelt hinein, in ein Paradies der Blüten und Vögel, aber auch in unheimliche Tempel mit einem erbarmungslosen Kult.

Die sieben Negerchöre, die ich in die Mitte des Chorkonzert-Programms stellte, entnahm ich vor allem den Gedichtbänden »Meine dunklen Hände« und »Schwarzer Orpheus«. Diese Gedichte stellen den Neger in seiner Welt dar, mit seinen Zweifeln und seinen Fragen an den weißen Bruder. Ich versetzte mich in diese eigenartige Welt – in die Wüste, in deren Sand die Schlange ihre einsamen Linien zieht. Ein faszinierender Rhythmus prägt diesen Teil des Chorkonzertes.

Die »Portugiesisch-spanischen Gesänge« sind von Käte Moslé, die als Halbjüdin in der Hitlerzeit verfolgt und gequält wurde.

Dreimal Gegensätze, dreimal Feindschaft: besungen wird die Überwindung des Hasses, die Verständigung zwischen Menschen und Rassen.

Wie ich es physisch bezwinge, Wochen um Wochen diesen Strom, dieses Leben in einer anderen, einer fremden Welt auszuhalten, kann ich nicht erklären. Ich komponierte dieses Konzert während meiner Ferien in den Bergen. Um Ruhe zu haben, ließ ich mir in 850 m Höhe zwischen zwei Bäumen eine Hütte bauen. Dann kam der September, und ich konnte nicht mehr in den Bäumen sitzen, ich mußte den Waldbach verlassen, der die Geräusche der Menschen mit fortnahm: denn auch die Bergbauern spielen in ihrer Einsamkeit andauernd Radio!

Als ich vor mehreren Jahren einmal in Sankt Peter-Ording an der Nordsee einen verregneten Sommerurlaub verbrachte, gab es dort eine Attraktion, zu der trotz ungeheuren Gewittergusses viele interessierte Leute gekommen waren: Die Komponistin Grete von Zieritz gab einen Tonband-Abend mit eigenen Kompositionen. Diese Veranstaltung zu organisieren, muß Sie viel Zeit und Kraft gekostet haben. . . .

Ich halte es für unbedingt nötig, die Hörer immer wieder mit zeitgenössischer Musik zu konfrontieren. Ich denke jetzt nicht so sehr an die Musik der Avantgarde, – diese meist experimentelle Musik kann ich fast jeden Tag im Rundfunk einschalten, – ich denke vielmehr an die neue Musik der Mitte. Seit Jahren setze ich mich deshalb für Tonbandkonzerte ein. Sie könnten dieses Hauptübel des heutigen Musiklebens etwas lindern helfen. Allerdings müssen sich Gema, Rundfunk und die großen, tragenden Kulturorganisationen dafür auch einsetzen. Durch Vorträge, Interviews mit den anwesenden Komponisten und Erläuterungen der Komponisten zu ihren Werken könnten diese Tonbandkonzerte sehr abwechslungsreich gestaltet werden. Die von einer Jury auszuwählenden Tonbänder wurden ja von erstklassigen Interpreten aufgenommen. Welche kleinere Provinzstadt hat z. B. die finanziellen Mittel, große berühmte Sänger oder Instrumentalisten zu bezahlen? Denn nicht nur in den Großstädten soll das Publikum die Möglichkeit haben, moderne Musik zu hören, auch in kleinere Städte und sogar Landgemeinden könnte auf diese Weise die moderne Musik hineingetragen werden. Ein Komponist lebt heute gefährlich, wenn er glaubt, um der Sensation und Experimente wegen (von morgen und übermorgen) diesen Beruf auszuüben.

Ein versnobtes Publikum wird ihm wohl zeitlich begrenzt Gefolgschaft leisten, aber die breite Masse der Musikhungrigen, auf die es ankommt, um dem Komponisten nach seinem Tode das ewige Leben zu schenken, geht leer aus.

Nichts würde ich mehr herbeisehnen, als die Schließung der tiefen Kluft, die sich heute zwischen lebenden ernsten Komponisten und dem Publikum aufgetan hat. Man müßte sehenden Auges die Wurzel des Übels erkennen und sie beseitigen.

Werkverzeichnis Grete von Zieritz

1915	Wiegenlied (Ibsen) für Sopran und Klavier	
1916	Streichquartett	
1916/17	»Bergthora«, Ouverture für großes Orchester, Orgel und Frauenchor auf eigene Texte	
1919	»Japanische Lieder« für Sopran und Klavier	Ries & Erler
	5 kurze Skizzen für Klavier	
1921	Fantasie in zwei Sätzen für Violine und Klavier	
	3 Lieder für Tenor und Klavier	
	Drei Fugen für Klavier	Ries & Erler
1924	»9 Lieder des Hafis« für Bariton und Klavier	
	Präludium und Fuge für Klavier	Ries & Erler
	Doppelfuge cis-moll für Klavier	
	»Muse der Kerkyra«, 3 Gesänge für hochdram. Sopran und Klavier	
	2 Gesänge (Julius Franz Schütz)	
1926	4 geistliche Lieder für Bariton, Flöte und Klavier	
	2 Stücke für Streichquartett	
	Suite für Klavier in 4 Sätzen	
	Tripelfuge für Streichorchester	
	2 Fugen für Klavier	Ries & Erler
1927	»Kinderlied« (Knaben Wunderhorn) für Sopran und Klavier	
	»Amore«, 6 Gesänge für Alt und Klavier (eigene Texte)	
1928	I. Klaviersonate	
	Symphonische Musik für großes Orchester und ein Soloklavier (Fragment)	
1929	»Der 60. Psalm« für Bariton-Solo, gem. Chor und großes Orchester (Fragment)	
1930	4 Lieder auf Texte von Agnes Miegel für Sopran und Klavier	
	»Passion im Urwald«, 6 Gesänge auf eigene Texte für Sopran und Orchester	
1932	»Intermezzo diabolico« für großes Orchester	
1933	»Fiebergesichte« (Hamsun), 6 Lieder für Alt und Klavier	

	»Vogellieder« für Koloratursopran, Soloflöte und Orchester, 5 Gesänge	
	»Bokelberger Suite« für Flöte und Klavier	Ries & Erler
1935	6 Gesänge (George) für Bariton und Streich-quartett	
	5 Gesänge (Nietzsche) für 4 Singstimmen und Klavier	
1936	»Bilder vom Jahrmarkt« für Flöte und Klavier	Ries & Erler
1936/37	»Hymnus der Erde«, 6 Gesänge für Sopran und Orchester	
1937	Suite in vier Sätzen für Fl., Ob., Klar., Fag., Klav.	
	»Bilder vom Jahrmarkt« für Soloflöte und Orchester	Ries & Erler
1937	»Musik der Pferde«, Orchestersuite	
1935/38	6 Kinderlieder	
1938	»Das ewige Du« (v. Below), 8 Gesänge für Alt und Klavier	
1939	Sonate für Bratsche und Klavier	
1940	»Das Gifhorner Konzert« für Flöte, Harfe und Streichorchester	
	»Dem Sonnengott« (Hölderlin), 4stim. a-cappella Frauenchor	
1941	»Nachtwachen der Liebe« (Schütz), 3 Gesänge für Bariton und Klavier	
1942	5 Sonette der Louize Labé für Sopran und Klavier	
1943	5 Lieder (Rilke und Hesse), Tenor und Klavier	
	»Hymne« (Novalis) für Bariton und großes Orchester	
1941/44	8 Arabische Gesänge für Bariton und Klavier	
1946	6 Balladen (Schütz) für Bariton und Klavier	
	3 Gesänge (Blücher von Wahlstatt) für Bariton, Vcl. u. Klav.	
1947	»Das goldene Herz« (Decarlie), 4 Gesänge für Koloratursopran und Klavier	
•1948	2 a-cappella Chöre für gem. Chor.	
	6 Dämonentänze aus dem »Chinesischen Gespenster-buch« für Klavier	
1949	»Serenata« für 4 Holzbläser, Harfe, Schlag., Streichorchester	
1950	Tripelkonzert für Flöte, Klarinette, Fagott und großes Orchester	Astoria-Verlag
	»Der letzte Weg«, 8 Gesänge für Alt und Klavier (Moslé)	
1952	Suite für Altflöte in G und Klavier	
	»Le violon de la mort«, Dances macabres für Violine und Klavier	Ries & Erler
1954	»Stimmen im Walde« für Sopran und Flöte	

Jahr	Werk	Verlag
1955	Trio für Klarinette, Horn und Klavier	
	»Zigeunermusik« für Sopran, Flöte, Violine und Klavier	
1956	»Verurteilter Zigeuner«, Szene für Violine und Klavier	
	»Variationen über Signale und Märsche der alten k. u. k. österr.-ungarischen Monarchie« für Horn und Klavier	
	»Die Zigeunerin Agriffina«, 6 Gesänge für Sopran und Orchester	
1956/57	»Le violon de la mort«, Dances macabres, Duo concertante für Violine, Klavier und Orchester	Ries & Erler
1957	Musik für Klarinette und Klavier	Zimmermann
	»Die Jagd«, Konzertstück für Klarinette, Horn, Klavier	
1958	Tanzsuite für Gitarre, Klarinette, Fagott, Schlagwerk	
1957/59	»Zlatorog«, Monodram für Bariton, Klarinette, Horn, Klavier	
1959	4 Klavierstücke	
	Quintett für Trompete, Tenorposaune, 2 Klaviere und Schl.	Astoria-Verlag
1962	Divertimento für 12 Solisten oder Kammerorchester	
	»Berglied«, gem. Chor a cappella	Ludwig Krenn
1963	5 Klavierstücke	
1964	»Le violon de la mort« für Bratsche und Cembalo oder Klavier	
	»Ligäa, die Sirene«, Szene für Violine und Klavier nach der gleichnamigen Novelle von Lampedusa	Astoria-Verlag
1964/65	Serenade für Flöte, Oboe, Klarinette, Fagott, Horn	Astoria-Verlag
1965	»Sizilianische Rhapsodie«, Konzertstück für Solovioline und Orchester	Astoria-Verlag
	Sextett für Fagott und Streichquintett	Astoria-Verlag
	»Autobiographie« für Solovioline	Astoria-Verlag
1966	Chorkonzert-Programm für 8stimmigen gem. Chor a cappella	Astoria-Verlag
	a) Vier alt-aztekische Gesänge	
	b) Gesänge nach moderner Negerlyrik	
	c) 5 portugiesisch-spanische Gesänge	
1968	Triptychon in einem Satz für einen Bläser auf der Flöte, Altflöte in G und der Piccoloflöte	Astoria-Verlag
	»Kosmische Wanderung«, 7 Chöre für gem. Chor a cappella mit Pauken und Schlagzeug	
1969	»Kaleidoskop«, Duo für Violine und Viola in 5 Sätzen	
1970	Konzert für einen Bläser auf 4 verschiedenen Flöten und Orchester	

Heinz Friedrich Hartig

Im März 1968 besuchte ich Professor Heinz Friedrich Hartig. Ein Jahr später bereits hatte ihn eine tödliche Krankheit dahingerafft, zu einer Zeit, als sich sein Name als Komponist über die Grenzen Berlins hinaus auszudehnen begann, als seine besondere pädagogische Begabung einen immer größeren Zulauf von Studenten aus anderen Städten und Ländern verursachte. Heinz Friedrich Hartig, mit dem mich bald eine herzliche Freundschaft verband, war in menschlicher Hinsicht für alle, die ihn kannten, ein Vorbild. Schwer verwundet war er aus dem Kriege zurückgekehrt, ohne ein Wort der Klage, in tiefer, unorthodoxer Frömmigkeit erreichte er durch eine unvorstellbare Energie sein Leiden zu überwinden und sich zu einem der führenden Komponisten Berlins zu entwickeln.

1907 in Kassel geboren, hatte Hartig in Wien bei Hans Gàl und Egon Wellesz, danach in Berlin an der Akademie für Kirchen- und Schulmusik studiert. Nach einer kurzen Zeit als Musiklehrer geriet er bald in Konflikt mit dem neuen Regime von 1933. Als Klavierlehrer, Schriftsteller und Cembalist in Hermann Dieners Collegium Musicum schlug er sich durchs Leben. 1940 wurde er zum Militär eingezogen. Während der russischen Gefangenschaft begann er wieder zu komponieren. Im Gefangenenlager führten sie seine Oper »Ramon oder das Geheimnis der roten Rose« auf. Mit den schwersten Verwundungen kehrte er 1946 heim, und mußte zunächst wieder im buchstäblichen Sinne laufen lernen. 1947 begegnete er Boris Blacher, dem er seine Kompositionen zeigte. Blachers freundschaftlicher Rat bestätigte H. F. Hartig auf seinem kompositorischen Weg. Der eigentliche Durchbruch als Komponist erfolgte 1951. Hartig selbst ließ erst mit diesem Jahr sein Werkverzeichnis beginnen, das dann aber in der verhältnismäßig kurzen Zeit bis 1969 von op 7 auf op 55 angewachsen ist.

Von 1948 bis zu seinem Tode 1969 lehrte Hartig an der Berliner Hochschule für Musik Komposition und leitete die Tonmeister-Ausbildung. Den unmittelbaren Kontakt mit der Musik bewahrte er sich als tätiger Cembalist, Interpret für alte und neue Kammermusik.

»Perché – Warum«, »Messe nach einem Feuersturm«, die oratorischen Kantaten »Anruf und Erwartung« und »Auferstehung«, das Oratorium »Wohin«, ich nenne nur einige Titel Ihrer textgebundenen Kompositionen. Dieser Gleichklang kann doch kein Zufall sein? Er scheint sich wie ein roter Faden durch Ihr ganzes Oeuvre zu ziehen. Ist Ihnen dieses Gebundensein

an ein solches Zentralthema bewußt, suchen Sie von vornherein nur solche Texte aus, oder sind Sie selbst fast überrascht, wenn Sie sich nun wieder für einen solchen Text entschieden haben?

Wenn ich einen Text für eine Komposition suche, kann es mitunter lange dauern, bis ich den richtigen finde. Ich habe bei der Suche noch keine konkrete Vorstellung von einer bestimmten Thematik, vor allem möchte ich nichts finden, das inhaltlich dem bisher Gewählten verwandt ist. Aber was mich dann interessiert, was mich zum Komponieren reizt, geht doch fast immer wieder zurück auf das Grundthema, auf Pax, Pacem, auf den Frieden in mir selbst und um mich herum. Diese Beziehungen stellen sich von selbst ein, wenn sie unbewußt vorhanden sind.

Wenn ich nach langem Durchstöbern der Buchhandlungen, manchmal auch auf den Rat eines Freundes hin, den Text gefunden habe, der »ins Schwarze trifft«, sind meist sogleich auch musikalische Assoziationen vorhanden. So ist es mir ergangen bei der Vertonung der Chansons »Der Trinker und die Spiegel« aus Arche Noah SOS von Walter Mehring, ebenso bei dem Kompositionsauftrag des SFB »Messe nach einem Feuersturm«. Ich hatte dem Sender das Gedicht von Brecht »An die Nachgeborenen« vorgeschlagen. Es erscheint uns heute wie ein Witz: Der SFB lehnte diese Textwahl mit der Begründung ab, Brecht dürfe bei uns nicht komponiert werden! Ich lief also suchend weiter durch die Buchhandlungen, bis ich den Band von Dylan Thomas »Tore und Tode« in die Hand bekam. Als ich die ersten Zeilen der »Messe nach einem Feuersturm« gelesen hatte, habe ich das Buch eingepackt und sofort mit der Komposition begonnen.

Sie schrieben 1958 ein Lamento für Chor und Gitarre »Perché – Warum« und 1964 ein Oratorium »Wohin«. Ist das Oratorium auch musikalisch – wie thematisch – eine Art Fortführung des »Perché«?

Thematisch: ja, musikalisch: nein. Einmal liegen zwischen »Perché« und »Wohin« viele Jahre der Entwicklung. Im übrigen erfordert jeder Text eine eigene Behandlung. Aus dem Stil, aus der Idee der literarischen Vorlage ergibt sich die Eigentümlichkeit der musikalischen Umwandlung. Selbstverständlich ist die musikalische Sprache nicht ungelöst von dem zuvor Geschriebenen und noch befrachtet mit alledem, was vorher musikalisch gedacht wurde. Und doch bleibt das einzelne Werk ein in sich geschlossenes Ganzes. Eine Gegenüberstellung beider Werke, des Oratoriums und des Lamentos, ist also nur dann interessant, wenn Sie die Entwicklung meiner musikalischen Sprache in dieser Zeitspanne von 1958 bis 1964 verfolgen wollen.

Sie sagten, wenn ich es einmal wiederholen darf: die Idee eines Stückes bestimme seinen Stil. Um die Idee zu verwirklichen, gibt es heute eine Fülle von technischen Möglichkeiten und Spielarten. Kann es auch sein, daß Sie von technischen Möglichkeiten als Idee gereizt werden? Ich denke bei dieser

Frage an Ihre Studie I, Sie nannten dieses Stück »Musik für konzertante Gruppen, Hommage à Scharoun«.

Auch das ist einer der vielen Wege. Sie haben recht: Die tragende Idee von »Hommage à Scharoun« war, die Philharmonie in ihrer ganzen räumlichen Ausdehnung in diese Komposition einzubeziehen. Ich habe die einzelnen Türme des Raumes von den Musikern besetzen lassen. Die räumliche Idee führte zu einer bestimmten Kompositionsweise: Die Musik strahlt von einem Zentrum aus in den Raum und kehrt wieder in das Zentrum zurück.

Ihr Stil hat sich im Laufe der Jahre sehr gewandelt. In jeder Komposition entwickeln Sie andere Ideen, neue Formen. Ändert, vielleicht besser: entwickelt sich Ihr Stil durch bestimmte Begebenheiten, durch Begegnungen mit anderen Komponisten oder anderen Kompositionen, durch eigene Erlebnisse? Kann man eventuell gewisse zeitliche Perioden ablesen?

Begegnungen mit einzelnen Menschen, Ereignisse, Erlebnisse äußerer oder innerer Art, die Konfrontierung mit der Gesellschaft oder die Auswirkungen dieser Gesellschaft auf das eigene Dasein: all das schafft das Spannungsfeld, in dem sich der einzelne zu dem entwickelt, was das Siegel seiner Persönlichkeit schafft. Sicher gibt es in der Fülle der Einwirkungen Schwerpunkte – einer dieser Schwerpunkte ist die Begegnung mit meiner Frau, die Sängerin war, und die einen nicht geringen Anteil an meiner Entwicklung hat.
Auch Blacher, bei dem ich zwar keinen eigentlichen Kompositionsunterricht hatte, dem ich aber sporadisch zeigte, was ich geschrieben hatte, hat mir die entscheidende Sicherheit gegeben. Die Gespräche mit dem Kritiker Wolfgang Burde, der meine Monographie bei Bote und Bock herausgegeben hat, waren fruchtbar und anregend für mich. Im Gespräch werden manche Dinge klarer. Solche Gespräche haben für manche meiner Kompositionen mit experimentellem Charakter den Anstoß gegeben. Und fast immer haben diese eine neue Werkgruppe eingeleitet, an deren Ende dann meist eine Komposition der Zusammenfassung steht, aber nicht nur als Endpunkt, sondern bereits als Ansatz zu einem neuen »Schub«.

Könnten Sie mir bitte einige solcher zum Verständnis des Komponisten Hartig grundlegenden Werke nennen?

Einen Schluß und gleichzeitig einen Anfang setzte meine Kammeroper »Escorial« für Sänger, Sprecher, Tänzer, Kammerchor und Instrumente. Sänger, Sprecher und Tänzer agieren dabei in Personalunion! Es war ein gewagtes Unternehmen; denn es gab, jedenfalls damals, keine Person, die diese Aufgabe wirklich bewältigen konnte. Ich sage bewußt: es gab sie damals nicht; denn ich bin überzeugt, daß es sie eines Tages geben muß. Die Opern- und Theaterschulen bemühen sich im übrigen bereits um diesen »Pluralismus«.
Der »Escorial« bezieht zum ersten Mal in starkem Maße das Schlagzeug in das Instrumentarium ein. Außerdem habe ich elektronische Verfremdungen

verwendet und einen Chor, der keine sinnbekannten Worte zu singen hat, der vielmehr dazu dient, die Atmosphäre des Stückes zu unterstreichen. In der »Komposition in fünf Phasen« für Violoncello solo, Chorstimmen, Orchester und Tonband, die ich 1966 schrieb, ist wieder der Chor als Klanggruppe dem Instrumentarium beigegeben. Der Chor singt Worte, die zunächst unverständlich sind: sie müssen von hinten gelesen werden, damit sie ihren Sinn entschlüsseln. Emota, nemuärt, eiretam nedrowegierf heißen im Klartext: Atome, träumen, Materie freigeworden.

1962 wurde Ihnen der Rompreis der Bundesrepublik verliehen. Hat der Aufenthalt in Rom Einfluß auf Ihre Arbeit gehabt?

Rom, das möchte ich zunächst allgemein sagen, hat mich verwandelt und Umstellungen bewirkt, wie ich sie in dieser Eindringlichkeit nicht erwartet hatte. Rom hat andere Maßstäbe gesetzt, eine andere Sicht auf das Leben gegeben, hat Sentiments ausgeräumt. Ich habe dort und noch im Nachhinein manchen Ballast über Bord geworfen.
Anfangs allerdings schien dieser dreimonatige Aufenthalt eher bedrückend als anregend zu werden. Begangene Gewaltsamkeiten, dokumentiert in Triumphbögen, Toren, Heldendenkmälern, Plätze, auf denen Verbrennungen, Folterungen stattgefunden haben, haben mir die ersten drei Wochen zur Qual gemacht. Aber dann begannen die Zeugnisse der mehrtausendjährigen Kultur lebendig, ihre Kräfte spürbar zu werden. Die Eindringlichkeit dieser Spuren hat zuguterletzt den Rom-Aufenthalt zu dem werden lassen, was sicher mit der Vergabe des Preises beabsichtigt ist: Ansatz zu neuen Orientierungen und Wertungen.

Wurden diese Kräfte auch fruchtbar für Ihre kompositorische Arbeit?

Mein Verschweigen jeglicher musikalischer Tätigkeit charakterisiert ebenfalls die damalige Situation. Mir war – während der ganzen Zeit –, als sei keine Musik mehr in mir vorhanden. Ich habe in Rom nichts geschrieben. Die Fülle dessen, was auf mich zukam, war so groß, so beherrschend, daß ich nur fähig war, aufzunehmen und das Aufgenommene zu verarbeiten. Hinzu kommt: Die Römer sind lärmfreudige Menschen! Ich könnte aus diesem Grunde nicht dort sein, um zu arbeiten.

Aber ist nicht eine Ihrer wesentlichen Kompositionen, die »Variationen über einen siebentönigen Klang« dort entstanden?

Nicht entstanden. Wahrscheinlich hat sie sich dort vorbereitet. Geschrieben wurde sie erst zwei Monate nach meiner Rückkehr.

Wie sind Sie auf den Gedanken gekommen, einen Klang, einen siebentönigen Klang, zum »Thema« von Variationen zu wählen?

Das Stück war ein Auftrag vom RIAS als Beitrag zu einer »klingenden Festschrift« zu Boris Blachers sechzigstem Geburtstag. Der Name Blacher hat sieben Buchstaben. Aus sieben Tönen besteht der Akkord, der Devise für das ganze Stück ist. Aus ihm lebt es, er gibt die musikalischen Impulse. Und: ein Klang als Thema? . . . In Rom habe ich nachgedacht über Möglichkeiten neuer Formkonzeptionen. Lediglich Webern hat adäquat dem neugeordneten Tonmaterial auch neue Formen entwickelt. Allerdings Formen geringer zeitlicher Ausdehnung. Die Variationen sind der erste Versuch einer für mich neuen Formgestaltung. Insofern sind sie auch eines der Schlüsselwerke, das alle späteren Kompositionen beeinflußt hat.

Sind Sie auf dieser Linie weitergegangen? Ihre Ausführungen gelten auch für das »Concerto strumentale«, für das Sie gerade vorgestern den Berliner Kunstpreis 1968 in der Eichengalerie des Charlottenburger Schlosses verliehen bekommen haben, oder für die »Kompositionen in 5 Phasen«?

Gewiß. Das Prinzip besteht darin, eine Komposition aus einem Kern zu entwickeln. Im »Concerto . . .« ist dieser Kern eine kleine Sekunde, die alle vier Sätze beherrscht, in der »Komposition in 5 Phasen« werden Phase eins bis vier aus einem für jede Phase unterschiedlichen Kern entwickelt. Die fünfte Phase faßt dann alle vorhergehenden zusammen. Aber nicht nur in der Neugestaltung meiner musikalischen Formen hat sich mein Stil geändert Ich neige zu Emotionen. Sie zumindest einzudämmen, ihnen den vorherrschenden Akzent zu nehmen, bildet einen Schwerpunkt auch in meiner musikalischen Entwicklung. Noch in meinem Klavierkonzert, vor allem im ersten und dritten Satz dokumentiert sich diese emotionelle Einstellung in musikantisch motorischen Formen. Die »Immediate«, »Unmittelbarkeiten«, sind die konsequenteste Absage an diese »motorische Form«.

Der letzte Rest des sogenannt »Musikantischen« ist gefallen. Ist der Hörer noch in der Lage, eine Komposition nach objektiven Gesichtspunkten zu beurteilen?

Die »Immediate« sind sicher eines der Stücke, die oft und bewußt gehört werden müssen, um sie als Ganzes begreifen und erkennen zu können. Zunächst scheinen sie ein Kompendium von Floskeln zu sein, skizzenhaft hingeworfen. Erkennt der Hörer aber erst die Beziehungen, so müßte er die Musik als Ganzes, auch die geschlossene Form begreifen können.

Gibt nicht das Notenbild, das Mitlesen der Partitur eine Hilfe?

Musik ist für das Gehör geschrieben und soll vom Ohr aufgenommen werden. Es besteht heute in zunehmendem Maße die Gefahr, daß die Freude am graphisch interessanten Bild dem Ohr einen zweitrangigen Platz zuweist. Dasselbe betrifft das Reden über Musik. Eine verbale Interpretation der Musik verwirrt oft eher, als daß sie nutzt. Die Sprache der Musik ist der Klang, Worte geben kaum einen Ersatz. Ich lehne es in den meisten Fällen ab, meine Kompositionen zu erklären. Das musikalisch Gedachte muß sich als klingende Musik verständlich machen.

146

Darf ich ein ganz anderes Kapitel anschneiden, eine mehr technische Frage stellen: Wie entsteht eine Komposition? Wie fangen Sie an, wie bereitet sich ein Stück vor? Sind bereits feste Vorstellungen vorhanden, ist das Ganze vielleicht im Kopf fertig vorbereitet, ehe Sie mit Schreiben beginnen? Machen Sie sich Skizzen? Kontrollieren Sie am Klavier?

Das ist verschieden. Manchmal stellt sich spontan ein Anfangsimpuls ein. Manchmal sitze ich über dem Papier, mache mir Skizzen, werfe sie wieder fort. Fange dann an nachzudenken. Vom Nachdenken halte ich mehr, als vom Improvisieren am Instrument. Das Improvisieren führt oft zu Zufälligkeiten und kann die Einheit des Ganzen gefährden. Ist eine Komposition konsequent durchdacht, ergibt sie sich als Gesamtkonzeption eigentlich von selbst.

Komponieren Sie sporadisch, manche Woche gar nichts, dann wieder Tag und Nacht, oder schreiben Sie täglich, vielleicht sogar eine festgesetzte Anzahl von Takten?

Ich schreibe täglich, aber nicht eine bestimmte Menge. Ich brauche die Arbeitsdisziplin. Ich glaube, es war Cocteau, der das schöne Wort prägte: »Ein Dichter ist nicht ein Mensch, der Gedichte, Essays oder Dramen schreibt, sondern einer, der täglich schreibt!« Disziplin, Fleiß, darauf kommt es an. Auf Stimmungen warten, auf Präsenzen, die sich vielleicht ergeben durch bestimmte Zustände, das taugt nichts, davon halte ich nichts. Den meisten Stücken, die aus einer »Stimmung« heraus geschrieben wurden, merkt man das auch sehr bald an.
Wenn ich sehr erregt bin, kann ich z. B. gar nicht schreiben. Auch Alkohol stimuliert mich nicht für die Arbeit, dafür rauche ich viel. Am liebsten sitze ich noch vor der Hochschularbeit in aller Herrgottsfrühe am Schreibtisch, da ist es still und die Konzentration am größten.

Stellen Sie sich auf ein bestimmtes Instrument, auf einen bestimmten Interpreten ein, wenn Sie ein Solokonzert schreiben?

Ja. Das Violinkonzert z. B. ist in direktem Kontakt mit André Gertler entstanden. Es ist immer gut, einen Interpreten nach den Besonderheiten und Eigentümlichkeiten seines Instrumentes zu fragen. Ich habe dadurch viel gelernt. Ein Instrument kennen, heißt ja nicht, es auch in allen seinen Möglichkeiten zu beherrschen. Auch sind die technischen Möglichkeiten inzwischen um ein Vielfaches erweitert worden. Und wenn ich mich in einem Stück auch nicht aller Möglichkeiten bediene, möchte ich sie doch kennen.

Haben Sie eine bestimmte Vorliebe für ein Instrument?

Die Wahl bestimmter Instrumente wird nicht nur beeinflußt durch die Vorliebe für die eine oder andere Instrumentengattung. Oft wird durch einen Interpreten als Auftraggeber z. B. für eine Kammermusik oder ein Konzert die Wahl des Instruments bestimmt. Aber Ihre Frage ist doch berechtigt: Eine Zeitlang hat mich der Klarinettenklang, die dunkeltönende Bratsche angezogen. Die Oboe habe ich erst allmählich entdeckt. Sehr spät dann das Schlagzeug. Das habe ich zum ersten Mal bewußt in der »Messe nach einem Feuersturm« eingesetzt aus Gründen der Distanzierung. Welches Instrument könnte besser dieses düstere, beinerne Paradies charakterisieren, dieses Paradies, wo die Sprache versagt, wo das Stammeln beginnt, wo alles aufhört, das Erklären, das Begreifen.

Sie sprechen mit derselben Liebe von Ihren älteren Werken wie von den neuen. Würden Sie heute ein Werk, das Sie vor 1962, also vor den »Variationen über einen siebentönigen Klang« geschrieben haben, ebenso gern für eine Aufführung vorschlagen wie eine neue Komposition?

Ja. Alle meine vorliegenden Kompositionen sind durch ein kritisches Sieb gegangen und haben bestanden. Wahrscheinlich haben Sie die Frage aber nicht von der Qualität her gestellt, sondern im Hinblick auf die verschiedenen Entwicklungsstadien. Die sind im Nachhinein weder abzuleugnen noch ungeschehen zu machen. Alle Geschöpfe, die entstanden sind, tragen das Siegel der jeweiligen Entwicklungsstufe. Selbstverständlich läßt die spätere Sicht über das Getane eine distanzierte Beurteilung zu. Ich würde jedes Werk zurückziehen, dessen Qualität mir zweifelhaft erschiene. In welcher musikalischen Sprache innerhalb der einzelnen Stadien ich mich ausgesprochen habe, ist jedoch nur eine zeitliche Frage, keine Frage der Qualität. Da ich mich im übrigen nie einem gängigen Modestil (aus Gründen des Erfolgs) unterworfen habe, bleiben alle Stücke eine Aussage meiner selbst. Und sie zeigen diese ihre Stärke auch im Abstand.

Kann man zu seinen eigenen Geschöpfen jemals einen solchen Abstand gewinnen?

Jeder Mensch muß sich selbst kritisch beobachten und beurteilen können. Auch als Komponist muß man selbstkritisch sein. Wenn ein Komponist in vielleicht über 100 Opuszahlen immer dasselbe aussagt, ohne Differenzierung, dann schwätzt er, und dann ist der Mangel an Selbstkritik mehr als eklatant. Ich kenne solche Fälle.

Welche Eigenschaften außer der eben genannten Selbstkritik und Selbstverständlichkeiten wie Fleiß, handwerklichem Können, Phantasie, Gefühl, musikalisch-logischem Denken sollten Ihrer Meinung nach für einen Komponisten entscheidend sein?

Mit dem Wort Gefühl lassen Sie uns vorsichtig sein. Fähigkeit der Kombination, Vorausschauenkönnen sind die wichtigsten Voraussetzungen, die ein Komponist mitbringen sollte. Um einen sechsstimmigen Kanon schreiben zu können, muß man von Anfang an das Ganze wissen, sonst kommt man nicht weit. Dieses Vorausschauen ist wichtig, aber ebenso auch die Wertung eines Einfalls, eines Motivs, eines Klanges auf seine Verwendbarkeit, auf seine Durchführbarkeit und die Kraft seiner Entfaltungsmöglichkeiten.

Darf ich eine etwas schwierige Frage stellen: Ihre Musik entwickelt sich, sie fließt, wo wollen Sie einmal hin, sehen Sie eine Linie mit einem Endpunkt?

Wohin mich mein Weg führen wird, kann ich nur ahnen. Ich hoffe zur Vollendung dessen zu gelangen, was als Anlage in mir ist. Wie es sich einmal musikalisch spiegeln wird, weiß ich noch nicht. Vielleicht wird die elektronisch orientierte Musik Schwerpunkt werden.

Eine letzte Frage: Ist Ihnen daran gelegen, vom Publikum verstanden zu werden?

Das würde bedeuten, daß der Komponist die Wünsche oder Vorstellungen des Publikums jeweils analysieren müßte. Er müßte wissen, was man in Berlin, Paris, Rom oder sonstwo hören möchte, und wiederum, was dem Geschmack der gerade im Konzertsaal oder in der Oper Versammelten entspricht. Wie sollte er das! Von hundert Menschen, die im Parkett sitzen, wollen alle Hundert etwas anderes hören. Es ist nahezu unmöglich, »publikumssicher« zu schreiben. Es sei denn, man ginge den Weg des geringsten Widerstandes: sich nur am Herkömmlichen zu orientieren, sich bekannter, musikalischer Formeln und Formen zu bedienen. Das halte ich für überflüssig und unergiebig. Ich meine, daß ein Komponist immer sein Publikum haben wird, wenn er sich wahrhaftig ausspricht. Letzten Endes ist es immer diese Wahrhaftigkeit und die Originalität, die überzeugt.

Werkverzeichnis Heinz Friedrich Hartig

1950	Sonate für Klarinette und Klavier op. 7	Bote & Bock
	Sonate für Oboe und Klavier op. 8	Manuskript
1951	Concerto für Violine und Orchester op. 10	Bote & Bock
	Variations en mètres variables für Klavier op. 12	Bote & Bock
1952	Rondo concertante für Bariton, Klavier, Orchester op. 13	Bote & Bock
	Wilhelm-Busch-Kantate für Alt, Bariton und Instrumente op. 14	Manuskript
	Galgenlieder-Kantate op. 15 für Bariton, Chor, Instrumente	Manuskript
1953	Der Trinker und die Spiegel, 5 Chansons für Bariton und Klavier, op. 16	Bote & Bock
	Der Trinker und die Spiegel, 5 Chansons für Bariton und 7 Instrumente, op. 16 a	Bote & Bock
	Divertissement à scènes variantes für Orchester op. 17	Manuskript

1954	Klaviertrio op. 18	Manuskript
	Concertante Suite für Gitarre und Orchester op. 19	Bote & Bock
	Flötensolo op. 21	Bärenreiter
1955	»In einer Nacht«, Vier Lieder für Sopran, Flöte und Klavier (Benn, Celan, Huxley). op. 20	Manuskript
1955/56	Die Wölfe, Ballett op. 21	Manuskript
	Varianten für Violoncello solo op. 22	Manuskript
	»Der Vetter auf Besuch«, Posse nach W. Busch, op. 23	Manuskript
1956	»Das Tor«, Ballett, op. 24	Bote & Bock
	Fünf Stücke für Flauto dolce und Gitarre op. 25	Bote & Bock
1957/64	Drei Stücke für Gitarre solo ⊙ DG 139377 op. 26	Bote & Bock
1958	Kleine Sonate für Klavier op. 27	Bote & Bock
	»Perché« Lamento für konzertanten Chor und Gitarre op. 28	Bote & Bock
	»Perché« op. 28 a mit 12 Instrumenten	Manuskript
	Quartett für 4 Holzbläser op. 29 a	Manuskript
	Sonate für Violoncello solo op. 29 b	Manuskript
	Konzert für Klavier und Orchester op. 30	Bote & Bock
1959	»Schwarze Sonne«, Ballett, op. 31	Bote & Bock
1960	»Messe nach einem Feuersturm« (Thomas) für Bariton, Chor und Orchester op. 32	Bote & Bock
	»Triptychon zum Heiligen Pfingstfest« für Solostimmen, Chor und Orchester op. 33	Manuskript
1960/61	Anruf und Erwartung, Oratorische Kantate für Solostimmen, Chor und Orchester op. 34	Manuskript
1961	»Auferstehung«, Oratorische Kantate für Solostimmen und Orchester op. 35	Manuskript
	»Escorial«, Kammeroper für Sänger, Sprecher, Tänzer, Kammerchor und Instrumente, op. 36	Bote & Bock
1962	Sonate für Viola und Cembalo op. 37	Manuskript
	Duettino für Violine und Cembalo op. 37 b	Manuskript
	»Musica da camera« für Flöte, Gambe und Cembalo op. 38	Manuskript
1962	Variationen über einen siebentönigen Klang für 14 Soloinstrumente op. 39	Manuskript
	op. 39 a für Orchester	Bote & Bock
1964	Drei Lieder (Benn, Schwarz) für Bariton und Orchester op. 40	Bote & Bock
	op. 40 a für Klavier	Bote & Bock
1963/64	»Wohin«, Oratorium für Sopran, Bariton, Baß, zwei Chöre, Orchester und Tonband, op. 41	Manuskript
1964/65	Musik für konzertante Gruppen, Studie 1: »Hommage à Scharoun«, op. 42	Manuskript
1965	Monolog für Flöte solo op. 43	Manuskript
	Komposition in fünf Phasen für Violoncello, Chorstimmen, Orchester und Tonband op. 44	Manuskript

	Immediate für Flöte, Klarinette, Klavier und zwei Celli op. 45	Manuskript
	op. 45 a Fassung für Orchester	Bote & Bock
	Fünf Klavierstücke op. 46	Manuskript
1966	Compositione per due für Violoncello und Klavier op. 47 ⊙ DG 3/654063	Bote & Bock
	Concerto strumentale für Violine und Orchester op. 48	Bote & Bock
	»Va la nave«, 5 Gesänge für hohe Stimme und 7 Instrumente (Ungaretti), op. 49	Manuskript
1967	Quintett für Flöte, Oboe und Streichtrio op. 50	Bote & Bock
1968	»Das Tor«, Ballett-Episode in Troja, op. 51	Bote & Bock
	Meditationen »Gott sei gelobet und gebenedeiet« für Orgel und 4stim. gem. Chor	Manuskript
	Drei Schauspielmusiken zu »Philoktet« zu »Die Räuber« ⊙ DG	Manuskript
1969	zu »Davor« (Grass)	
1968	Passacaglia, Cadenza e Finale für Violine und Klavier, op. 52	Manuskript
	Reflexe für Gitarre und Cembalo op. 53	Manuskript
	Invocatio (Eliot) für hohe Stimme und 5 Instrumente op. 54	Manuskript
	»Movimenti« für Zupforchester und Schlagwerk op. 55	Gerig

Bernd-Alois Zimmermann

Im Frühjahr 1967 traf ich Bernd Alois Zimmermann in der Berliner Akademie der Künste. Mehrfach hatte ich ihn bereits um ein Gespräch über seine Arbeit gebeten, immer war er ausgewichen. Als sich in Berlin die Gelegenheit einer spontanen Verabredung ergab, erzählte mir Professor Zimmermann mit Ruhe, Souveränität und viel Humor von seinem Leben und seinen Ideen als Komponist. Leider erlaubte er mir nicht, meinen kleinen Tonbandapparat einzuschalten. Ich mußte also versuchen, die Hauptpunkte seiner Ausführungen nach dem Gedächtnis wiederzugeben. Die Richtigkeit der folgenden Aufzeichnung bestätigte mir der Komponist, doch mußte ich auf seinen ausdrücklichen Wunsch hin das, war er mir sagte, in indirekter Form wiedergeben. Von dem Charme seines Erzählens bleibt auf diese Weise leider nicht mehr viel übrig. Dafür kann ich aber auf das ermüdende Spiel von Frage und Antwort eines Gesprächs verzichten.
Lassen wir Professor Zimmermann beginnen:

Am 20. März 1918 war Zimmermann in Bliesheim bei Köln geboren worden. Obwohl er von seiten der Mutter musikalisch stark vorbelastet war, hatte er als Kind wenig Berührung mit der Musik, da er im Internat des Salvatorianer-Klosters in Steinfeld in der Eifel erzogen wurde. Die strenge Schule, hart für Körper und Geist, erweckte in dem Jungen große Begeisterung für die Alt-Philologie, wovon viele Titel seiner Kompositionen Zeugnis ablegen. Die Musik als das Gewaltigste und Erregendste für sein Leben anzusehen, sei ihm erst an einem nicht genau zu bestimmenden Tag in seinem siebzehnten Lebensjahr bewußt geworden. Bis zu diesem Tage habe er gemalt und geschriftstellert, Gedichte, Erzählungen, große, immer unvollendet gebliebene Romane. Doch Musikstunden habe es im Kloster nur als Belohnung für gute Noten gegeben. Da er aber in allen Fächern »gut« stand, erfüllte sich sein sehnlichster Wunsch: mit siebzehn Jahren hatte er Orgelunterricht erhalten, und das auf der Klosterorgel, der schönsten im ganzen Rheintal, deren Blasebälge er bis dahin habe treten dürfen. Pater Lothar, der zwar absolut keine pädagogischen Fähigkeiten aufzuweisen gehabt habe, hätte es durch seine Vitalität und Begeisterung, zum Lobe seines Gottes Musik machen zu dürfen, doch verstanden, den Schüler zu Höchstleistungen anzuspornen. Nach kurzer Lehrzeit habe er, Zimmermann, seinen Lehrer bereits bei Andachten und Messen auf der Orgel vertreten können.
1935 wurde das Kloster von den Nationalsozialisten geschlossen. »Ich wurde auf das »staatliche katholische Gymnasium der Apostelkirche« in Köln geschickt«, erzählte Zimmermann, »auf das Gymnasium, das auch Konrad Adenauer besucht hatte, und das sogar unter seinem Namen weiterbestehen

durfte. Nach dem Abiturium wollte ich eigentlich Philologie studieren, auch zu dieser Zeit noch war mir meine Bestimmung für die Musik nicht klar. Sehr bald aber ließ ich mich dann doch an der Musikhochschule in Köln immatrikulieren. Nach kurzer Studienzeit ging alles bunt durcheinander: Sofort nach Kriegsbeginn wurde ich eingezogen, nur nebenher konnte ich in Köln, Berlin und Hamburg Musik studieren, u. a. bei Philipp Jarnach und Heinrich Lemacher. Ich legte mein Schulmusikexamen ab und studierte später, nach Kriegsende, Komposition bei Wolfgang Fortner und René Leibowitz.«

Als »Mädchen für alles« arbeitete Zimmermann zunächst am Kölner Rundfunk. Er schrieb Volksliedsätze, machte Arrangements für Schlager und Unterhaltungsmusiken, einmal »durfte« er sogar die Instrumentierung von Peruanischen Volksliedern aus dem Altiplano, einer Landschaft in Peru, besorgen! Erst nach verhältnismäßig langer Zeit wurden ihm im Rundfunk größere Aufgaben gestellt. Er erhielt Aufträge für Film und Bühnenmusiken. Hier habe er nun endlich das in Anwendung bringen können, was ihm als Idee bereits im Klosterinternat Steinfeld vorgeschwebt habe: Er wollte eine Musik aus Collagen und Montagen machen, ähnlich wie es in der Malerei seit langem gebräuchlich ist. Zu Saroyans »Sam Egos Haus« schrieb er eine Bühnenmusik in Collagen. Er verwendete Teile aus Schumanns Klavierkonzert, Jazz von Duke Ellington, schrieb selbst einen Boogie-Woogie aus konkreten Klängen, aus den Geräuschen nämlich, die beim Nägeleinschlagen entstehen, dazu wurden Worte gesprochen, die vom Abwurf der Atombombe handelten.

In seinem ersten Orchesterstück, das er mit zweiundzwanzig Jahren komponierte, dem Ballett »Alagoana«, erschiene diese Montage- und Collagentechnik zum ersten Mal in der absoluten Musik in Europa. Der Name »Alagoana« leite sich von dem Namen einer Landschaft im Norden Brasiliens, Alagoas, ab. In diesem Ballett – Zimmermann nennt es auch »Caprichos Brasileiros« – stehe er für den Namen des Mädchens. »Alagoana« verwende keine brasilianische Folklore. Er, Zimmermann, schildere in diesem Ballett mit musikalischen Mitteln, wie sich ein Europäer Brasilien vorstellt. Das ergebe einen Effekt der Verfremdung. Die Zentralfigur des Balletts sei »der Fremde«, er erscheine sowohl träumend als auch handelnd. Diese doppelte Spiegelung ließe das reflektierende Moment immer sichtbar sein. Die Handlung spiegele nicht indianischen Mythos, auch sie bliebe immer Mythos aus der Sicht des Europäers. Verschiedene mythische Vorstellungen spielten zusammen:

Das Mädchen Alagoana sei ein Kind des Landes, gleichzeitig stelle sie das Symbol für verschiedene mythische Gestalten dar – sie sei Priesterin und Todesgöttin zugleich. Diese Zwiespältigkeit finde seine Erklärung in einem Indianermythos: »einst waren Mann und Frau unsterblich, dann trat die Liebe in das Leben der Menschen, und mit der Liebe der Tod . . .« Die Musik zu »Alagoana« teile sich in mehrere Sätze. Den Höhepunkt bilde die

Saudade, das hieße Liebe, Sehnsucht, Heimweh, Leidenschaft, Erobererlust. Hier in dieser Saudade (Brasilien bedeute auch für ihn, Zimmermann, selbst die große Sehnsucht) erlebe der Hörer die Vorwegnahme des Todesgeschehens. Und hier sei es zum ersten Mal geschehen: Voneinander unabhängige melodische und rhythmische Linien schöben sich von der Peripherie aus zusammen. Alle zwölf Halbtöne treffen an einer Stelle zusammen. Das Ergebnis: ein Cluster. Für die Geburt des Clusters zeichne also er, Zimmermann, verantwortlich. Auch in den «Perspektiven«, einem seiner ersten seriellen Stücke (seit 1957 habe er sich zur Zwölftontechnik und Webernnachfolge bekannt) führe er die verschiedenen Reihen von der Peripherie aus zu einem Cluster zusammen: zu dem ersten seriellen Cluster. Heute sei der Begriff »Strukturcluster« ein fester Bestandteil der seriellen Komposition.

Auf diese Urheberschaft sei er allerdings gar nicht so sehr stolz, betont Zimmermann. Für ihn bedeute der Cluster das kleine Ergebnis einer strukturellen Idee. In den Händen vieler junger Komponisten würde er zum Selbstzweck, zum bloßen Klangmittel, das sich zur Seuche zu entwickeln drohe.

Während er die Saudade komponiert habe, sei ihm die Tragweite dieses neuen Kompositionsmittels selbst noch nicht voll bewußt gewesen, fährt Zimmermann fort, doch habe er diese »pluralistische Kompositionsart«, wie sie nennen möchte, immer weiter entwickelt, bis er sie dann in seiner Oper »Die Soldaten« in ihrer ganzen Konsequenz durchgeführt habe.

Eins möchte er aber betonen: er wolle dieses Adjektiv »pluralistisch« keinesfalls soziologisch verstanden wissen, er gehe vielmehr von der philosophischen Sicht aus. Pluralismus versinnbildliche in gewisser Weise die Einheit der Zeit. Auch Augustinus spreche in seinen »Confessiones« über die Einheit der Zeit: Vergangenheit, Gegenwart und Zukunft wirkten zusammen. Er, Zimmermann, spreche gern von der »Kugelgestalt der Zeit«: Die Gegenwart stelle die Schwelle dar zwischen Vergangenheit und Zukunft. Es gebe keine Vergangenheit ohne Zukunft, wie es auch keine Zukunft gebe ohne Vergangenheit.

1956 schrieb Zimmermann in der Frankfurter Allgemeinen Zeitung einen Aufsatz unter dem Titel »Intervall und Zeit«. Das Jahr 1956 zu nennen sei insofern wichtig, als genau zu der gleichen Zeit Stockhausen seinen Aufsatz »Wie die Zeit vergeht« veröffentlichte. Beide Aufsätze seien unabhängig voneinander geschrieben, und beide Komponisten gelangten zu völlig gegensätzlichen Ergebnissen.

Für ihn, Zimmermann, bedeute die Idee von der Einheit der Zeit einen wesentlichen Faktor seiner Komposition. Ein Komponist müsse sich vor allen Dingen mit der Zeit auseinandersetzen; denn in einer Komposition würde die Zeit gewissermaßen »überwunden«, sie würde zum Stillstand gebracht. In der Überwindung der Zeit liege für ihn das Glück des Komponierens, die Gewalt der Musik würde auf diese Weise deutlich. Auch ihm selbst sei das alles erst klar geworden, nachdem er die Saudade geschrieben habe. Doch wie wirke es auf andere, auf die Hörer? Verstünden sie, was er meine, was

er ausdrücken wolle, aus welchen Gründen er diese Übereinander-
schichtung und Zusammenschiebung der verschiedenen musikalischen Linien
versuche? Er glaube, daß mit Hilfe der Collagen seine Idee von
einer pluralistischen Komposition sinnfällig klar- und bewußt zu machen
seien. Deshalb komponiere er so oft mit Collagen. In den »Dialogen für
zwei Klaviere und Orchester« z. B. habe er in der Kadenz Teile von Debussys »Jeux« mit Takten aus Mozarts Klavierkonzert in C-Dur und dem
Hymnus »Veni creator spiritus« kombiniert.

»Présence«, ein szenisches Konzert für Geige, Cello und Klavier sei weit
davon entfernt, ein Klaviertrio zu sein, da auch ein Sprecher und drei Tänzer die Aufmerksamkeit auf sich zögen. Die Instrumente symbolisierten Gestalten aus der Literatur: Die Geige stelle Don Quichote dar, das Cello male
Molly Bloom aus dem »Ulysses«, das Klavier illustriere den Ubu Roi von
Jarry.

Zitatartig eingeschobene Collagen nehme er ebenso gern in seine Partituren
hinein. Je unerwarteter, ja überraschender das Zitat erscheine, desto größer
sei die Wirkung. In einer modernen Partitur ein Zitat von Bach, Richard
Strauß oder Prokofieff müsse die pluralistische Kompositionsart wirklich
erkennbar machen. Und doch würden diese zitatartigen Collagen beim Publikum zu den größten Mißverständnissen führen können.

Daß die Collagentechnik keinen Eklektizismus darstelle, scheine die Kritik
und das Publikum spätestens nach seiner »Musique pour les soupers du Roi
Ubu« verstanden zu haben. Der Beifall bei der Uraufführung dieses »Ballet noir«, einem Kompositionsauftrag der Berliner Akademie der Künste
von 1966, sei frenetisch gewesen, und − wie es sich gehöre − von Buhrufen
angefeuert. Der Komponist nennt es »ein warnendes Sinngedicht, heiter und
makaber zugleich. Die Akademie des Reiches ist bei König Ubu zum Ban-
kett geladen und wird durch eine Falltür zum Verschwinden gebracht, Symbol für den Weg einer freiheitlichen Akademie unter der Regierung eines
Usurpators!« Collagen aus Tänzen des 16. und 17. Jahrhunderts, durchsetzt
mit Zitaten älterer und zeitgenössischer Komponisten, charakterisieren die
einzelnen Sätze.

Ein gefährliches Mißverständnis müsse er aber richtigstellen, sagte mir Zimmermann, das sei die Meinung: Zimmermann mache ausschließlich Collagen.
Das treffe absolut nicht zu: Auch bei ihm hänge die Technik, die er für ein
bestimmtes Stück wähle, von dem kompositorischen Ziel ab, und das sei
bei jeder Komposition ein anderes. Einheitlichkeit und Einseitigkeit seien
ihm verhaßt. Damit passe er natürlich in keine »Schule«. Aber Gruppen-
arbeit, Gruppengeist habe er in seinem Leben lange genug ertragen müssen,
angefangen im Internat bei den Salvatorianern. Er sei sicherlich kein Einzel-
gänger, kein Eigenbrödler, und es sei auch zu begrüßen, wenn sich Künstler
aus verschiedenen Gebieten zusammensetzten. Das habe er oft und gern getan,
vor allem in der »Villa Massimo« in Rom. Komponisten müßten miteinander sprechen, sie müßten ihre Standpunkte gegenseitig klären und kennen-

lernen. Selbstverständlich gehöre er zur Avantgarde, seine Musik sei sicher avantgardistisch, wie man das so nenne, er stehe aber nicht innerhalb eines bestimmten Kreises. Warum sollte er sich verpflichten, sich binden? Das könnte nur eine Einschränkung der musikalischen Mittel bedeuten. Wenn man moderne Musik mache, warum müsse man dann alles akzeptieren, was andere für gut befunden haben? Er sei der Komponist, er entscheide, wie das Stück auszusehen habe. Das gehe gewissermaßen nach wissenschaftlichen Kategorien vor sich: Materialsammlung, Ausscheiden, Zusammensetzen. Allein auf die Inspiration vertraue er nicht. Exakte Planung und spontane Entscheidung müßten zusammenwirken. Zu Beginn der Arbeit sichte er das Material. Punkt für Punkt gehe er alle Möglichkeiten durch. Zumindest achtzig Prozent würden dann ausgeschieden, es sei ja schon wichtig zu wissen, wie man es nicht machen wolle. Wenn man die Vorstellung gewonnen habe, wie das Stück einmal aussehen solle, sei der entscheidende Schritt getan. Das Sammeln und Sichten des Materials gehe mit wissenschaftlicher Akribie vor sich, und doch bliebe der ganz große Unterschied zur Wissenschaft: bei einer kompositorischen Arbeit gebe es keine Erklärung, warum sich der Komponist nun für diesen einen bestimmten Weg entschieden habe, warum das Werk nun gerade so sei und nicht anders. An jedem Punkt einer Komposition gebe es tausend Möglichkeiten weiterzugehen, alle tausend Möglichkeiten hätten mit derselben Berechtigung ausgewählt werden können. Und nur diese eine Möglichkeit habe der Komponist für gut befunden. Seine Bildung, sein Stil, sein musikalischer Geschmack bestimmten das Werk, das sei das verblüffende und reizvolle Moment einer Komposition. Boulez habe den Arbeitsvorgang einmal einen »kalten, kühlen Rausch« genannt; das sei natürlich ganz »boulezisch« und sehr französisch ausgedrückt, aber er, Zimmermann, fände es sehr zutreffend.

Die Einzelpersönlichkeit des Komponisten und das Gesetz des Stückes verböten Rücksichtnahme auf Aufführbarkeit oder gar auf das jeweilige Können eines bestimmten Interpreten. So dürfe er sich nicht wundern, daß seine Werke es schwer hätten, aufgeführt zu werden. Manche Instrumentalisten setzten sich aber sehr intensiv für Aufführungen seiner Kompositionen ein, so spiele Siegfried Palm oft und gern seine Cellostücke, wie z. B. »Canto di speranza«, die Sonate für Cello solo oder sein Cellokonzert. Auch die Brüder Kontarsky setzten immer wieder Kompositionen von ihm auf ihr Programm.

Oft benötige er zur Aufführung eines Werkes bestimmte räumliche Möglichkeiten. Die »Dialoge« z. B. seien nur auf einer überdimensional großen Bühne zu realisieren, da die Sitzordnung von der althergebrachten Form völlig abweiche: jeder Spieler benötige zum anderen einen Abstand von drei Metern. Da die Sitzordnung ein Teil der Komposition sei, könne der Komponist unter keinen Umständen auf ihre Einhaltung verzichten. Im Grunde habe wohl die Berliner Philharmonie die einzige Bühne, die die »Dialoge« aufführen könne. Doch leider sei ein Komponist auf die Aufgeschlossenheit

eines Dirigenten und Orchesterleiters der modernen Musik gegenüber ange-
wiesen. Wieweit solle und dürfe der Komponist Manager seiner eigenen
Sache sein? Ezra Pound habe das treffende Wort geprägt: »Der legitime
Platz eines Künstlers ist der zwischen zwei Stühlen!«

Auch die Oper »Die Soldaten« habe fünf Jahre warten müssen, bis sie in
Köln uraufgeführt wurde. Oskar Fritz Schuh habe sie für unaufführbar gehalten und – wie das so sei – ein ganzer Stab mit ihm. Das Echo, das der
Aufführung dann aber gefolgt sei, hätte ihn seine Meinung revidieren lassen müssen, doch: wer gebe schon gern ein Fehlurteil zu!

Er, Zimmermann, habe seine Idee der pluralistischen Komposition in fast
allen seinen Stücken dargestellt, angefangen vom »Alagoana«–Ballett, das
er 1950 noch einmal bearbeitet habe, bis hin zu den »Antiphonen«, in denen
die Interpreten nicht allein ihre Instrumente spielten, in denen sie auch sprechen müßten. In diesen »Antiphonen« werde die Gegenwärtigkeit aller Epochen also nicht nur mit musikalischen Mitteln demonstriert, sondern auch mit
literarischen Texten deutlich gemacht. Auf Textverständlichkeit lege er hier
keinen Wert: Die Texte, entnommen u. a. der Vulgata, dem Buch Hiob,
Dantes »Göttlicher Komödie«, Dostojewskis »Brüder Karamasoff« und
Joyces »Ulysses«, würden in ihrem Urtext gleichzeitig gesprochen.

»Die Soldaten« brächten den Pluralismus nun auf die Bühne. Thematisch
und musikalisch fielen in einer Szene wieder mehrere Schichten übereinander. Pluralismus auf der Bühne stelle bestimmte räumliche und szenische Bedingungen. Zimmermann zählt einiges auf: Die Oper stelle das Gesamt-
kunstwerk schlechthin dar. In ihr seien alle theatralischen Momente vereint:
Dichtung, Musik, Tanz, Architektur, Gestik. Schon die antike Tragödie hatte das Zusammenwirken dieser fünf Künste gefordert. Seine, Zimmermanns
Forderungen für die moderne Oper habe er in dem Aufsatz »Oper als tota-
les Theater« in der Mai-Ausgabe 1966 von »Theater heute« aufgestellt:
». . . Wenn von einer Oper von heute . . . die Rede ist, so ist an eine Oper
zu denken, besser noch: an ein Theater, unter dem ich die Konzentration aller theatralischen Medien zum Zwecke der Kommunikation an einer eigens
dafür geschaffenen Stätte verstehe. Mit anderen Worten: Architektur, Skulp-
tur, Malerei, Musiktheater, Sprechtheater, Ballett, Film, Mikrophon, Fernsehen, Band- und Tontechnik, elektronische Musik, konkrete Musik, Zirkus,
Musical und alle Formen des Bewegungstheaters treten zum Phänomen der
pluralistischen Oper zusammen. . . .

Bei den »Soldaten« habe ich versucht, in dieser Beziehung entschieden Schritte zu tun, und wie erinnerlich, sind in einigen Szenen dieser Oper Sprechen,
Singen, Schreien, Flüstern, Jazz, Gregorianik, Tanz, Film und das gesamte
moderne »technische Theater«, über das wir heute erfreulicherweise bereits
verfügen, in den Dienst des Gedankens der pluralistischen Form des Musik-
theaters gestellt worden. . . .

Die Realisierung der neuen Form der pluralistischen Oper . . . stellt nun
selbstverständlich große Anforderungen an Regie und die Ausführenden . . .

So müßten beispielsweise neben den einen Gesangsexperten solche zur Verfügung stehen, die sowohl singen und sprechen können, die tanzen und jede Form von akrobatischer Bewegung auszuführen in der Lage sind ... In der Kaffeehausszene des zweiten Aktes der »Soldaten« werden reiche Aufgaben der eben beschriebenen Art gestellt ... Wie nun müßte ein neues Haus der beschriebenen Art architektonisch beschaffen sein, was müßte zur Verfügung stehen? Antwort: der omnimobile, absolut verfügbare architektonische Raum! ... In der Praxis des neuen Theaters müßten – um nur einige Aspekte vorzustellen – vielfach gestaffelte, nötigenfalls das Publikum ring- oder kugelförmig umfassende Spielflächen zur Verfügung stehen, auf denen – je nach Bedarf – simultan oder sukzessiv zu agieren wäre; diese Spielflächen sollten ebenso wie das Publikum oder Gruppen desselben mobil gehalten sein: Standortveränderungen durch Heben oder Senken der Kommunikationspartner Bühne und Publikum, Zuwendung zu dem einen oder Abwendung von dem anderen Spielgeschehen nach jeweils durch das Stück selbst gegebenen Verfahren; Austausch oder gegenseitige Durchdringung von Bühnen- und Filmgeschehen (ersteres entwickelt sich aus letzterem oder umgekehrt oder beides gleichzeitig usw.); Austausch von Spielgeschehen und Orchesterhandlung durch Hebung des Orchestergrabens: Orchester wird Bühne für das instrumentale Theater je nach Erfordernis der pluralistischen Oper; Einrichtung von Kipp-, Dreh- und Liegesitzen als immobil-mobil gehaltener »kardanischer« Punkt für den Zuschauer, so daß dieser flexibel dem vielfältigen Geschehen rings um ihn her folgen kann: Kommunikationsfähig nach allen Richtungen ...«

Über die Entstehung der »Soldaten« sagte mir der Komponist: Schon seit langer Zeit habe er nach einem Libretto für seine Oper gesucht. Er würde gern sagen: »Zufällig« habe er den Stoff gefunden, wenn er nicht wüßte, daß es keine Zufälle gebe. Diesen Stoff von Jakob Michael Reinhold Lenz zu wählen, sei ein spontaner Entschluß gewesen. Der Oberspielleiter der Kölner Bühnen habe ihm eines Tages ein Reclamheft gebracht: »Die Soldaten«. Wenig später habe er die »Anmerkungen über's Theater« gefunden, eine Rede, die Lenz 1774 vor Freunden in Straßburg gehalten habe. Lenz habe diese Gedanken also bereits formuliert, ehe Goethe, mit dem er in Straßburg zusammentraf, seinen »Götz« geschrieben hatte.

In diesem Aufsatz von Lenz habe er, Zimmermann, Gedanken gefunden, die sich mit seinen Ideen des Pluralismus' träfen. Lenz spreche z. B. von »der jämmerlichen Bulle der drei Einheiten des Aristoteles«: Es gebe tausend Einheiten, die aber alle auf eine einzige hinausliefen. »Die Soldaten« hätten seinen Vorstellungen von einem Libretto völlig entsprochen. Es gebe darin Szenen, in denen nur ein einziger Satz gesprochen werde. Er habe sich sofort an die Arbeit des Komponierens gemacht. Den Text habe er sich selber eingerichtet, d. h. das dichterische Wort habe er unverändert gelassen, er habe einige Szenen gestrichen und einige zusammengefaßt. Alle Offizierssszenen z. B., die für Lenz in ihrem sozialkritischen Effekt wichtig seien, hätten ihn weniger interessiert. Mit Hilfe der Collagen habe er diese sechzehn Szenen in eine zusammenziehen können. Ihn habe an den »Soldaten« vor allem interessiert, wie – und auch daß – die handelnden Personen mehr unschuldig als schuldig in Zwangssituationen hineingeführt würden, aus denen es kein Entrinnen gebe. Und auch hier habe er wieder gefunden, was er unter der »Einheit der Zeit« verstehe: Die Personen würden bedroht, die Vergangenheit bedrohe die Zukunft, die Zukunft bedrohe die Vergangenheit. Keiner könne entrinnen. Das letzte Bild sei eine große Zeitspirale, ein elektronischer Schreiklang fülle den Raum, er breche von allen Seiten auf den Zuhörer ein und ziehe diesen somit in das Bühnengeschehen mit hinein.

Werkverzeichnis Bernd-Alois Zimmermann

1948	Konzert für Streichorchester (Neufassung des Streichtrios)	Schott's Söhne
	»Lob der Torheit«, Burleske Kantate (Goethe) für Koloratursopran, Vorsänger (Tenor), gem. Chor, großes Orchester	Schott's Söhne
1940/50	»Alagoana« (Caprichos Brasileiros) Ballett für Orchester	Schott's Söhne
1950	Konzert für Violine und großes Orchester	Schott's Söhne
	Sarabande und Bolero für Klavier	Gerig
	Sonate für Violine und Klavier	Schott's Söhne
1951	Sonate für Violine solo	Schott's Söhne
1949/52	»Enchiridion«, Kleine Stücke für Klavier zu 2 Hd.	Schott's Söhne
1952	Konzert für Oboe und kleines Orchester	Schott's Söhne
1953	»Kontraste« Musik zu einem imaginären Ballett nach einer Idee von Fred Schneckenburger	Schott's Söhne
1947/53	Sinfonie in einem Satz für gr. Orchester	Schott's Söhne
1954	»Nobody knows the trouble I see« Konzert für Trompete in C und Orchester	Schott's Söhne
1955	»Perspektiven« Musik zu einem imaginären Ballett für zwei Klaviere	Schott's Söhne
	Sonate für Viola solo	Schott's Söhne
1954/56	»Konfigurationen« acht Stücke für Klavier	Schott's Söhne
1952/57	»Canto di speranza« Kantate für Violoncello und kleines Orchester	Schott's Söhne
1957	«Omnia tempus habent« Solokantate	Ricordi
1958/60	»Die Soldaten« Oper in vier Akten ⊙ Wer 60 030 nach dem gleichnamigen Schauspiel von J. M. R. Lenz	Schott's Söhne
1959/60	Sonate für Cello solo ⊙ SaP Wer 60 036	Edition Modern
1961	»Présence« Concerto scènique pour violon, violoncelle et piano DG 137 008	Schott's Söhne
1962	Cinque Capricci di Girolamo Frescobaldi »La Frescobalda« für 3 Blockflöten, Oboe d'amore,	Bärenreiter

	3 Violen da Gamba, Laute, 3 Trompeten und 3 Posaunen	
	»Antiphonen« für Viola und kleines Orchester	Edition Modern
1963	»Tempus loquendi« Pezzi ellittici per Flauto Grande, Flauto in Sol e Flaute Basso solo	Schott's Söhne
1960/65	»Dialoge« Konzert für 2 Klaviere und gr. Orch.	Schott's Söhne
1960/64	»Monologe« Fassung der »Dialoge« für 2 Klaviere »Hommage à Claude Debussy«	Schott's Söhne
1965/66	Concerto pour violoncelle et orchestre en forme de »pas de trois«	Schott's Söhne
1966	»Tratto« Komposition für elektronische Klänge in Form einer choreographischen Studie ⊙ Wer 60 031	
1967	»Intercomunicazione« per violoncello e Pianoforte ⊙ DG 137 008	Schott's Söhne
	»Musique pour les soupers du Roi Ubu« für großes Orchester	Bärenreiter
1968	»Photoptosis« Prélude für großes Orchester	Schott's Söhne
	»Die Befristeten«, Ode an Eleutheria in Form eines Totentanzes (f. Jazz-Quintett)	Schott's Söhne
1969	»Requiem für einen jungen Dichter« Lingual für Sprecher, Sopran- und Baritonsolo, Chöre, Orchester, Jazzcombo, Orgel und elektronische Klänge	Schott's Söhne
1970	»Stille und Umkehr« Orchesterskizzen	Schott's Söhne
	Vier kurze Studien für Violoncello	Gerig
	»Ich wandte mich und sah an alles Unrecht, das geschah unter der Sonne«, ekklesiastische Aktion für Bass solo, 2 Sprecher und Orchester	Schott's Söhne

Hans Ulrich Engelmann

Im Sommer 1966 besuchte ich Dr. Engelmann in seiner Atelierwohnung am Rosenhügel in Darmstadt. Mit fast jungenhaftem Schwung und lebhafter Frische überwand er die Schwierigkeiten einer ersten Begegnung. Seine Gattin, eine Malerin, deren Bilder, Mosaiken und Wandbehänge die Wände schmückten, bereitete uns einen Tee; das Gespräch konnte beginnen.

Doch zuvor einige biographische Daten: Engelmann, Jahrgang 1921, begann bereits während der Schulzeit mit selbständigen Studien in Musiktheorie und Komposition. Nach Kriegsende studierte er zunächst einige Semester Architektur, wechselte dann aber zur Musik über und lernte bei Wolfgang Fortner in Heidelberg und am Kranichsteiner Musikinstitut bei Leibowitz und Krenek. Gleichzeitig belegte er an der Universität Frankfurt Musikwissenschaft, Literatur- und Kunstgeschichte. Schon vor seiner Promotion zum Dr. phil. (1952) war Engelmann als Mitarbeiter von Rundfunk, Theater, Fachzeitschriften und als Gastdozent tätig. Von 1954 bis 1961 wirkte er als ständiger Berater am Schauspiel von G. R. Sellner. Dazwischen lagen längere Aufenthalte auf Island (1953/54) und in Italien (1960 und 1967). Engelmann erhielt mehrere Auszeichnungen: 1949 Stipendium der Harvard University, 1955 Preis für Komposition der deutschen Industrie, 1960 und 1967 Rompreis der Villa Massimo, 1960 Prix Lidice von Radio Prag, 1969 Stereopreis der Deutschen Rundfunkindustrie. Seit 1969 ist Engelmann Dozent für moderne Komposition an der Musikhochschule Frankfurt.

Herr Doktor Engelmann, wann begannen Sie sich erstmals mit Musik zu befassen?

Wie das so veranlaßt wird von den Eltern, bekam ich Klavierunterricht mit 10 Jahren. Ich hatte schon vorher gern auf dem Instrument improvisiert. Aber als man mich fragte: Na, Kleiner, kannst Du schon etwas spielen? da verstummte ich und – brachte gar nichts hervor. Und als ich die Notenschrift gelernt hatte, habe ich gleich so kleine Stückchen geschrieben, das machte mir viel mehr Freude, als meine Etüden zu üben. Ich war also ein recht schwieriger Schüler. Briefe kamen nach Hause: »Ihr Sohn hat nicht richtig geübt.« Die Inventionen von Bach habe ich sehr gern gespielt, da konnte ich meinem Lehrer erklären: »Das ist eine Sequenz« und ähnlich Theoretisches. Man hätte also von einem gewissen Zeitpunkt an sehen sollen: Diesen Jungen müssen wir in eine theoretische Klasse stecken! Aber man hat es erst sehr spät ge-

merkt, ich mußte mich selbständig mit diesen Dingen befassen. Aus Theorie-
büchern habe ich mir das Grundrüstzeug selbst beigebracht, im Alter von
zwölf bis achtzehn Jahren.

Waren Sie von Hause aus musikalisch vorbelastet?

Ich glaube, daß beide Eltern musikalisch waren, sie waren aber keine ausübenden Musiker. Mein Vater war Diplomingenieur, dabei sehr musisch
veranlagt, vor allem literarisch, und kam über das Literarische zu den Liederzyklen vor allem von Schubert und Hugo Wolf, die er oft gesungen hat.
Eine musikalische »Berufung«, wie man sie bei sogenannten Wunderkindern
sieht, konnte man bei mir auch nicht entdecken. Denn bewußt und zielstre-
big zu komponieren begann ich eigentlich erst, als bereits viele andere Dinge
geschehen waren. Im Alter von fünfzehn Jahren habe ich gern gezeichnet
und gemalt, durch Freundschaften mit jungen Malern bekam ich Einblick in
die bildende Kunst der Moderne. Dann war plötzlich der Wunsch da, Schauspieler zu werden. Dieses Stadium sehe ich als einen Übergang zur Schrift-
stellerei an, einer Sache, die ich auch heute noch gern tue. Erst mit ungefähr
siebzehn Jahren begann ich mich dann kontinuierlich im Komponieren zu
üben und zu lernen.
Auf Wunsch der Eltern nach einem praktischen Beruf galt es nach dem Abitur eine Synthese zu finden zwischen Broterwerb und Kunst; und da ich gern
zeichnete und malte, dachte ich an Architektur. Nach Kriegsende habe ich
auch wirklich ein Jahr Architektur studiert, eingedenk des väterlichen Wun-
sches und all der Dinge, die man erlebt hatte, dem praktischen Leben gegenüber gerecht zu werden. Es waren dann Professoren der Architektur, die –
nachdem sie Kompositionen von mir gehört hatten – sagten: »Warum wollen
Sie eigentlich nicht den Dingen nachgehen, die bei Ihnen so sehr deutlich geworden sind?«
So ließ ich mich auf der Universität in Frankfurt immatrikulieren und belegte neben Vorlesungen in Musikwissenschaft bei Genrich und Osthoff Lite-
ratur- und Kunstgeschichte. Gleichzeitig hatte ich bei Wolfgang Fortner in
Heidelberg Kompositionsunterricht. Dort wurden intensive Grundlagen gelegt; vor allem im Hinblick auf Kultivierung im Komponieren. Das eigentliche Komponieren, darüber wollen wir uns klar sein, kann man nicht lernen
und nicht lehren. Es gibt ja Komponisten, wie Béla Bartók, die sich ihr ganzes Leben gesträubt haben, Unterricht im »Komponieren« zu geben. Nicht
zuletzt auch Strawinsky, der die Leute, die zu ihm kommen wollten, gern
weiterempfahl an Nadja Boulanger. Auch Dallapiccola, mit dem ich oft in
Florenz zusammen war, sagte mir, alles was er tun könne, sei Analysen
geben an den großen Meisterwerken, wie auch an den Schülerkompositionen
zur Kultivierung. Ich selbst lehnte bisher Privatschüler ab, weil ich die
schwere Laufbahn eines Komponisten für andere nicht noch mitverantwor-
ten kann. Inzwischen bin ich selbst Lehrer für moderne Musik und Kompo-

sition an der Hochschule in Frankfurt geworden. Ich möchte meine Studenten die theoretischen Dinge lehren, alles andere müssen sie allein finden, das ist Bestimmung.

Ich selbst habe vier, knapp fünf Jahre bei Fortner gelernt. Er hat bei mir die melodische Linie und die kontrapunktischen Dinge kultiviert. Die Beherrschung des Rhythmischen war bei mir eine natürliche Anlage.

Sie haben zu einer Zeit studiert, die unsagbar fruchtbar, anregend und aufregend gewesen sein muß: der »Aufbruch in die Freiheit« nach dem Krieg – wie es Fortner einmal nannte. Sie haben noch dazu in Darmstadt gelebt, in der Stadt, in der sich alle Komponisten, die etwas Neues machen wollten, zusammenfanden. 1964 hatte Dr. Wolfgang Steinecke zum erstenmal die »Ferienkurse für internationale neue Musik« im Kranichsteiner Jagdschloß bei Darmstadt initiieren können, die heute noch jedes Jahr unter dem Titel »Internationale Ferienkurse für Neue Musik« veranstaltet werden. Trafen Sie dort mit Komponisten zusammen, die Ihre musikalische Sprache beeinflußten?

1948 hielten René Leibowitz und Ernst Krenek am Kranichsteiner Musikinstitut Kompositionskurse über die Schönbergsche Methode, wie mit zwölf gleichberechtigten Tönen zu komponieren sei. Jeder der beiden Lehrer machte uns – d. h. mich und eine ganze Reihe Komponisten meiner Generation – mit anderen Möglichkeiten der Dodekaphonie vertraut, kurzum, man konnte sehen, daß diese »Technik mit 12 Tönen« kein starres System war, sondern eine Methode, mit der man individuell umgehen konnte, wenn man dazu veranlagt war.

Gab es aus anderen Epochen bestimmte Stile oder auch Komponisten, die Sie besonders interessierten?

In dieser Beziehung bin ich wechselhaft. Aber ich glaube doch, wenn ich zurückschaue, so interessierte mich aus bestimmten Gründen besonders das Mittelalter, das 12. und 13. Jahrhundert. Der sogenannte Übergang von der ars antiqua zur ars nova hat überraschend viele Ähnlichkeiten mit unseren heutigen Vorgängen. Auch da bildeten sich viele neue Ergebnisse in der Tonalität, in der Modalität heraus. Und vor allen Dingen im Hinblick auf die Formprinzipien ist das Mittelalter gar nicht so grau und trocken, wie häufig angenommen wird.

Lange Zeit beschäftigte ich mich vor allem mit Bach, nicht aus einer emphatischen Begeisterung für Bach heraus, wie es heute schon fast Mode geworden ist, mich interessierte vielmehr das handwerkliche Element in seiner Musik. Aus meiner Beschäftigung mit den Inventionen, mit den ganzen kontrapunktischen Dingen, mit diesen verschiedenen linearen Problemen habe ich viel gelernt. Besondere Neigung hatte ich eigentlich auch immer zur Romantik, so merkwürdig das klingen mag, und zwar vom Literarischen her: E. T. A.

Hoffmann, auch Eichendorff, ich möchte sagen, die Romantik nicht als historischer Abschnitt – es gibt ja verschiedene Abschnitte in der Romantik –, sondern als ein immer wesentlicher, unvergänglicher Zug, der zu allen Zeiten der Kunstgeschichte wirksam ist und es auch bleiben wird. Impressionismus und sonderlich der französische Impressionismus ist mein eigentlicher Ausgangspunkt gewesen. Die Farbigkeit Debussys, vor allen Dingen Ravels haben meine ersten kompositorischen Arbeiten stark beeinflußt. Ein Komponist, der mich immer besonders angezogen hat, war Alban Berg. Und daß ich über Bartók promovierte, geschah eigentlich weniger aus Leidenschaft, als zunächst einmal aus der notwendigen analytischen Auseinandersetzung mit einem Komponisten, der an der Schwelle stand zu all diesen Möglichkeiten, der die Polytonalität wie die Polyrhythmik, die Atonalität bis hin zu den Anfängen zwölftöniger Konstellationen organisch in seinen großen Werken gezeigt hat. Deshalb habe ich mich rein musikwissenschaftlich mit Bartók auseinandergesetzt. Daß seine Musik in meinen eigenen Arbeiten Spuren hinterlassen haben sollte, möchte ich aber bezweifeln.

Können wir in der Aufzeichnung Ihrer musikalischen Entwicklung fortfahren? Ich unterbrach Sie, als Sie von den Kompositionskursen bei Leibowitz und Krenek erzählten. . . .

Ich arbeitete seit 1948 also auch mit der Reihe. Man kann mit dieser Technik unendlich viele Stücke schreiben, ohne daß sich auch nur einmal etwas wiederholt. Ich legte mir für eine Komposition einmal eine bestimmte Reihenfolge der zwölf Töne fest. Diese Reihe kann ich so oft variieren, daß sich auch in der längsten Arbeit keine Langeweile einschleicht, weil die Töne immer anders sitzen, anders wirken, so daß man wirklich mit einer Reihe auskommen und wie in einem endlosen Mosaik die verschiedensten Dinge konzipieren kann. Im Laufe der musikgeschichtlichen Entwicklung habe ich mich dann über die Reihentechnik hinaus den sogenannten Disziplinen der Rhythmik zugewandt, die vorher noch nicht zur Raison gebracht worden waren. Die Rhythmik war bei Schönberg und seiner Schule frei. Das Rhythmische mußte in eine Reihenform gebracht werden, die entweder an die Zwölftonreihe koordiniert ist oder als selbständige Reihenform besteht, die wiederum zu variieren ist. Man kann alles identisch machen und verbinden. In der seriellen Praxis, das wissen Sie ja, werden alle Komponenten des Komponierens vorweg bestimmt. Das klingt schematisch und eingeengt. Es ist aber Angelegenheit der Phantasie eines Komponisten, um in diese Materie Leben hineinzubringen. Vorher, in der tonalen Musik, war es im Grunde nicht viel anders: Die Formprinzipien einer Sonate oder Fuge haben bestimmte Schemata vorausgesetzt. Und Schul-Prüfungsaufgaben von Fugen wurden nicht immer große kompositorische Ereignisse. Aber in der Hand eines begabten Musikautors wird eine so schematische Sache, wie es die Fuge, wie es die Sonate sein kann, Leben annehmen. Warum sollten also in einer Komposition die vorher bestimmten Tonhöhen, Tondauern, die Klangfarben und der

Rhythmus – nennen wir einmal diese Parameter – warum sollten die nicht, mit Phantasie geführt, nachher ein kompositorisches Ergebnis zeitigen?

Kann ein Komponist das Zwölftongesetz so in sich aufgenommen haben, daß er eine Reihenkomposition fast intuitiv aufstellt, ohne nachzählen oder konstruieren zu müssen?

Sie sagten eben das einzig Richtige: Ein Komponist hat heute das neue Gesetz so absorbiert, wie er früher die Kirchentonarten oder die Diatonik beherrschte. Doch es gelten nicht ewig die gleichen Gesetze; auch sie sind der Zeit unterworfen. Auch ein Komponist darf nicht stehenbleiben, er muß mit der Entwicklung der Zeit schritthalten. Die Ablösung von der seriellen Praxis vollzog sich bei mir um 1962 mit der Komposition der »Trias« für Klavier, Orchester und elektronisches Tonband. Es gibt sehr gescheite Aufsätze über die Gefahren des Seriellen, vor allem von György Ligeti, der bereits 1960 in seinem Aufsatz »Wandlungen der musikalischen Form« in »die Reihe 7« beweist, wie sich die Sache durch sich selbst auflösen muß. Der neuralgischste Punkt war der der Klangfarbe, die sich nicht in die Proportionsverhältnisse einordnen ließ, wie die anderen Parameter. Die Schlüsselfigur, die den Prozeß des Aufbruchs in die neue Freiheit in größtem Maße beeinflußt hat, ist für uns alle, ob wir es wahrhaben wollen oder nicht, John Cage. Sicher war die Form der Aleatorik, wie sie von Boulez gehandhabt wurde, auch sehr wichtig gewesen, doch Cage hat das Moment des Improvisatorischen aufgerissen, das im Jazz als conditio sine qua non immer vorhanden war, von den E-Musikern aber lange mit Hochmut als »unkontrollierte Musik« abgelehnt wurde.

Da Sie gerade den Jazz erwähnen: in Ihrer Funkoper »Der Fall van Damm« wie auch in dem Musikszene »Ophelia 69« spielt der Jazz eine erhebliche Rolle. Sie haben aber auch direkt Kompositionen für Jazzbands geschrieben oder z. B. eine »Sonate für Jazz-Orchester«. Wie sind Sie dazu gekommen?

Der Jazz spielt bei mir von Kindheit an eine wichtige Rolle. Ich war fasziniert vom Idiom dieser Musik, und dies hat sich bis heute nicht geändert, obwohl sich inzwischen die Jazzformen und Spieltechniken oft wandelten und weiter verändern werden. Geblieben jedoch über all diesen Mutationen ist das spezifisch idiomatische Moment des Jazz, ob er uns nun als Oldtimer erfrischt oder als Free Jazz. Ich sage »erfrischt«, denn im Jazzidiom liegen Jugendlichkeit und Optimismus, liegen Lebensstimulanz und Vitalität, die als Auffrischung unserer abendländischen Tradition und Musikentwicklung zugute kommen.

Für mich ist also das Jazzidiom ein musikalisches Faktum unseres Jahrhunderts, mit dem ich immer wieder arbeite, und das ich in meine Kompositionstechnik einbeziehe. Sicherlich, in meiner seriellen Phase wurde das Jazzidiom fast verdrängt. Aber wir alle haben uns ja von der totalen Umklammerung mehr und mehr befreit, und ich glaube, daß gerade im Musiktheater unserer Zeit der Jazz eine sehr bestimmte dramaturgische Funktion ausüben kann.

*Ich habe den Eindruck, daß Ihnen überhaupt die Arbeit für das Theater be-
sonders liegt. Besteht ein großer Unterschied in der kompositorischen Arbeit,
ob Sie ein Bühnenwerk oder ein Konzertstück komponieren?*

Es stellen sich im Hinblick auf die Gesetze des Theaters andere Aufgaben
als für die Gesetze des Konzertsaals. Die Musik für die Szene rechtfertigt
sich nicht allein durch Autonomie oder kontrapunktische Künste als vielmehr
durch eine musikalische Präsenz, die letztlich der Szene zu dienen hat. Es ist
allenfalls ein ästhetisches Bekenntnis gegen das Theater, wenn ein Komponist der zwanziger Jahre einmal formulierte: »Ich schreibe für das Theater,
um als absoluter Musiker gegen ein Hindernis zu musizieren.«
Ich glaube, daß ein Theaterkomponist geboren wird mit dem Eros für die
Bühne; lernen kann man das nicht. Ich schreibe aber keine Opern im traditionellen Sinne. Schon meine ersten Opernpartituren lassen meine Ablehnung
der üblichen Opernform gegenüber erkennen. Ich habe eine ganze Reihe von
Opern geschrieben, die keine mehr waren. Schon mein op. 4 von 1950 »Doktor Faust's Höllenfahrt« nach Klabund weist Züge von Schauspielelementen
auf. Es gibt bei mir keine Arien, keine Ensembles, ich lasse viel deklamieren
im Parlando-Stil. Ich machte den Versuch, Musiktheater mit Schauspiel und
Ballett zu verknüpfen. Heute ist Multi Media nichts Neues mehr! Ich begeisterte mich für die Theorie Busonis, seit ich zu komponieren begann.

*Sie haben auch für viele Theaterbühnen eine Reihe von Schauspielmusiken
geschrieben. Haben Ihnen solche »Gebrauchsarbeiten« Anregungen zu eigenen Kompositionen gegeben?*

Ich habe von Anbeginn meiner Komponistenlaufbahn Musiken für das
Schauspieltheater geschrieben und tue es bis auf den heutigen Tag immer
wieder gern – es sind bis jetzt auch mehr als 25 Schauspielmusiken entstanden. Die Zusammenarbeit mit Regisseuren, Schauspielern, Bühnenbildnern,
Dramaturgen, Intendanten, die Atmosphäre des Theaters und die Proben-
arbeiten, die Aufgabenstellung: Musik für die Szene zu schreiben und daraus
eine Musikdramaturgie zu lernen, dies alles erweitert den künstlerischen Ho-
rizont des Komponisten und macht ihn freier im eigenen Fach. Ich würde es
als ein ausgesprochenes Manko empfinden, wenn ich nie solchen Kontakt
mit dem Theater gefunden, nie wirkliche »Gebrauchsmusiken« für das Theater geschrieben hätte. Und sie waren auch in einigen Fällen Vorstufen zu
selbständigen Theaterkompositionen. Die Partitur der »Ophelia« hat Vorstudien in meiner Musik zu »Him« von E. E. Cumings. Auch die Orchester-
komposition »Shadows« mit dem Untertitel »Szenen für Orchester« ist dem
Entwurf der Oper »Der verlorene Schatten« nach Chamisso entnommen.

*Sie erhielten für Ihre Funkopfer »Der Fall van Damm«, die Sie 1966/67
komponierten, den Stereopreis der Deutschen Rundfunkindustrie. Könnten
Sie über die Komposition einige Sätze sagen; soviel ich weiß, hat der West-
deutsche Rundfunk mit seinem Kompositionsauftrag die bestimmte Absicht*

166

verfolgt, daß Sie eine Oper schreiben mögen, die sich speziell mit Stereo-
phonie beschäftigt und die species Rundfunkoper weiterentwickeln sollte.

Es war im Herbst 1965, als die Musikabteilung des WDR Köln mich bat,
Überlegungen für Sujet und Durchführung einer Funk-Oper anzustellen. Es
sollte ein Objekt werden, an das ich als Komponist frei herantreten könnte,
jedoch unter Einbeziehung möglichst radiogener und stereophonischer Mittel.
Funk-Oper also. Mehr als ein Jahrzehnt war wieder vergangen, seit ich mich
solch einer Aufgabe gestellt hatte. Meine erste Kammer-Oper für die Bühne
»Doktor Faust's Höllenfahrt« war ja 1951 für den Hörfunk des Hamburger Senders eingerichtet worden; ein wenig später, 1955, schrieb ich im Auftrag des Norddeutschen Rundfunks die dramatische Kantate »Die Mauer«.
1965 galt es also, ein Sujet zu finden, ein Libretto.
Aber es sollte vor allem keine Literaturoper werden. Mich beschäftigte
schon seit geraumer Zeit die aufsehenerregende Geschichte von der Hinrichtung eines Mannes, die in letzter Sekunde stets verschoben wurde: um Wochen, Monate, Jahre!
X-fach auf den elektrischen Stuhl gebracht, x-fach durch Aufschub entris-
sen – das war doch mehr als ein Sühnetod für den Delinquenten, der als Mör-
der verdächtig war. Die Welt legte damals ihr Veto ein. Ein Modellfall stand
zur Diskussion: Darf ein Mensch mehrmals zum Tode verurteilt werden, ist
es moralisch gerechtfertigt, eine angesetzte Hinrichtung immer wieder auf-
zuschieben und so einen Verurteilten stets aufs neue mit dem Tode zu konfrontieren?
Diesen »Fall van Damm«, dessen Libretto ich mir mit einem befreundeten
Schweizer Schriftsteller, Dr. Markus Kutter, zusammenstellte, in Partitur
zu bringen, also musikalisch auszudrücken, reizte mich sehr für den Auftrag
der Funk-Oper. Was ergaben sich nun für kompositorische Aspekte? Wo
hatte, ganz handfest, das Abenteuer der Koordinierung von Text und musikalischer Struktur zu beginnen?
Kann eine »Vertonung« solch einer textlichen Struktur gerecht werden? Sie
kann es nicht mehr seit den Tagen, als Sprache selbst zu Musik sich entfä-
cherte, als sie im Netz kompositorischer Konstellationen phonetisch zerging.
Das war an Lyrik und synthetischem Wort ausprobiert, hatte Methode weit
mehr als alle »Vertonung«. Hier aber im »Fall van Damm« ging es um
das Gegenüber eines realistischen Textes. Und: wie war dieser mit Musik
zu verquicken? Wortverständlichkeit ist in der Vokalmusik, wie wir alle
wissen, keine Selbstverständlichkeit, für eine Funk-Oper jedoch Postulat.
So faßte ich folgenden Entschluß: Ich komponierte keine reine Gesangsoper,
sondern vorwiegend eine musikdeklamatorische, von Instrumenten durch-
wirkte Szenik: drei Vokalpartien werden flexibel bis improvisatorisch vor-
getragen, sie bewegen sich oft frei, nach grafischen Stimulantien, über dem
Instrumentarium.

167

Hinzu tritt, sehr wesentlich für den Ablauf, ein gemischter Sprech-Chor mit vorwiegend phonetischer Funktion im kompositorischen Zusammenhang. Schauspieler übernehmen sporadisch reine Dialogstellen. Ein wesentlicher Anteil für den Aufbau dieser Funk-Oper wurde von stereophonischen Verfahren bestimmt, die zum großen Teil in der Partitur bereits festgelegt waren, jedoch in der Produktion mit Tonmeister und Tontechniker noch differenziert wurden: zu Schlagzeug- und Tastenspielern kommen elektronische wie konkret manipulierte Tonbänder hinzu. Es ist selbstverständlich, daß wir uns nicht mit einer stereophonen Spielerei (des simplen Ping-Pongs) begnügten, sondern das ganze akustische Panorama in Stellenwerte einteilten, Raumperspektiven schufen, die der kompositorischen wie der Handlungsdramaturgie konstruktiv zugeordnet wurden.

Ihre musikalische Szene »Ophelia 69«, die ich in Hannover anläßlich der »Tage für Neue Musik 1969« sah oder hörte – sie ist wirklich so »pluralistisch«, daß ich nicht weiß, wie ich es anders als »Musikaktionstheater« nennen soll –, verbindet Tanz, Pantomime, Sprechstimme, Chor, instrumentale, konkrete und elektronische Musik. Wie sehen Sie die Möglichkeiten einer Kombination von instrumentaler und elektro-akustischer Musik?

Ich habe die elektronische Musik nie als technokratischen Selbstzweck verstanden, sondern als ein Medium, das nach einer Zeit der Erforschung gleichsam als neues Instrument mit vielen Möglichkeiten in die »Universitas« der musikalischen Komposition einzubeziehen wäre.
Auch ich halte viel von einer Kombination instrumentaler und elektro-akustischer Musik, und ich glaube, daß in dieser Durchdringung noch manch Interessantes zu erwarten sein wird, inklusive der »konkreten« Tonbandmusik.
Dieser sogenannten Mischform bediente ich mich erstmalig um 1962 bei der Komposition meiner »Trias«, Konzert für Klavier, Orchester, elektronisches Tonband, wo ich im letzten Satz Instrumentales und Elektronisches verbinde, ebenso in der Komposition »Timbres« für Kammerensemble.
Für das erste Auftreten der »Gruppe Mega Hertz«, die Günther Becker leitet – er hat sie auch ins Leben gerufen –, komponierte ich »Modelle« für elektronisches Ensemble, 1970. Sie sind ausschließlich graphisch notiert, in anderen Kompositionen benutzte ich die graphische Notation nur an einigen bestimmten Stellen. In den »Modellen« sind die graphischen Symbole in einem Zeitraster untergebracht, in dem sich die Spieler improvisatorisch bewegen. Meine Graphik ist nicht autonom, sie ist Stimulanz zur gesteuerten Improvisation. Einfache Zeit- und Zeichengliederung sollen den fließenden Zusammenhang als akustisch-optische Identität vorstellen, als schaubare Musik.
Daß meine musikalische Graphik den Interpreten deutliche Zeichen gibt, bestätigte mir Siegfried Palm, für den ich ein Stück für Cello in graphischer Notation komponiert habe: »Mini Music« for Siegfried Palm, 1970. Auf

zwei durch ein Scharnier miteinander verbundenen Kartonseiten ist ein Labyrinth gezeichnet, in dem sich der Interpret orientieren muß. Die Dauer des Stückes ist also unterschiedlich. Das graphische Bild wird die Phantasie des Interpreten stimulieren.

Herr Dr. Engelmann, darf ich eine rein technische Frage stellen: Wie komponieren Sie? Wie bereiten Sie eine Komposition vor?

Ich glaube, da ist ein Vergleich notwendig. Ich möchte einen Komponisten in Analogie setzen zu einem Architekten, der ein Haus baut. Man kann ein Haus nicht einfach aus der Phantasie heraus bauen. Eine kleine Hütte, vielleicht ein Gartenhaus, das kann man improvisierend hinsetzen. Doch auch früher konnten die Komponisten an eine Sinfonie, an einen Zyklus oder eine Oper nicht allein mit der Gabe der Improvisation herangehen. Sicher ist der erste Einfall ein Geschenk, der mehr oder weniger glücklich ausfallen kann, und worüber wir hier nicht diskutieren können. Das ist undefinierbar. Meine vorbereitenden Arbeiten entsprechen etwa der Materialsammlung eines Architekten. Wie er sich den Grundriß eines Hauses aufzeichnet, lege ich den architektonischen Fahrplan für den Aufbau der Komposition fest. Diese Planung erleichtert mir die Arbeit; denn ich muß genau wie ein Architekt suchen, daß ich Anhaltspunkte, daß ich etwas Greifbares habe, daß ich nicht in einem unendlichen Meer der Möglichkeiten schwimme, sondern mir meinen Radius abstecke, damit ich weiß, wo ich mich bewege.

Halten Sie sich bei der Ausarbeitung streng an diesen Fahrplan, oder macht sich das Werk eventuell selbständig, und Sie können während der Arbeit auf einen anderen Weg geführt werden?

Nein, wenn ich mit der Ausarbeitung beginne, kann ich keine Umänderungen mehr machen, vor allem keine Änderungen mehr formaler Art.
Ich entwerfe zu Beginn eine Unzahl von Strukturen nach bestimmten polyphonen und polyrhythmischen Gedankengängen, ähnlich den Gerüststangen an einem Haus. Dieses Grundgerüst, diese Strukturen, numeriert bis zu ca. 100 mit all ihren Varianten und Umstellungen, sind um dieses Sujet aufgebaut. Sie werden nun gefüllt mit Klängen, die mir den Aufbau, die endgültige Form ermöglichen sollen. Wie man es nun allerdings mit Phantasie füllt, das ist eine Sache, über die man nicht sprechen kann, das ist eine Sache der Begabung.

Eine ganz prosaische Frage fällt mir eben ein: Benötigen Sie bestimmte Arbeitsbedingungen, einen bestimmten Arbeitsraum oder in irgendeiner Weise den berühmten »faulen Apfel«?

Ich kann immer und überall arbeiten, nur wenn ich von Musik bestrahlt werde, reißt mich das zu sehr aus der eigenen Konzentration heraus.
Ich möchte gelegentlich weit fortfahren, um neue Eindrücke zu gewinnen, die

ich aber nicht identisch setzen möchte mit »Inspiration«. Nur allein das Fluidum einer schönen Stadt, einer Landschaft, die Atmosphäre schafft mir die innere Kondition, daß ich gestärkt und mit neuem Elan an die Arbeit gehen kann. Die Sache, die ich gerade zu vertonen habe, hat ja nichts mit einer Mondnacht an der Riviera zu tun. Das »Siehst du den Mond dort über Soho« von Brecht/Weill ist ja eine herrliche Parodie daraus. Trotzdem möchte ich nicht bestreiten, daß es so etwas wie »Inspiration und Stimmung« geben könnte. Honni soit qui mal y pense.

Darf ich zum Schluß noch eine sehr persönliche Frage stellen: Mit welchen Gefühlen hören sie die Uraufführung Ihrer Kompositionen? Können Sie es genießen, oder können Sie so viele Überraschungen erleben durch die Aufführung, durch die Umsetzung der Noten in Klang, daß Sie voller Kritik die Aufführung überwachen?

In der langen Zeit, immerhin komponiere ich seit mehr als 20 Jahren, war es meist so, daß das Stück bei der Aufführung im großen Bogen den Erwartungen entsprochen hat, die ich hineingelegt hatte. Es bleiben aber doch immer Überraschungsmomente. Manchmal bin ich ungeheuer froh, bekomme einen sehr positiven Schock und denke: das ist dir gut gelungen. Schon im selben Augenblick kann eine Stelle kommen, wo ich mir sage: o ha, das habe ich mir doch anders gedacht. Also ein sehr sicheres Gefühl von vorne bis hinten habe ich nicht, das hat wohl kein Komponist, aber ich will mich nicht zum Sprecher meiner Kollegen machen. Das Stück, ganz abgesehen von der Frage der Interpretation, das Stück als solches birgt immer wieder Überraschungen in sich, und wir wissen ja, daß viele Kollegen versuchten, später Revisionen dieser Stellen zu machen. Und so sehr man sich auch anstrengt, am Schreibtisch alle Möglichkeiten einzukalkulieren, so sehr liebe ich auch wieder das Abenteuer in der eigenen Sache, daß man also, ganz naiv noch wie ein Kind oder ein aufnahmebereites Publikum, selbst von seiner eigenen Sache überrascht werden kann. Es wäre doch eigentlich abgebrüht, wenn man durch diese Dinge gar nicht mehr bewegt werden könnte.
Viel Genuß ist nicht dabei beim ersten Hören; es hängt ja auch manches von der Aufnahme bei Kritik und Publikum ab, nicht zuletzt die Laufbahn. Ich bin vielleicht sogar etwas mißtrauisch, wenn jemand zu mir kommt und sagt: »Du, das war aber sehr gut«, und ich bin eigentlich dankbar, wenn jemand kritisch und fachlich bleibt, ohne sich in Phrasen zu verlieren. Komponieren ist ein einziges großes Abenteuer, niemals darf man stillstehen, immer gilt es neu auf der Suche zu sein, letzlich – sein Leben entscheiden. Einmal sprach ich es schon aus in einem Essay über die Arbeit und Situation des Komponisten:
»Der ganze Mut eines Menschen gehört auch hierzu, solch zweckfreiem Tun sein Leben zu verpfänden, zu überhören die Wenn und Aber, das eigene Für und Wider, das Geschwätz der Schlachtenbummler am Boxring. Und nie aufgeben – weitermachen – weil Kunst von Weitermüssen kommt!«

Werkverzeichnis Hans Ulrich Engelmann

1947	Toccata für Klavier-Solo op. 1	Schott's Söhne
	Klangstück für Violine und Klavier	Ahn & Simrock
1948	Konzert für Violoncello u. Streichorchester op. 2a	Ahn & Simrock
	Konzert für Violoncello u. Klavier op. 2b	Ahn & Simrock
	Musik für Streicher, Blechbläser und Schlagzeug op. 3	Ahn & Simrock
1949	Impromptu für großes Orchester	Ahn & Simrock
1949/50	»Doctor Fausts Höllenfahrt« op. 4 Kammeroper in einem Akt (Klabund)	Ahn & Simrock
1950	Klavierstücke op. 5	Ahn & Simrock
1951	Orchester-Fantasie op. 6	Ahn & Simrock
1948/50	Klavier-Suite I op. 7	Ahn & Simrock
1952	Klavier-Suite II op. 8	Ahn & Simrock
	»Elegia e Canto« Konzertarie op. 9 nach einem Text von W. Shakespeare für Sopransolo, Klavier u. Streichorchester	Ahn & Simrock
	Streichquartett op. 10	Ahn & Simrock
1953	Komposition in vier Teilen op. 11 für Flöte, Klavier, Vibraphon, Xylophon, Sopranstimme, Pauken, Schlagzeug	
	Partita für Orchester op. 12	Ahn & Simrock
1954/55	»Die Mauer« Dramatische Kantate op. 13	Ahn & Simrock
1954	»Integrale« für Saxophon u. Klavier op. 14	Ahn & Simrock
	»Strukturen« für Orchester op. 15	Ahn & Simrock
1955/56	»Magog« Oper op. 16	Ahn & Simrock
1956	Fünf Orchesterstücke aus dem musikalischen Drama »Magog« op. 16 b	Ahn & Simrock
1957	»Polifonica« für Orchester op. 17	Ahn & Simrock
1958	»Nocturnos« für Orchester und Sopran-Schlußarie op. 18	Ahn & Simrock
1959	»Incanto« für Sopran u. Instrumente op. 19	Ahn & Simrock
	»Permutazioni« für Bläserquartett op. 20a (Flöte, Oboe, Klarinette, Fagott)	Ahn & Simrock
	»Variante« für Solo-Flöte op. 20b	Ahn & Simrock
	»Ezra Pound Music« für Kammerorch. op. 21	Ahn & Simrock
1960	»Der verlorene Schatten« Oper op. 22	Ahn & Simrock
1961	»Cadenza« für Klavier-Solo op. 23	Ahn & Simrock
1962	»Trias« für Klavier, Orchester und elektronisches Tonband op. 24	Ahn & Simrock
	»Eidophonie« für gemischten Chor und Schlagzeug op. 25	Ahn & Simrock
1962/63	»Serpentina« Ballett in 2 Akten op. 26	Ahn & Simrock
1963	»Timbres« für Kammerensemble und Tonbänder op. 27	Ahn & Simrock
1964	»Shadows« Szenen für Orchester op. 28	Gerig
1965	»Duplum« für 2 Klaviere op. 29	Tonos

171

1966/67	»Der Fall van Damm« Funk-Oper in 3 Akten op. 30	Gerig
1967	»Capricciosi« für Orchester op. 31	Gerig
	Sonate für Jazz-Orchester op. 32	Gerig
	99 Takte für Cembalo ⊙ Wer 60028	—
	⊙ His masters voice 7 EBZ 507	
	»Mobile« I für gem. Chor und Klavier op. 33	—
1968	»Sinfonies« für Orchester op. 34	Gerig
	»Mobile II für Klarinette u. Klavier op. 35	Ahn & Simrock
	»Ophelia« Musiktheater op. 36	Bosse-Verlag
1970	»Modelle I« für elektronisches Ensemble	Gerig
	»Mini-Music« for Siegfried Palm für Cello solo	Gerig
	»Modelle II« für Schlagzeugensemble und Solo-Posaune	Gerig

Dietrich Erdmann

Dietrich Erdmann konnte ich in Berlin treffen. Obwohl 1917 in Bonn geboren, wuchs er in Berlin auf und studierte auch hier u. a. bei Paul Höffer Komposition. Seit 1947 leitet Erdmann das Musikseminar an der Pädagogischen Hochschule in Berlin.
Ich besuchte den Komponisten in seinem Haus am Rande der Stadt. Originale von August Macke – Erdmann ist ein Sohn von Elisabeth Erdmann-Macke – geben seinem Haus ein persönliches Gepräge. Während des ruhigen Gesprächs verdichtete sich der Qualm aus seiner Tabakspfeife, einem unerläßlichen Requisit Erdmanns.

Herr Professor, Sie leiten die Musikausbildung der angehenden Lehrer. Kommen aus diesem beruflichen Aufgabenkreis Impulse für Ihre kompositorische Arbeit?

Sie sprechen mich als Komponisten an, also lassen wir bitte Titel weg. Ja, ich habe auch Stücke geschrieben, die mit meiner beruflichen Arbeit zusammenhängen, bzw. von ihr angeregt wurden. An einer Hochschule gibt es Anlässe, in der Regel Feiern, für die man etwas schreiben kann. Es hat mir immer wieder Freude gemacht, für solche Gelegenheiten Stücke quasi nach »Maß« zu komponieren. Man muß sich nach den jeweils vorhandenen Möglichkeiten der Spieler und nach den zur Verfügung stehenden Instrumenten richten. So entstand im Laufe meiner langjährigen Tätigkeit eine Reihe von Werken, die ein Spiegelbild dieser stets wechselnden Verhältnisse an einer Hochschule sind.

Ihnen wird manchmal die klischeehafte Einreihung zuteil, Komponist von Sing- und Spielmusiken zu sein. Wie stehen Sie einer solchen Zuordnung gegenüber?

Aus dem anfangs Gesagten mag erklärlich sein, wie es zu einer solchen unzutreffenden Zuordnung kommen kann. Klischeehafte Einordnungen sind meistens sehr bequem und stets ungenau. Hinter Ihrer Frage verbirgt sich jedoch ein musiksoziologisches Problem, das mich schon oft beschäftigt hat. Ich sehe in der Musik u. a. ein Mittel der Kommunikation und huldige nicht allein dem Grundsatz »l àrt pour l àrt«. Denken Sie an die Kantoren und Hofkomponisten früherer Zeiten. Sie schrieben ihre Musik für den Kreis, in dem sie wirkten. Das war in vieler Beziehung ein Vorzug: Musik wurde gebraucht, der Komponist schrieb sie, konnte sie gleich ausprobieren und daran lernen. Die Tatsache, daß die Komponisten vor annähernd zweihundert Jahren ihre bis dahin bestehenden Bindungen an einen klar umgrenzten Aufgabenkreis mehr und mehr lösten, hat ihre Freiheit vergrößert – eine Freiheit, die keineswegs nur Vorteile hat –, ihre Verantwortung den Mitmenschen gegenüber aber wurde gelockert und oft völlig in den Hintergrund gedrängt. Als Folge hiervon erkennen wir in der heutigen Zeit z. B. die tiefe Kluft zwischen zeitgenössischer Musik und Musikteilnehmern als Publikum oder musizierenden Laien.

Der Versuch, diese Kluft überbrücken zu helfen, ist nicht weniger legitim, für mich nicht weniger wichtig und in keiner Weise leichter als die Auseinandersetzung mit experimenteller Musik. In unserem Land neigt man dazu, das »Kind mit dem Bade auszuschütten«, intolerant zu sein und durch fruchtloses »Richtungsdenken« Wertungen zu schaffen, die geeignet sind, mit Schlagworten Probleme beiseite zu schieben, zu übergehen und auf diese Weise nicht zu lösen. Das wird mich nicht davon abhalten, neben konzertanter Musik – der weitaus größte Teil meiner Arbeit besteht aus Kammermusik oder Werken für Kammerorchester – mit gleicher Freude, mit gleichem Ernst »Gebrauchsmusik« oder, um Ihren Terminus aufzugreifen, Sing- und Spielmusik zu schreiben, ungeachtet der Gefahr, hier und dort in ein Klischee gepreßt zu werden.

Da Sie vorhin in die Musikgeschichte zurückblendeten, erlauben Sie mir eine Zwischenfrage: An welche Epoche der Vergangenheit haben Sie die stärkste Bindung?

Das kann ich Ihnen ohne Zaudern beantworten: Für mich ist die Zeit der Klassik – vor allem Haydn und Mozart – ein Idealfall, wie wir ihn später nicht mehr finden.

Prägt sich diese Liebe zur Klassik auch in irgendeiner Weise in Ihren Werken aus?

Ob sich in meinen Arbeiten ein Niederschlag davon findet, vermag ich nicht zu beantworten. Natürlich sind die kompositionstechnischen Mittel heute sehr erweitert gegenüber den früheren. Ich hoffe, ein kleiner Funke des Geistes dieser Musik findet sich hier und dort. Mir schwebt als Maßstab für ein Stück – ob groß oder klein angelegt – stets jene bewundernswerte Einheit von Inhalt und Form vor. Außerdem schätze ich an der Musik der Klassik das Fehlen von jeglichem Pathos, von sogenannter Bekenntnismusik, von allzu persönlich gefärbten Gefühlen, also Faktoren, die in den folgenden Zeiten bis auf den heutigen Tag so viele Musik belasten.

Darf man aus der Tatsache, daß einige Ihrer Kompositionen z. B. mit »Suite« bezeichnet sind, schließen, daß Sie – wie Strawinsky sagt – »Tradition bewußt weitertragen«?

Ich glaube, niemand kann sich der Tradition entziehen. Tradition heißt jedoch nicht Stagnation. Ich möchte Tradition eher einem allmählichen, kontinuierlichen Wachstum vergleichen. So gesehen, fühle ich mich der Tradition verbunden.

Verzeihen Sie meine Hartnäckigkeit in der Frage nach Vorbildern. Hindemith war – soviel ich weiß – Ihr Lehrer. Hat sich von seinem Stil einiges auf Ihre Arbeit übertragen?

Zunächst darf ich feststellen, daß ich nicht bei Hindemith studiert habe. Als 14jähriger Schüler habe ich für ein Jahr an Satzlehrekursen teilgenommen, die Hindemith an der Volksmusikschule Neukölln abhielt. Von der Persönlichkeit Hindemiths, von seiner überragenden technischen Meisterschaft wurde ich selbstverständlich damals sehr beeindruckt. Von ihm, von Strawinsky, den ich noch in der alten Berliner Philharmonie dirigieren sah, und von Bartók nahm ich entscheidende Anregungen auf. Kompositionsunterricht hatte ich bei Paul Höffer.

Tragen Sie überhaupt den Stempel einer Richtung, oder haben Sie sich einem System angeschlossen?

Ich greife gleich die letzte Ihrer Fragen auf: Ohne ein sogenanntes System oder eine bestimmte Technik kann man keine Ordnung in das Tonmaterial bringen. Aber man sollte sich davor hüten, aus dem »System« eine Art Weltanschauung zu machen. Das System an sich bietet allein keine Gewähr für gute Musik. Man kann in jedem System gute und schlechte Stücke schreiben. Das System ist und bleibt nichts weiter als Mittel zum Zweck. In Europa – speziell in Deutschland – neigt man in jüngerer Zeit dazu, die Wichtigkeit des Systems, der Technik und der Mittel in erstaunlicher Weise zu überschätzen.
Fragen Sie bei Bach, Mozart oder Brahms primär nach der Technik? Oder glauben Sie, daß Mozarts g-moll Symphonie deshalb so großartig ist, weil sie sich des Dur-Moll-Systems bedient? Oder ist Varèses »Poème électronique« nur deshalb gut, weil es mit elektronischen Mitteln gemacht ist? Nein, die Frage nach System oder Technik einer Musik wird letzten Endes – jenseits aller Zeit- und Tagesmoden – immer sekundär bleiben. Der Geist einer Musik, der Einfall, die Gestaltungskraft, das, was zwischen den Zeilen steht und unwägbar ist, mit keinem System zu erzwingen, scheint mir entscheidend zu sein.
Was meine Arbeit betrifft, möchte ich Ihre Frage so beantworten: Alles, was meinen Intentionen dienlich sein kann, werde ich benutzen, sofern es sich um echte musikalische Mittel handelt. Effekte um ihrer selbst willen sind auf die Dauer nicht interessant, sie nutzen sich schnell ab.

Könnten Sie Ihre Musik in irgendeiner Weise beschreiben? Ich weiß, das ist schwer, für Sie selber vielleicht bald schwerer als für einen Außenstehenden.

Ich habe eine elementare Freude am tänzerischen Gestus, an rhythmischer Differenziertheit, an kammermusikalischer Durchsichtigkeit, ich schreibe gern langsame Sätze, ich liebe eine gewisse Farbigkeit und formale Klarheit.

Lag die musikalische Begabung in Ihrer Familie? Ich weiß nur von der Malerei ...

In meinem Elternhaus wurde viel musiziert; meine Mutter spielte recht gut Klavier, in ihrer Jugend hatte sie eine Gesangsausbildung genossen, einer meiner Brüder spielte Geige. Ich entsinne mich an meine früheste Kindheit, abends wenn ich einschlief, erklang oft Kammermusik. Diese Eindrücke erweckten in mir die Lust zum Selbstfinden. Bald erhielt ich Klavierunterricht. Später, als ich mit großer Passion Cello spielte, hatten wir ein Klaviertrio im Hause. Auf diese Weise lernte ich die klassische Literatur für diese in der neuen Musik fast verschwundene Besetzung kennen.

Haben Sie ein Lieblingsinstrument, das Sie vielleicht in Ihren Arbeiten bevorzugen? Ich höre so oft in Ihren Werken eine Flöte.

Um neben dem Klavier und dem Cello auch ein Blasinstrument genau kennenzulernen, hatte ich eine Zeitlang Querflötenstunden. Ich ahnte damals natürlich nicht, daß sich das einige Jahre später als sehr nützlich erweisen würde: In den sinnlos vergeudeten sieben Kriegs- und Soldatenjahren war ich zeitweise in einem Musikkorps. Ich machte aus der Not eine Tugend und eignete mir Erfahrungen mit Bläsern an. Bis auf den heutigen Tag habe ich immer wieder Bläserkammermusik geschrieben. Wenn auch die Streichinstrumente allgemein als edler gelten, finde ich in der spezifischen Eigenart der Holzblasinstrumente die Möglichkeit zu scharfen Konturen und farbigen Klangkombinationen.

Wenn Sie ein Konzert oder eine Kammermusik schreiben, denken und schreiben Sie sofort für die einzelnen Instrumente?

Ich stelle mir stets sofort den Klang der Instrumente vor, für die ich schreibe, gleichviel, ob es sich um eine kleinere oder größere Besetzung handelt.

Komponieren Sie am Schreibtisch oder am Klavier?

Beides. Ich entwerfe am Schreibtisch und probiere am Klavier aus, auch das Improvisieren am Instrument kann oft für die Arbeit sehr anregend sein.

Dann sind Sie sicher an ihren Arbeitsraum gebunden?

Nicht unbedingt. Ich kann überall schreiben. Natürlich ist mir die Atmosphäre meiner vier Wände am liebsten.

Gibt es so etwas wie einen inneren Zwang zum Schreiben, und schreiben Sie täglich ein bestimmtes Pensum?

Natürlich gibt es den inneren Zwang zum Schreiben. Zum täglichen Schreiben komme ich leider durch meine beruflichen Pflichten nicht regelmäßig. Die Semesterferien bieten die beste Gelegenheit zur kontinuierlichen Arbeit.

Kommt die Lust oder die Idee zu einer Komposition ohne äußeren Anstoß, oder lieben Sie einen gewissen Zwang, sagen wir besser: eine Anregung?

Das ist durchaus verschieden. Ich habe viele Stücke als Auftrag geschrieben, andere entstanden ohne äußere Anregung. Einen Zwang zum Schreiben, wie er durch einen Auftrag gegeben ist, schätze ich.

Könnten Sie die erste Konzeption einer Komposition etwas ausführlicher beschreiben? Besteht sie aus der Vision eines ganzen Stückes?

Ein ganzes Stück auf einmal habe ich noch nie vor mir gesehen, nur ungefähre Konturen, eine gewisse Atmosphäre, auch gelegentlich Formteile. Die Gesamtvorstellung verdichtet sich mit fortschreitender Arbeit.

Darf ich noch einmal ganz konkret nach dem ersten Anstoß zu einer Komposition fragen, vielleicht an einem Beispiel: Sie wollen Lieder schreiben: wie sind Sie auf diese Idee gekommen? Durch Stimmungen?

Lassen wir die »Stimmungen« weg – sie führen mich nicht weit.

Vielleicht wird durch das Lesen eines Gedichtes eine musikalische Vorstellung in Ihnen hervorgerufen? Welche Art von Gedichten würden Sie am liebsten vertonen?

Ich habe nicht mehr als drei Liederzyklen geschrieben: 1945 nach Bethge-Nachdichtungen chinesischer Lyrik, eine Gruppe nach den unvermeidlichen Galgenliedern von Morgenstern und eine weitere nach Texten von Jacques Prévert. Aber je älter ich werde, desto weniger habe ich Freude an der Liedkomposition. Die große Zeit der Lyrik war die Romantik, sie war auch die Blütezeit des Liedes. Denken Sie an Schubert und an die Juwelen, die Hugo Wolf in so unübertroffener Weise verstreute. Zeitgenössische Lyrik lese ich zwar viel, aber zum Komponieren finde ich kaum etwas, das mich reizen könnte.

Haben Sie zu anderen Kunstrichtungen ein näheres Verhältnis?

Durchaus. Ich kann mich z. B. an Architektur begeistern. Von Haus aus habe ich zur Malerei, speziell zur neueren, etwa von den französischen Impressionisten an, ein inniges Verhältnis. Mein Elternhaus hing voll mit den herrlichen Bilder von August Macke. Die leuchtenden Farben, die Ausgewogenheit der Formen dieser kostbaren Kunst haben mich von Kind an beeindruckt und mir für meine eigene Entwicklung sehr viel bedeutet, sie haben Maßstäbe gesetzt, die ich nicht missen möchte. Aber auch für Literatur, insbesondere für zeitgenössische, z. B. für Bert Brecht, habe ich viel übrig.

Können wir bitte noch einmal zum Vorgang des Komponierens zurückkehren? Ist es möglich, daß Sie mir – am besten an Hand eines Beispiels – den Arbeitsprozeß schildern? Die erste Konzeption, die Probleme bei der Arbeit . . .

Es ist überaus schwierig, darüber etwas Handfestes zu sagen. Die äußeren Umstände, die zu einem Stück führen, sind leichter zu schildern. Sobald der äußere Rahmen, die Besetzung eines Stückes feststeht, gehe ich daran, mein Tonmaterial zu »finden«. Hier also setzt das Erfinden ein, diesen Vorgang kann man nicht beschreiben. Der erste Einfall kann rhythmischer, melodischer oder harmonischer Art sein, oder auch eine Mischung aus zwei oder drei dieser Elemente. Ich versuche nun, eine Ordnung in das Gefundene zu bringen, es auszubauen und zu erweitern. Wenn der Anfang gelungen ist, wenn er mich quasi entzünden und begeistern kann, entwickelt sich aus dieser Keimzelle nach und nach ein ganzer Satz. Hierbei kommt es darauf an, die Eigenarten und Möglichkeiten des Materials so zu erkennen und auszuwerten, daß eine Ausgewogenheit zwischen den musikalischen Elementen entsteht. Einfall und kompositorisch-handwerkliche Arbeit sind bei diesem »Vorgang« aufs engste miteinander verwoben und durchdringen sich in steter Wechselwirkung. Der Einfall allein genügt nicht, um ein Stück zustande zu bringen, aber ebensowenig nützt die beste Technik etwas – sonst müßten ja die großen Musiktheoretiker die besten Komponisten sein.

Kann es sein, daß man erst nur Akzente setzt, da einige wesentliche Takte schreibt, dort einige wesentliche Takte notiert, dazwischen einen bestimmten Raum freiläßt, vielleicht für besonders schwierige Übergänge, die dann später ausgeführt werden, um den Fluß der Gedanken nicht zu unterbrechen, oder geht es Schritt für Schritt voran?

Das ist natürlich bei jedem verschieden. Bei mir sieht es so aus, daß ich gern Note für Note dastehen habe, ehe ich weiterschreibe.

Fallen Ihnen während eines Stückes auch Themen ein, die zu dem gerade in Arbeit befindlichen Stück nicht passen, die Sie aber aufheben möchten für eine andere Arbeit?

Das gibt es recht selten. Wenn ich schreibe, geht es mir so, daß ich eine sehr klare und lebendige Vorstellung davon habe, was gerade dem Stück und den Instrumenten, die ich dabei verwende, adäquat ist.

Darf ich Sie bitten, von einigen Kompositionen zu erzählen, die für Sie besonders wichtig waren, die uns vielleicht einen Einblick in Ihr Schaffen und Ihre Entwicklung geben?

Ich habe eigentlich nie eine abrupte Entwicklung bei mir erlebt. Das ging im Grunde alles recht kontinuierlich zu. Ich habe allerdings bei jeder Arbeit, die ich beginne, das Gefühl, als sei es das erste Mal, daß ich überhaupt etwas schreibe. Das hat gewiß Nachteile, aber es hilft sicher auch, daß man sich nicht selber kopiert. Bis auf Oper und Ballett habe ich mich in allen Gattungen versucht: Klaviermusik, Lieder, Kammermusik für Streicher und Bläser- Gebrauchsmusik, Kantaten, Solokonzerte und Orchestermusik, hier aber überwiegend für Kammerorchester. Für meine Entwicklung waren sicher die 3. Klaviersonate und eine Klaviersuite nicht ohne Bedeutung. Eine Streichersinfonie, in der ich versuchte, eine mehrteilige, jedoch thematisch zusammenhängende Form zu bändigen – in der neueren Musik ist merkwürdiger Weise formal am wenigsten experimentiert worden –, scheint mir der Erwähnung wert. Mein Klavierkonzert war die erste Auseinandersetzung mit dem Solokonzert und einem großen Orchesterapparat, das Klavierconcertino der Versuch, mit sparsamsten Mitteln zu prägnanter Aussage zu kommen. Unter den Kantaten ist die »Hymne an die Sonne« nach Texten von Walt Whitman der größte Versuch, mit Solisten, Chor und Orchester zu arbeiten. In meinen verschiedenen Bläserkammermusiken sind die »Variationen für vier Holzbläser«, die »Sonate für Oboe und Klavier« und die »Aphorismen für Flöte und Klavier« möglicherweise wichtige Stationen auf meinem Wege.

Der Titel meiner »Improvisation für vier Holzbläser« ließe auf einen aleatorischen Versuch schließen. Das ist jedoch nicht der Fall. Die Noten sind genau festgelegt. Durch die Lockerheit einer quasi rezitativischen Satztechnik entsteht beim Hörer der Eindruck des »Improvisierten«.

Welche kompositorischen Pläne haben Sie für die nächste Zeit?

Es warten Skizzen für ein Cellokonzert. Solche Entwürfe liegen manchmal längere Zeit, ehe ich sie aufgreife und zum Abschluß bringe.

Dirigieren Sie Ihre Werke gern selber?

Selbstverständlich habe ich großen Spaß daran, meine Stücke selber zu dirigieren. Aber ich höre auch ebenso gern zu, was ein Dirigent aus einem Stück macht; denn jedes Mal wird es anders interpretiert, und das ist immer ein wenig aufregend.

Besprechen Sie sich mit dem Interpreten vor einer Aufführung?

Ja, das habe ich immer getan, sofern es möglich war. Aber niemals in der Weise, daß ich eine vorgefaßte Meinung habe und nichts anderes gelten lasse. Ich habe oft von den Interpreten auch sehr gute Vorschläge bekommen, die mich sofort überzeugten und die ich akzeptiert habe.

179

Sie sitzen im Konzertsaal. Auf dem Programm steht: Dietrich Erdmann. Wie hören Sie zu? Sind Sie kritisch gegenüber Ihrem Werk, gegenüber dem Dirigenten oder dem Interpreten? Hören Sie vielleicht das Werk so, wie Sie es sich bei der Arbeit vorgestellt haben? Oder haben Sie einfach Freude an der Aufführung, an Ihrem Werk?

Ich höre meiner eigenen Musik immer distanziert zu, so als wäre sie gar nicht von mir. Daher höre ich ihr genauso kritisch zu wie der Musik anderer Komponisten. Oft überkommt mich dabei das Gefühl, als habe ich dieses Stück gar nicht selber geschrieben, es ist gewissermaßen wie mit einem Kind, das man zwar auf die Welt gesetzt hat, das aber nun seine eigenen Wege geht.

Werkverzeichnis Dietrich Erdmann

1933	Kleine Klavierstücke	
	Drei Chöre nach A. Silesius u. W. Whitman	
1936	Zwei Lieder mit Instrumenten	
	Sonate für Violine und Klavier	
1937	I. Streichquartett	
	Eröffnungsmusik für Blechbläser und Pauken	
1937/38	Sonate für Flöte und Klavier	
1938	Sonate für Klavier	
1939	II. Streichquartett	
1940	Drei Klavierstücke	
	Drei Chöre	
	Chor nach Hölderlin (Tod für's Vaterland)	
1941	Serenade für Orchester	
1942	Musik für Violine und Klavier	
	Drei Männerchöre	
1943	I. Bläsertrio (Fl., Clar., Fag.)	
	Drei Klavierstücke	
1943/44	Bläserquintett (Fl., Ob., Clar., Hn., Fg.)	
1944	Sonatine für Blockflöte und Klavier	
	II. Bläsertrio (Fl., Clar., Fg.)	
	15 Kanons drei- bis achtstimmig	
1945	Sechs Lieder für Sopran und Klavier	
1946	»Der Maien« Kantate	Moeck
	Masken, drei Klavierstücke	
1947	III. Streichquartett	
	II. Klaviersonate	
	Vier Chöre nach Morgenstern	
1948	Sechs Volkslieder	
	III. Sonate für Klavier	Mitteldeutscher Verl.
1949	Suite für Klavier	Gerig
	»Hymne an die Sonne«, Kantate	Moeck
	für Soli, Chor u. Orchester nach W. Whitman	

180

	Weihnachtskantate nach alten Volksliedern	Sirius-Verlag
	für Sopran, Chor, kleines Orchester	
	Drei Chöre	
1950	Musik für Streichorchester	
	Kleine Suite für Streicher u. Bläser	
	Konzert für Klavier u. Orchester	
	Drei Weihnachtslieder	
	Fünf Weihnachtslieder	
1951	»Aprilkantate« für Sopran, Knabenchor u. Instr.	
	Bläserquartett	Sirius-Verlag
1952	Serenade für Streicher und Bläser	Breitkopf
1953	Divertimento für Streichorchester	Breitkopf
	»Berauschet Euch«, Kantate nach Baudelaire	
	für Soli, Chor u. Orchester	
1954	Capriccio für zwei Violinen	Sirius-Verlag
	»Ermunterung zur Freude«, Kantate	Moeck
	für Soli, Chor u. Orchester	
	Vier Lieder für Bariton nach J. Prévert	
1955	Lied der Teehausmädchen	
	Zehn Volkslieder	
	15 Volkslieder	
1956	Concertino für Klavier u. kl. Orchester	Gerig
1957	»Wolkenkantate« für Sopran, dreistimm. Chor	Gerig
	Fl. u. Str.	
1958	Drei kl. Duos für 2 Violinen	Gerig
	Suite für 3 Blockflöten	Gerig
	Thema u. Variationen für Klavier z. 3 Händen	Gerig
	Concertino für Flöte u. Streichorchester	Gerig
	Streichtrio	Sirius-Verlag
1959	Divertimento für Altblockflöte u. Str.	Gerig
1959/62	Blockflötentrios für Anfänger	Gerig
1960	Intrada für 4 Blechbläser	
1961	Serenata serena f. Str. oder Blockflötenchor	Gerig
	13 Volkslieder für Kinder u. Orff-Instr.	Gerig
	Der weise Schuhu, Kantate n. W. Busch	Sirius-Verlag
	für Chor u. Instr.	
1962	Serenata piccola für Gitarrenchor	
	Notturno in 4 Sätzen für Altblockflöte	Gerig
	und Gitarrenchor	
	Drei Chöre (Festsprüche)	Gerig
	Suite für kleines Orchester	Sirius-Verlag
	Kleine Serenade für Blockflöten	Gerig
	Kleine Suite für 3 Blockflöten	Sirius-Verlag
1963	Vier Chansons nach Chr. Morgenstern	
	für Alt, Klav., Fl., Violine	
	Volkstanzsuite für Blockflötenchor	Sirius-Verlag
	Variationen für 4 Holzbläser	Sirius-Verlag
	Adventskantate für dreistimm. Chor, 4 Fl.,	Gerig

	Streicher, Solosopran (Volkslieder)	
	»Es sungen drei Engel«, Kantate (nach Weihnachts-liedern) 3stim. Chor, Sopransolo, 4 Instr.	
1964	Sinfonietta für kl. Orchester	
	»Aphorismen« für Flöte und Klavier (Blockflöte oder Querflöte)	Sirius-Verlag
1965	48 Sätze zu brasilianischen Volksliedern für Orff-Instr.	
1965	Sonate für Oboe und Klavier	Gerig
1966	Tänzerische Musik für Blockflöte und Stabspiele	Gerig
	Musik für Gitarrenchor	
1967	Improvisation für Flöte und 3 Holzbläser	Gerig
	»Piccola musica di concerto« für Streicher, Flöten, Stabspiele	
1968	Divertissement für Zupforchester	Gerig
1968/69	Musik für Streichorchester II	
1969	»Dialoghi per due« für Cello und Klavier	Gerig
1970	»Epigrammes« für Klavier	Gerig
	»Tre pastelli« für Violine und Klavier	Gerig
	Musik für Blockflötenchor und Stabspiele	Gerig
	»Episodes« für Gitarre und Schlagzeug	Gerig
	Permutation für Orchester	

Karl Höller

Es wird zumindest in Ober- und Unterfranken nur wenig musikinteressierte Menschen geben, die den Namen »Höller« nicht kennen. Und jetzt meine ich nicht allein Karl Höller, den Komponisten und Präsidenten der Musikhochschule in München, den ich für dieses Gespräch in seiner Münchner Wohnung besuchte – ich meine vielmehr die ganze Musikerfamilie Höller, die als Organisten und Organistinnen die Dome zu Bamberg und Würzburg und viele andere Kirchen dieser beiden Städte mit den Klängen der »Königin der Instrumente« erfüllt haben. Liest man das Werkverzeichnis des Komponisten Karl Höller, so findet man allerdings keine Kirchenmusik. Die in großer Zahl vertretenen Orchesterwerke lassen jedoch schon in ihren Titeln Höllers Verbundenheit mit der musica sacra, mit den alten großen Orgelmeistern der Vergangenheit erkennen: »Hymnen für Orchester« (vier sinfonische Sätze über gregorianische Choralmelodien), »Passacaglia und Fuge für Orchester« (nach Frescobaldi), »Sinfonische Fantasie für Orchester über ein Thema von Girolamo Frescobaldi«, »Sweelinck-Variationen für Orchester« sind sprechende Überschriften. Nur sehr selten hatte ich am Ende eines Besuchs das Gefühl, den Zweck des Gespräches erfüllt zu haben: Der Leser soll durch das Wort, durch das Aufzeigen und Aussprechen der ganz spezifischen Eigenheiten eines jeden Komponisten eine fast klangliche Vorstellung von der betreffenden Musik gewinnen. Die Erzählungen Professor Höllers ließen eigentlich keinen Zweifel, wie seine Musik klingen müßte. Die Beschreibung seiner Kindheit, der Zeit und der Umwelt, in die er hineingeboren war, seine Lehrjahre, dazu seine Betrachtungen über den Sinn der Musik machten es deutlich, daß Karl Höller eine Synthese schaffen möchte zwischen urdeutscher Kontrapunktik, impressionistisch-romanischer Farbigkeit und moderner Sprache.

Meine Frage: »Warum komponieren Sie« leitete unser Gespräch ein, das ich jetzt ohne Unterbrechung ablaufen lassen möchte.

»Komponieren, Musizieren ist bei mir eine Frage seit der Geburt. Mein Vater, Valentin Höller, war vierzig Jahre lang Organist am Bamberger Dom, an diesem herrlichen Kaiserdom und brachte mit dem leistungsfähigen »Liederkranz« alle großen Oratorien in Bamberg erstmals zu Gehör. Mein Großvater, Georg Höller, amtierte als Domorganist in Würzburg, wo bereits mein Urgroßvater, Peter Höller, als Organist wirkte. Mein Vater hatte eine Sängerin geheiratet, deren Vater wiederum ein ausgezeichneter Musiker und Chorleiter war. So kam die Musik zwangsläufig auf mich zu, ich kannte nichts anderes als Musik. Ich hatte wohl auch eine ganz besonders schöne Jugend, schon allein dadurch, daß ich in Bamberg, der Stadt der Romantik, aufwachsen durfte, umgeben von herrlichen Baudenkmälern und der Atmosphäre eines E. T. A. Hoffmann. Auf der Domorgel bin ich groß geworden, als Sechsjähriger begann ich im Chor als kleiner Domspatz mitzusingen. Diese frühe Begegnung mit der musica sacra, mit den alten Meistern der Polyphonie, dann natürlich mit der Orgelmusik – das alles sind so entscheidende Eindrücke, denen man sich nie mehr entziehen kann, und die später in meinen Werken ihren Niederschlag gefunden haben.

Zwar ist Bamberg auch ein Paradies der Maler, und die Anregungen hierzu sind groß. Wir wohnten neben dem Dom in der schönen Alten Hofhaltung, die viele Maler anzog. Mit unseren Zeichenblocks gesellten wir Kinder uns zu ihnen und malten ebenfalls. Ich konnte gut zeichnen – doch die Musik war stärker.

Frühzeitig sang die Mutter mit uns Volks- und Kunstlieder, dem großen Geheimnis Musik spürte ich aber fast im Geheimen nach, mein Vater erteilte mir niemals Unterricht – er nahm mich aber überallhin mit, und ich machte ihm alles nach. So konnte ich ihn schon mit acht Jahren auf der Orgel vertreten, zunächst nur bei kleinen Andachten, konnte ich ja noch kaum die Pedale erreichen. Mit zwölf Jahren allerdings durfte ich bereits bei den großen Pontifikalämtern aushelfen.

So kamen also meine ersten musikalischen Eindrücke von der Kirchenmusik her, ob es nun Palestrina war oder Bach oder die Welt des gregorianischen Chorals. Als Dank an meinen Vater für diese Jugend, diese einzigartige Atmosphäre, in der er mich aufwachsen ließ, schrieb ich später nach seinem Tode mein erstes Bekenntniswerk op. 18 – »Hymnen für Orchester über gregorianische Choralmelodien« – eigentlich eine »Bamberger Dom-Sinfonie«.

Mein Vater war ein großer Reger-Verehrer. So bin ich sehr früh mit dessen Klangwelt und Tonsprache bekannt geworden. Dieses Jugenderlebnis hat mich stark beeinflußt. Dann kam ein merkwürdiges Erlebnis: mit zehn Jahren durfte ich erstmals ins Bamberger Stadttheater, wo man Puccinis »Madame Butterfly« gab. Sie können sich kaum vorstellen, wie mich diese Musik elektrisierte –das exotische Milieu, die Ganztonleiter, die Farbigkeit des Orchesters! Sofort spürte ich dieser ganzen Richtung nach und beschäftigte mich mit dem musikalischen Impressionismus. Noch heute gilt meine besondere Liebe, musikalisch und malerisch den französischen Impressionisten – Debussy, Ravel etc.

Wir hatten zu Hause eine große Bibliothek, ich fraß mich durch alle Werke und Klavierauszüge. Ich war, besonders wenn ich allein war, von diesen musikalischen Entdeckungen dann so gefangen, daß ich alles um mich herum vergaß, vor allem die Zeit. Einmal mußten Nachbarn sogar die Polizei holen, weil ich noch um drei oder vier Uhr morgens mit großer Lautstärke Klavier spielte! Aber so habe ich sie mir alle erobert: Mozart, Bach, Brahms, Bruckner, dann immer wieder Reger. Wagner habe ich natürlich gefressen, dann auch wieder zur Seite gelegt.

Die Bekanntschaft mit der modernen Musik fiel ebenfalls in diese Jugendzeit. Es gab in Bamberg einen Musikverein, der die Bürger gelegentlich auch mit neuen Werken erschreckte. So hörte ich sehr früh durch das Amarquartett Schönbergs Streichquartett op. 7. Diese Musik hat mich so aufgewühlt, daß ich stundenlang nachher durch die Straßen und Gassen Bambergs lief, um mich zu fangen. Ebenso stark war der Eindruck, den die Musik von Hindemith und Strawinsky auf mich ausübte.

Wie ich trotz dieser fast ausschließlichen Beschäftigung mit der Musik das Abitur am humanistischen Alten Gymnasium geschafft habe, noch dazu ganz passabel, ist mir heute ein Rätsel.

Ich war immerhin während meiner Pennälerzeit bereits bis zu Opus 25 vorgedrungen. Mein op. 1 – eine Passacaglia für Orgel – legte ich 1923 meinem Vater zum 50. Geburtstag auf den Gabentisch. Es folgte eine Messe für gemischten Chor und Orgel, ein Präludium für Orchester (soweit ich es damals instrumentieren konnte), 2 Violinsonaten, eine Cellosonate, Klavierstücke, Lieder, Chöre, ein Bläserquintett, ja sogar eine Motette für Chor und Orchester. Ein »Weihegesang« für Chor und Orchester beschloß rauschend und in schönstem C-Dur die Abiturienten-Schlußfeier unseres Gymnasiums. Es mag verständlich erscheinen, daß ich mitunter den Cäsar, Cicero, Homer oder Ovid nur schlecht vorbereiten konnte, da ich bis spät in der Nacht über der Durchführung einer Sonate saß. Alle diese »Jugendsünden« habe ich allerdings später annulliert und 1929 wieder bescheiden mit einem neuen op. 1 (Partita für Orgel über »O wie selig seid ihr doch, ihr Frommen«) von vorne angefangen!

Nach dem Abitur genoß ich die akademische Freiheit zunächst in Würzburg, wo ich am Staatskonservatorium Komposition und Orgel und an der Universität Musik- und Kunstgeschichte studierte. Der Direktor des Konservatoriums war der Komponist Hermann Zilcher, der mich bereits kannte und sich sehr für mich interessierte. Zudem stand dort mein Großelternhaus, in dem vier unverheiratete Tanten mich rührend umsorgten. Die Älteste, Gretchen Höller, betreute als Nachfolgerin meines Großvaters die dortige Domorgel, die übrigen versahen in den meisten Kirchen den Organistendienst. Hermann Zilcher, ganz von Brahms kommend, imponierte mir als Künstler und Mensch sehr, er war als Persönlichkeit faszinierend, charmant, gebildet und weltgewandt, und als Komponist beeindruckte er mich so stark, daß ich ihn zunächst fast kopierte. Dann allerdings begann ich immer mehr zu experimentieren, was dem Meister nicht so gefiel. Da ich in Würzburg keine Möglichkeit hatte, in Musikwissenschaft zu promovieren, hatte ich einen guten Grund, nach München überzusiedeln. Das Studium im Seminar von Adolf Sandberger an der Münchner Universität war dann auch sehr interessant. Sandberger war Würzburger und sogar Schüler meines Großvaters. In der Hauptsache zog es mich aber an die Münchner Akademie der Tonkunst, denn dort unterrichtete der Reger-Schüler Joseph Haas. Wenn ich schon nicht mehr zu Reger selbst gehen konnte –, er war ja bereits 1916 gestorben–, 185 wollte ich wenigstens bei seinem bedeutendsten Schüler lernen. Bei Joseph Haas studierte ich dann von 1927–1933, davon vier Jahre in seiner Meisterklasse. Das Stadium des Kopierens hatte ich hinter mir, ich hatte nun schon eine eigene Vorstellung von meinem Stil, und bei Haas konnte ich das Wichtigste lernen, das Technische, das Handwerkliche. Er hat nie versucht, einen jungen Menschen in seiner stilistischen Haltung zu beeinflussen, und ich habe dies später als Lehrer ebenso gehandhabt. Meine Lehrjahre bei Joseph Haas, in denen meine Werke bis zum op. 19 entstanden, diese vertrauensvolle, von väterlicher Freundschaft getragene Zusammenarbeit, gehört zum Schönsten, was ich erleben durfte. Starke künstlerische Impulse durfte ich auch vom Präsidenten der Akademie, Siegmund v. Hausegger, empfangen, dessen Meisterklasse für Dirigieren ich gleichzeitig besuchte. Das Orgelstudium absolvierte ich beim Straubeschüler Dr. Emmanuel Gatscher, und gleich nach Beendigung der Meisterklassen erhielt ich als Hilfslehrer für Orgel an der Akademie meine erste Anstellung.

Inzwischen hatte ich mich als Komponist bereits mehrfach bemerkbar gemacht, auf bayerischen Tonkünstlerfesten, bei den Nürnberger Sängerwochen, bei den »Kammerkonzerten zeitgenössischer Musik« in Nürnberg und vor allem bei den Tonkünstlerfesten des Allgemeinen Deutschen Musikvereins. Erstmals war ich 1931 in Bremen mit dem Concertino für Violine, Bratsche, Klavier und Kammerorchester (unter Ernst Wendel) vertreten. Carl Schuricht führte 1934 meine »Hymnen für Orchester« auf dem Tonkünstlerfest in Wiesbaden zu einem großen Erfolg, von diesem Augenblick an interessierten sich Interpreten, Dirigenten und Verleger für mich und mein Werk. Diese Tonkünstlerfeste waren weithin beachtete Familienfeste der deutschen Musik, eine Art »Musikbörse«. Als junger Komponist lernte man die bedeutendsten Persönlichkeiten aus Kunst und Kritik kennen, und die großen und kleinen Generalmusikdirektoren und Dirigenten der deutschen Orchester merkten sich die erfolgreichsten Werke für die nächste Konzertsaison vor. Ein Jammer, daß diese Musikfeste ein Opfer des Hitlerregimes wurden!

1937 erhielt ich einen Ruf an die Hochschule für Musik in Frankfurt/M., zunächst als Lehrer, dann, nachdem ich 1940 einen Ruf als Direktor der Musikakademie in Prag wohlweislich abgelehnt hatte, als Professor für Komposition und Dirigieren. In Frankfurt, wo ich mit vielen Kollegen wie Hermann Reutter, Hugo Holle, Alfred Höhn, Alma Moodie etc. freundschaftlich verbunden war, blieb ich bis Ende des Krieges. Eigentlich habe ich meine Frankfurter Zeit, welche durch eine interessante pädagogische Tätigkeit ausgefüllt und durch einen reizenden und anregenden Freundeskreis verschönt wurde, zumindest vor Kriegsausbruch in bester Erinnerung. Für meinen Freund Georg Kulenkampff schrieb ich mein 1. Violinkonzert, es entstand das 1. Streichquartett, welches das Strubquartett 1938 im Leipziger Gewandhaus aus der Taufe hob, die »Passacaglia und Fuge für Orchester« (nach Frescobaldi) wurde im gleichen Jahr durch Carl Schuricht in Wiesbaden uraufgeführt. Mein 1. Cellokonzert entstand in enger Zusammenarbeit mit meinem lieben Freund Ludwig Hoelscher, der dieses Werk dann 1941 in der Berliner Philharmonie unter Wilhelm Furtwängler in einer denkwürdigen Uraufführung erstmals zum Klingen brachte und sich dann in weit über hundert Aufführungen, mehrmals auch unter meiner Leitung, in allen Konzertsälen dafür einsetzte. Inzwischen war die Lage in Frankfurt immer bedrohlicher geworden, die Bombenangriffe häuften sich, gottlob konnte ich vor meiner Ausbombung meine Noten, Manuskripte und die umfangreiche Bibliothek Wochenende für Wochenende in schweren Koffern nach Bamberg schleppen, wo alles einigermaßen sicher war. In diesen so bewegten Kriegszeiten war die Musik eine echte Trösterin, in ihr suchte und fand ich ein wirksames Gegengewicht zu den ständigen Aufregungen, meine große Cismoll-Sinfonie gewann immer mehr Gestalt. In den Jahren nach dem Zusammenbruch, die ich teils in Bamberg, teils in München verbrachte, hatte ich endlich viel Zeit zum Komponieren, in wundervoller Zusammenarbeit mit der hervorragenden Geigerin Anita Portner entstanden kurz hintereinander sechs Violinsonaten, in freundschaftlichem Zusammenwirken mit dem Köckertquartett weitere vier Streichquartette und ein Klarinettenquintett, das 2. Violinkonzert und wiederum für Freund Hoelscher das zweite Cellokonzert, dessen Uraufführung 1949 in der Hamburger Philharmonie stattfand. Im gleichen Jahr holte mich mein Lehrer Joseph Haas nach München zurück, wo er inzwischen das Amt des Präsidenten der Staatlichen Hochschule für Musik übernommen hatte. Es war sein Wunsch, daß ich seine Kompositionsklasse übernehmen und weiterführen sollte. 1954 wählte der Lehrkörper dieser meiner alten Hochschule mich zum Präsidenten, und bis heute habe ich dieses verantwortungsvolle Amt inne. Natürlich bedeutete diese Tätigkeit einen weitgehenden Verzicht auf meine schöpferische Arbeit, man kann halt nur richtig arbeiten, wenn man sich uneingeschränkt dem Komponieren widmen kann. Mich betrübt dies sehr, aber ich sehe in meiner jetzigen Tätigkeit eine Aufgabe von großer Bedeutung, eine Art Mission, dafür zu sorgen, daß die Jugend im Geiste der großen deutschen Musiktradition herangebildet wird, dies allerdings ohne Engherzigkeit allen neuen Bestrebungen gegenüber, soweit sie künstlerisch wirklich zu vertreten sind! Komponist zu sein, ist nach meiner Auffassung kein Beruf, sondern eine Berufung. Die Kunst bedeutet für mich etwas Unwägbares, ein Glück, eine Begnadung, wie wenn man sich vom unermeßlichen Sternenhimmel von Zeit zu Zeit so ein kleines Sternchen herunterholen kann. Plötzlich ist da eine musikalische Idee, ein Einfall, der in einem arbeitet und allmählich immer mehr Form annimmt. Dabei wird das Intuitive vom Kunstverstand ständig kontrolliert. Es gibt für mich kein schöneres Gefühl, als dem Geheimnis nachzuspüren, zu sehen, wie sich ein vielleicht zunächst ganz unbedeutender Einfall weitet, wie aus einer kleinen Keimzelle allmählich wie von selbst eine große Form entsteht. Gewiß gibt es auch Zeiten, wo ich nicht mehr weiter weiß, wo ich an einem toten Punkt angelangt bin, dann muß ich Zeit und den Mut haben, das Bisherige wegzulegen. Ich nehme mir etwas anderes vor, unbewußt arbeitet aber doch das Ursprüngliche in mir weiter, und über Nacht kommt mir die Erkenntnis, so oder so muß es weitergehen. Das sind oft wirklich erschütternde Momente, die mir die Gewißheit geben, daß es über mir etwas gibt, das mich führt und lenkt. Man mag mich verlachen, aber ich glaube, das Komponieren ist eine Art Schenken, ein Akt der Liebe, des Gebens an den anderen Menschen. Natürlich empfinde ich zunächst selbst am meisten Freude und Befriedigung, wenn mir etwas gut gelungen erscheint. Ich möchte aber auch ein Gegenüber ansprechen, vor allem den oder diejenigen, welche mein Werk spielen sollen, und diejenigen, die es hören wollen. Ich schreibe oft und gern für einen bestimmten Interpreten, wie ich schon vorher ausführte, ich stelle ihn mir dabei vor, er soll sich dabei wohlfühlen, wie in einem gut sitzenden Anzug. Ich denke aber auch an die Menschen, welche im Saal oder in der Kirche sitzen und meine Musik hören müssen. Ich möchte sie unterhalten oder erheben, sie freudig oder traurig stimmen, ergötzen oder erschüttern. Ich weiß, das sind Auffassungen, die man heutzutage kaum laut sagen darf, aber alles andere ist doch verkehrt! Ich war einmal mit Hindemith in Washington zusammen, er dirigierte Bruckner und eigene Werke, von mir wurden die »Sweelinck-Variationen« aufgeführt – wir haben uns bis in die späte Nacht hinein über diese Fragen unterhalten. Ich war tief erschüttert, welche Sorgen er sich über die Entwicklung der Musik machte, er, der einst als Bürgerschreck verschrien war und sich plötzlich als »der alte Mann mit Bart« verlacht fühlte.

In der Kunst gibt es nach meiner Überzeugung keinen echten Fortschritt wie etwa in der Technik – wer will behaupten, daß Beethoven gegenüber Bach ein Fortschritt sei? Es sind doch immer nur Variationen über das gleiche Thema, Variationen mit neuen der Zeit gemäßen Erkenntnissen und neuen Ausdrucksmitteln. Von jeher hat mich die ergreifende Vision von der Erscheinung der Meister in Pfitzners »Palestrina« bewegt und erschüttert. Palestrina, dem im Augenblick tiefster Verzweiflung die großen Meister der Vergangenheit erscheinen, flüstert, von ihrem Anblick gebannt: »Vertraut – von je vertraut – aus urversunk'ner Zeit! –« und die Meister lächeln leise zustimmend ihm zu: »Auch du uns vertraut. –« Dieses »sich die Hand reichen« über Jahrhunderte hinweg ist unter den Erlebnissen, die uns die Musik schenken kann, eines der schönsten. Ich halte nicht viel davon, wenn man heute aus der Kunst gar zu gern eine Wissenschaft machen möchte. Die Kunst, im besonderen die Musik, wendet sich an die Seele des Menschen, erst in zweiter Linie an den Verstand! Für mich ist die Musik die schönste Religion, das schönste Gebet, der Ton verbindet Diesseits und Jenseits. Dabei finde ich, daß es keinen konfessionell gebundenen Ton gibt. Meinen Orgelwerken liegen beispielsweise evangelische Choräle zugrunde, aus meiner persönlichen Sicht interpretiert, ich folge dabei meinem Meister Reger, der seine schönsten Orgelwerke, die Fantasien, über protestantische Choräle schrieb. Und bei Bach finde ich wiederum so viel Katholisches!

Meine große Liebe gilt der sinfonischen Musik und der subtilen Kammermusik, zu diesen beiden Gattungen fühle ich mich besonders hingezogen, obwohl in einem Werkverzeichnis auch alle anderen mit Ausnahme der Oper vertreten sind. Dabei habe ich eine starke Beziehung zur dramatischen Musik, ich teile jedoch ungern mit einem anderen Künstler: in der absoluten Musik bin ich ganz allein auf mich gestellt. Natürlich habe ich auch für die menschliche Stimme geschrieben, Lieder und Chorwerke, allerdings meist auf alte Texte. Selbst Film- und Hörspielmusik habe ich verbrochen, und ich muß sagen, daß mir diese so ganz anders geartete Arbeit, sozusagen mit der Stoppuhr in der Hand, viel Spaß gemacht hat. Allerdings bin ich kein Freund bloßer Untermalungsmusik, das Visuelle sollte vielmehr durch das Akustische gesteigert werden. Einmal hatte ich bei einem Kulturfilm mit den Auftraggebern erhebliche Schwierigkeiten, ich hatte nicht genug an das Lieschen Müller gedacht, das doch den Film auch sehen sollte. Aber auch solche Erfahrungen sind für den jungen Menschen nützlich und wertvoll.

Ich glaube richtig erkannt zu haben, daß sich der junge Komponist in seiner Sturm- und Drangzeit etwa sein musikalisches Territorium absteckt, bis zum Äußersten vordringt, mit zunehmender Reife wendet er sich wieder rückwärts und erfüllt mit den inzwischen gewonnenen Erkenntnissen und Erfahrungen das einmal abgesteckte Gebiet. Sicher gibt es in der Musikgeschichte auch Gegenbeispiele. Auch die Arbeitsweise ändert sich mit den Jahren. Während ich z. B. früher spontan und ziemlich unbedenklich Noten in rauhen Mengen hingeschrieben und vor der Drucklegung fast nie etwas geändert habe, überlege ich mir heute doch jede Note genau, ehe ich sie festlege. Ich habe übrigens viele meiner früheren Werke später – nicht oft zur hellen Freude meiner Verleger – als Neufassung herausgegeben, man betrachtet nach vielen Jahren des Abstandes seine Musenkinder oft mit anderen, kritischen Augen und hat das Bedürfnis, auf Grund der gewachsenen Erfahrung dies oder jenes zu ändern. Es gibt aber auch frühe Werke von mir, wie z. B. die »Hymnen«, bei denen ich absolut nicht das Verlangen habe, etwas an der musikalischen Substanz zu ändern, allenfalls kämen nur hie und da kleine Instrumentations-Retuschen in Frage. Der Komponist, der sein Tonmaterial noch übersieht, es innerlich hört, hat schon vor der ersten Orchesterprobe eine genaue klangliche Vorstellung seines Werkes. Ich kann mich kaum an eine Stelle erinnern, die mich klanglich enttäuscht hätte, im Gegenteil, oft war ich selbst überrascht und entzückt, wie viel schöner eine Klangkombination oder ein instrumentaler Effekt in Wirklichkeit herauskam. Wer von Hause aus mit einer sensiblen Klangphantasie begnadet ist, für den ist das Schreiben einer Partitur ein Fest. Sehr viel lernen kann man aber auch durch das intensive Studium von Partituren der großen Meister, die mich z. B. immer bei längeren Bahnfahrten begleiten. Ich empfehle Mozarts Jupiter- oder g-moll-Symphonie, hier kann man in schönster Weise die ökonomische Ausnutzung des Klangraumes studieren, die himmlische Behandlung der

Holzbläser oder den Einsatz der Hörner. Wer die Durchsichtigkeit und Duftigkeit der Baßführung studieren will, der nehme sich die Partitur von Bizets »Carmen« vor!

Ich gehöre auch nicht zu den Komponisten, die eine für alle Zeiten festgelegte Vorstellung von der Interpretation ihrer Werke haben. Ich begleite heute eine Sonate oder dirigiere ein Orchesterwerk sicher ganz anders, als ich es etwa vor zehn Jahren tat, man entwickelt sich ja auch selbst immer wieder neu, bekommt einen anderen Pulsschlag, andere klangliche Vorstellungen. So halte ich auch nicht allzu viel von einer musealen historisierenden Darstellung älterer Musik – eine Musik muß immer lebendig bleiben, immer wieder von neuem zum Leben erweckt werden, das ist der große und mitunter atemberaubende Unterschied zu den Werken der Bildenden Kunst, die für alle Zeiten gültig fixiert sind. Es kann heute keiner behaupten, daß er beispielsweise den allein seligmachenden Bachschen Interpretationsstil gepachtet hat, die Musik läßt sich nicht in ein starres Korsett zwängen. Aus diesem Grunde halte ich auch den Taktstrich, so notwendig er für das korrekte Zusammenspiel sein mag, für ein Übel: für die schöpferische Phantasie ist er hemmend, den Interpreten hindert er am freien Musizieren bei fließenden Übergängen und Rubati. Ja – bei Scherzos, Etüden, Tänzen, Märschen oder bei Ravels »Bolero«, da hat das Metronom seine Berechtigung.

Wenn Sie mich nun fragen, wie die Zukunft der Musik aussehen wird, so kann ich nur sagen, daß ich kein Prophet bin. Manches heute als sensationell Gepriesene hat meiner Meinung nach nichts mehr mit der Musik, wie ich sie liebe, gemein. Ich halte nach wie vor die Musik für eine der menschlichsten unter den Künsten, sie soll vom fühlenden Menschen (nicht in der Retorte) erzeugt werden, soll von empfindenden Menschen kunstvoll vermittelt werden (ein Lautsprecher im Konzertsaal ergreift mich nicht) und soll sich an aufnahmebereite Menschen (nicht an sture Roboter) wenden. Im übrigen: ich wechsle ansonsten oft und gern mein Hemd – in der Kunst kann ich es nicht –, ich möchte im guten Sinne modern, aber niemals modisch sein!

Werkverzeichnis Karl Höller

1927	Cäsar Flaischlen-Zyklus	Manuskript
	für mittlere Stimme und Klavier	
1929	Partita für Orgel op. 1	Leuckart, München
	»O wie selig seid ihr doch, ihr Frommen«	
	Suite für Klavier op. 2	Müller, Heidelberg
	Missa brevis für Soli und Chor op. 3	Müller, Heidelberg
	a cappella	
	Sonate in H für Violine und Klavier op. 4	Peters
	(Neufassung 1968)	
	Drei altdeutsche Minnelieder op. 5	Manuskript
	für mittlere Stimme und Klavier	
	Kammertrio für 2 Violinen und Klavier op. 6	Müller, Heidelberg

1929/30	Quartett op. 7	Peters
	(Klavier, Violine, Viola und Violoncello)	
1930	Media vita, Motette für 4- bis 8stimmigen	Leuckart, München
	Männerchor op. 8	
	Eine kleine Weihnachtsmusik für Frauenchor,	Manuskript
	Violine und Orgel op. 12 a	
	Passionsmusik für Sopran, Frauenchor, Violine	Manuskript
	und Orgel op. 12 b	Müller, Heidelberg
1931	Divertimento op. 11	Bärenreiter, Kassel
	für Flöte, Violine, Viola, Violoncello und Klavier	
	(Kammerorchesterfassung 1939)	Peters
	Hymnischer Gesang op. 13	Leuckart, München
	für Männerchor und Orchester	
1932	Missa de defunctis op. 14	Manuskript
	für zweistim. Chor und Orgel	
	Konzert für Orgel op. 15	Leuckart, München
	(Neufassung 1966)	
	Toccata, Improvisationen und Fuge op. 16	Leuckart, München
	für zwei Klaviere (Orchesterfassung 1942)	Leuckart, München
	Emitte Spiritum für gem. Chor und Orgel	Anton Böhm & Sohn
	Sechs geistliche Gesänge op. 17	Leuckart, München
	für Sopran und Orgel	
1932/33	Hymnen für Orchester op. 18	Leuckart, München
	Vier symphonische Sätze über gregorianische	
	Choralmelodien	
1933	Lied zur Fastnacht für Kinderchor und Klavier	Anton Böhm & Sohn
	zu 4 Händen	
1934	Konzert für Cembalo op. 19	Leuckart, München
	(Neufassung 1958)	
1935	Symphonische Phantasie für Orchester op. 20	Leuckart, München
	über ein Thema von Girolamo Frescobaldi	
	(Neufassung 1965) ⊙ DG 18407	
1936	Zwei Choralvariationen für Orgel op. 22	Leuckart, München
	Sommernacht, fünf Gesänge op. 59	Leuckart, München
	für vier- bis achtstimm. Chor a cappella	
	Musik zum Kulturfilm der Tobis	
	»Raum im kreisenden Licht«	
1938	Konzert Nr. 1 (D-Dur) op. 23	Leuckart, München
	für Violine und Orchester (Neufassung 1964)	
	Streichquartett Nr. 1 (E-Dur) op. 24	Leuckart, München
	(Neufassung 1966)	
	Passacaglia und Fuge für Orchester	Leuckart, München
	(nach Girolamo Frescobaldi) op. 25	
1940/41	Konzert Nr. 1 für Violoncello u. Orchester op. 26	Leuckart, München
	Musik für Violine und Klavier op. 27	Leuckart, München
	(Neufassung 1957)	
1942	Sonatine für Klavier op. 29	Leuckart, München
	Sonate Nr. 1 (h-moll) für Violine u. Klavier op. 30	Leuckart, München

1943	Sonate (H-Dur) op. 31	Peters
	für Viola oder Violoncello und Klavier	
	Zwei kleine Sonaten op. 32	Peters
	für Klavier zu 4 Händen	
	Sonate Nr. 2 für Violine u. Klavier (g-moll) op. 33	Peters
1944	Trio (c-moll) op. 34	Peters
	für Klavier, Violine und Violoncello	
	2. Fassung: für Harfe, Violine und Violoncello	Peters
	Sonate Nr. 3 (G-Dur) op. 35	Manuskript
	für Violine und Klavier	
1945	Streichquartett Nr. 2 (fis-moll) op. 36	Peters
	Sonate Nr. 4 (fis-moll) op. 37	Peters
	für Violine und Klavier	
1946	Triosonate für 2 Violinen und Klavier op. 38	Müller, Heidelberg
	Sonate Nr. 5 (C-Dur) für Violine u. Klavier op. 39	Manuskript
1942/46	Symphonie Nr. 1 (cis-moll) op. 40	Sikorski, Hamburg
1946	Drei kleine Sonaten für Klavier op. 41	Sikorski, Hamburg
1947	Streichquartett Nr. 3 (D-Dur) op. 42	Müller, Heidelberg
	Serenade für Flöte, Oboe, Klarinette, Horn, Fagott op. 42 a	Müller, Heidelberg
	(Nach dem Streichquartett Nr. 3 op. 42)	
	Streichquartett Nr. 4 (C-Dur) op. 43	Müller, Heidelberg
	(Nach dem Besuch einer Ausstellung »Moderne französische Malerei«)	
	Musik zum Dokumentarfilm der Caritas »Antwort des Herzens«	
	Sonate Nr. 6 (e-moll) für Violine u. Klavier op. 44	Müller, Heidelberg
	Sonate Nr. 1 (B-Dur) für Flöte und Klavier op. 45	Müller, Heidelberg
		Bärenreiter, Kassel
	Quintett op. 46 für Klarinette, 2 Violinen, Viola und Violoncello	Müller, Heidelberg
		Bärenreiter, Kassel
1947/48	Symphonisches Konzert (h-moll) op. 47	Müller u. Peters
	für Violine und Orchester (Zweites Violinkonzert)	
1948	Streichquartett Nr. 5 (d-moll) op. 48	Manuskript
1949	Phantasie für Violine und Orgel op. 49	Peters
	Fuge für Streichorchester	Schott
	Konzert Nr. 2 für Violoncello und Orchester op. 50	Müller u. Peters
1949/50	Streichquartett Nr. 6 (e-moll) op. 51	Sikorski, Hamburg
	»Georg Kulenkampff zum Gedächtnis«	
1949	Sonate Nr. 7 (d-moll) für Violine u. Klavier op. 52	Müller, Heidelberg
1950	Sonate Nr. 2 in C für Flöte und Klavier op. 53	Schott
	Ciacona für Orgel op. 54	Schott
	Improvisation für Violoncello und Orgel op. 55	Peters
	über das geistliche Volkslied »Schönster Herr Jesu«	
1950/51	Sweelinck-Variationen für Orchester »Mein junges Leben hat ein End« op. 56	Schott

⊙ DG 18407

1957	Serenade für Kammerorchester op. 46 a Kammerorchesterfassung des Klarinetten- quintetts op. 46 von 1946	Peters
1962	Sonatinen für Klavier I und II op. 58	Schott
	Choral-Passacaglia für Orgel op. 61 »Die Sonn' hat sich mit ihrem Glanz gewendet«	Schott
1965	Petite Symphonie I für Orchester op. 32 a Nach der Sonate op. 32 Nr. 1 für Klavier zu 4 Hd.	Peters
	Concerto grosso für zwei Violinen u. Orch. op. 38 a nach der Triosonate für zwei Violinen und Klavier op. 38	Peters
	Intrade, Allegro und Fuge für Orchester op. 60 Festmusik zur 300-Jahrfeier der Universität Kiel	Peters
1966	Sonate für Orchester op. 44 a nach der Sonate op. 44 für Violine und Klavier	Müller, Heidelberg
1966/67	Sonate in E für Viola und Klavier op. 62 »in memoriam Paul Hindemith« ⊙ Colos SM 528	Schott
1967	Zwei Sonaten für zwei Klaviere op. 41 a nach den Sonaten op. 41	Sikorski, Hamburg
1969	Petite Symphonie II für Orchester op. 32 a nach der Sonate op. 32 Nr. 2 für Klavier zu 4 Händen	Peters

Henk Badings

wurde am 17. 1. 1907 in Java geboren. Seine Eltern, Holländer, kamen in Java ums Leben, so daß er, 1915, mit 7 Jahren verwaist nach Holland zurückkehrte. Auf Anordnung seines Vormunds studierte er an der Technischen Hochschule in Delft Geologie mit einem solchen Interesse, daß er 1931 bereits an derselben Hochschule Assistent für Paläontologie und historische Geologie wurde.

Das Musikstudium erfolgte autodidaktisch mit einer freiwilligen Prüfung bei Willem Pijper. Die Sinfonie, die Badings als Pijpers Schüler schrieb, gelangte 1930 am Concertgebouw Amsterdam zur Uraufführung. Dieses Datum kann als Beginn von Badings musikalischer Laufbahn gelten.

Bis 1945 lehrte Badings Komposition in Rotterdam, Amsterdam und Den Haag. Danach lebte er als freischaffender Komponist, bis er 1963 die Professur für Komposition an der Württembergischen Hochschule für Musik in Stuttgart annahm.

Henk Badings Verbindung zu Deutschland besteht seit langem durch Aufführungen seiner Werke, durch Kompositionsaufträge deutscher Orchester und Rundfunkanstalten.

Zu hoffen, daß seine Werke in diesem Gespräch auch nur annähernd erwähnt werden könnten, wäre ein hoffnungsloses Unterfangen. Spaßeshalber zählte ich die Titel seiner Kompositionen: ich hörte bei 250 auf! Darunter sind 13 Symphonien, 4 Violinkonzerte, 6 Opern, 9 Ballettmusiken.

Ich glaubte mich in der Adresse geirrt zu haben, als ich nach einigem Suchen vor der Haustür von Professor Badings in einem Dorf bei Stuttgart stand und auf dem Namensschild lesen mußte: Dr. Ing. H. Badings. Doch ich war am rechten Ort. So war meine erste Frage natürlich, weshalb er an einer technischen Hochschule studiert habe.

Man kann soviel in eine Sache hineinrätseln, dabei ist die Erklärung meist denkbar einfach: Mein Vormund bewilligte mir für ein Musikstudium kein Geld! Obwohl ich von klein auf Komponist werden wollte, und ich auch überzeugt war, daß ich dieses Ziel einmal erreichen würde, habe ich doch tatsächlich niemals auf einem Konservatorium oder an einer Hochschule Kompositionsunterricht erhalten. Ich war früh verwaist, meine Eltern kamen beide in Niederländisch-Ostindien ums Leben. Ich wurde mit sieben Jahren nach Holland zurückgebracht und bekam einen Vormund. Glücklicherweise kam ich in ein Pfarrhaus, in dem etwas musiziert wurde. So erhielt ich wenigstens Klavier- und Geigenunterricht. Als ich mit elf Jahren die Sonaten von Corelli spielte, habe ich die Kraft der Musik entdeckt. Komponieren erschien mir von dem Augenblick an als das Höchste, was es für einen Menschen gibt. Auch Malerei und Dichtung interessierten mich stark, doch war die Musik immer stärker. Meinen Vormund konnte ich für meine Ideen allerdings nicht gewinnen, er befürchtete die schlimmsten finanziellen Folgen. Er schickte mich auf die Technische Hochschule in Delft, und ihm zu Gefallen bestand ich mein Examen »cum laude«. Dabei – so erscheint es mir wenigstens heute – habe ich während meines technischen Studiums eigentlich nur Musik studiert, autodidaktisch, ganz für mich allein. Ich habe alles studiert, was es an Musik oder über Musik zu lesen gab, und insoweit habe ich später bemerkt, daß ich weitaus belesener bin als die meisten meiner Kollegen. Mir suchte ja kein Lehrer nach seinen Gesichtspunkten die Bücher aus, die ich zu lesen hatte. Vielleicht bin ich deshalb so selbständig geworden, unbeeinflußt von Moden und Schulen. Ich habe mir selbst meinen Standort gewählt, habe mir ausgesucht, welche Richtung ich einmal entwickeln wollte, und habe alles Nötige allein zusammenstudiert, aus englischen, deutschen oder französischen Büchern.

Doch die Technische Hochschule hat mir auch für meine Musik etwas genutzt: Mein besonderes Interesse galt der Akustik, und das bedeutet einen großen Gewinn für die kompositorische Arbeit. Außerdem hat mir das Studium Spaß gemacht, besonders die Geologie. So blieb ich nach meiner Abschlußprüfung weiter an der TH in Delft, jetzt als Assistent für Paläontologie und historische Geologie. Man muß sich ja auch durch irgendetwas sein Brot verdienen!

Als ich 1930, mit 23 Jahren, noch während meiner Studienzeit meine erste Sinfonie fast fertig hatte, zeigte ich sie dem holländischen Komponisten Willem Pijper. Doch das ging nicht gut: Wenige Monate zuvor hatte er bei einer Prüfung meine musiktheoretischen Kenntnisse für vollkommen erklärt, nun jedoch, als die Sinfonie in Amsterdam im Concertgebouw uraufgeführt wurde, zerbrach unsere Verbindung. Vielleicht war er über den großen Erfolg etwas verärgert.

Könnten Sie diese erste Sinfonie bitte etwas beschreiben? Komponierten Sie damals, in so jungen Jahren, in irgendeiner Nachfolge, z. B. Schönbergs oder Hindemiths, oder hatten Sie da bereits einen eigenen Stil entwickelt?

Die Sinfonie war »freitonal«, wie man es heute nennt, seitdem noch eine andere Entwicklung gekommen ist, ich meine die serielle Musik mit ihrer Zufallsverteilung der Tonhöhen. Diese letzte, heute so beliebte Art der Zwölftontechnik halte ich für falsch. Es ist meiner Meinung nach unmöglich, die Töne voneinander völlig selbständig, unabhängig zu machen. Es vergewaltigt das menschliche Tongedächtnis, das es nun einmal gibt, und das durch keine Theorie hinwegzudiskutieren ist. Wenn ich einen Ton gehört habe, bleibt dieser Ton noch einige Zeit in meinem Gedächtnis, und ich kann nichts dagegen tun, daß ich die nachfolgenden Töne mit ihm vergleiche. Dieses Vergleichenwollen ist die eigentliche Tonalität. Man hätte eher hören müssen, was Schönberg selber gesagt hat: daß es fast unmöglich sei, die Tonalität auf längere Strecken völlig zu töten. Man kann sie selbstverständlich ändern, man kann eine andere Tonalität an die Stelle von Dur und Moll setzen. Das nenne ich dann »freitonal«.

Sie brachten trotz des großen Erfolges Ihrer ersten Sinfonie Ihr technisches Studium zu einem erfolgreichen Ende. Sie wurden Assistent an der Technischen Hochschule in Delft, und in Ihrem Katalog las ich, daß Sie neben dieser Assistentenstelle bereits als Professor am Rotterdamer Konservatorium Komposition und Musiktheorie unterrichten. Damit nicht genug waren Sie Dozent, später Mitdirektor am Amsterdamer Musiklyzeum. Als Direktor des Rijkskonservatoriums in Den Haag bauten Sie trotz der letzten harten Kriegsjahre eine Orchester- und Ballettschule auf. Wann fanden Sie bei dieser Tätigkeit noch Zeit zum Komponieren?

Es ging einfach. Ich machte eine Tür auf und die andere zu. Aber ich sehnte mich nach viel Zeit zum Komponieren. Wenn ich an einem Tag nicht mindestens zehn Seiten einer Partitur schreiben kann, bin ich unzufrieden. Und darum war ich eigentlich froh, daß nach 1945 der ehemalige Direktor des Rijkskonservatoriums zurückkehrte und die Stelle wieder übernahm, die ich während des Krieges für ihn ausgefüllt hatte.

Meine Kompositionen wurden nun schon so viel gespielt, daß ich mich dank der Buma (das ist für Holland die gleiche Einrichtung wie in Deutschland die Gema) nach keiner neuen Anstellung umsehen mußte. Meine Frau und ich hatten gerade geheiratet, zusammen wagten wir den Sprung in die Ungewißheit. Ich lebte 15 Jahre als freier Komponist. Das ist auf der einen Seite herrlich, es ist aber auch gefährlich und unsicher. Man erwartet bestimmte Einnahmen, und die kommen dann nicht, oder auch nur in einer ganz anderen Höhe als vorausberechnet.

Ich habe ständig neue Ideen und Pläne. Es gibt so unsagbar viel, was man tun kann, und ich konnte in dieser Zeit unabgelenkt nur schreiben!

Ich liebe Musik in allen ihren Formen. Ich schreibe ebenso gern Elektronenmusik wie Konzerte für großes Orchester, Opern so gern wie einfachste Chorstücke für Laien. Jede Art der Klangerzeugung interessiert mich. Und wenn ich auch nur Geiger und Bratschist bin – ich könnte nie am Klavier komponieren, schon weil ich nicht gut genug Klavierspielen kann –, so weiß ich doch genug von jedem Instrument, um jedem gerecht zu werden, ob ich nun ein Konzert für Harfe, Gitarre, Fagott oder was es auch sei, komponiere. Das Wissen um die Möglichkeiten, um die ganz individuellen Vorzüge des einen betreffenden Instruments spielt eine große Rolle bei der Konzeption eines Stückes.

Auch etwas beschränktere interpretatorische Fähigkeiten können einen gewissen Reiz für eine Komposition darstellen. Wenn jemand etwas von mir haben will, finde ich es Grund genug, Freude an dieser Arbeit zu gewinnen.

Ich fühle keine Hemmung, auch einmal »einfach« zu schreiben. Vielleicht kennen Sie meine Klavierstücke für den Anfangsunterricht, »Arkadia« genannt, oder meine Geigenstücke, auch für den Anfangsunterricht.

Dann haben Sie sicher auch Verständnis für das Publikum, für seine Unkenntnis und sein Unverständnis?

Oft, wenn ich komponiere, stelle ich mir vor, ich säße selbst im Saal, ich höre mir meine Musik an und frage mich: Ist das nun das, was du hören möchtest? Man möchte ja als Komponist eine Aussage machen; man hat selbst eine Mitteilung, eine Information empfangen und möchte diese nun weitergeben an seine Hörer. Musik ist eine direkte Aussage, die musikalische Menschen auffangen können.

Natürlich wird man nicht gleich verstanden. Verständnis zu finden für neue Musik ist aber auch ganz besonders schwer: Musik ist eine Kunst, die man erst genießt, wenn man sie schon kennt. Alles, was unbekannt ist, wird abgelehnt, sei es nun gut oder schlecht. Honegger, mit dem ich sehr befreundet war, hat wohl recht mit seiner Behauptung, ein Komponist sei jemand, der sich an einen Tisch drängt, an den er nicht geladen ist!

Sie sagten zu Anfang, Sie hätten sich schon während Ihres autodidaktischen Studiums für eine bestimmte Richtung entschieden. Sie erwähnten die Freitonalität, in der Sie Ihre erste Sinfonie schrieben. Sind Sie im Laufe Ihres Lebens davon abgekommen, haben Sie verschiedene Stufen einer musikalischen Entwicklung durchgemacht, oder haben Sie die einmal eingeschlagene Richtung ausgebaut, vervollkommnet?

Musikwissenschaftler sehen in meinem Schaffen drei Perioden: Die erste Periode nennen sie »dunkel und tragisch«, die zweite »aufgelockert und spielerisch«, die dritte »Gebrauch der anderen Stimmungen und die elektronischen Klänge und ihre Einflüsse auf den traditionellen Klangkörper«.

Wenn ich mir überlege, was diese Wissenschaftler meinen, kann ich nur sagen, daß es diese drei »Perioden« fast immer gegeben hat, zu gleicher Zeit. Solche Behauptungen stimmen – zumindest bei mir – eben nicht. Ich bin eigentlich immer ziemlich beharrend gewesen, vielleicht, daß ich mich noch einmal ändere, ich wüßte jetzt nur nicht, warum ich es sollte! Ich werde oft gefragt, wie es möglich ist, daß meine Musik, in der so viele »Dissonanzen« stehen, so harmonisch, so gesättigt klingen kann. Nun, das ist eben diese neue Tonalität, die ich verwende. Ich behaupte, daß wir uns überhaupt um eine neue Tonalität bemühen müssen. Wie man sie bauen könnte, habe ich in meinen Kompositionen gezeigt. Später vielleicht schreibe ich es einmal theoretisch nieder. Ich glaube, daß eine Raffinierung der Stimmung Gebot der Zeit ist. Wir müssen eine verfeinerte Stimmung machen. Es gibt bestimmte Intervalle, die wir hören können, die wir aber nicht benutzen, wie z. B. Grundton – siebenter Oberton. Wenn Sie einem Chor die Töne c – e – g – b geben und diesen Akkord ein paar Sekunden liegenlassen, fängt zuerst die Terz an rein zu werden im Verhältnis 4 : 5, dann wird die Septime rein im Verhältnis 4 : 7. Da haben wir diesen siebenten Oberton, den wir in unserem System gar nicht haben, und der doch ein Intervall ist, das jeder Laie singen kann, und es auch tut, wenn nicht ein Dirigent ihm Zeichen macht, er solle höher singen.

Es gibt die 31-Tonstimmung, die wir hören können. Und als 31-Tonstimmung verwende ich sie auch in meinen Kompositionen. Zwischen c und d gibt es fünf Stufen: c – ci – cis – cisi – cisis – d. D – deses – dese – des – de – d sind, wie Sie natürlich wissen, dieselben Schritte, ihre jeweilige Benutzung hat rein theoretische Bedeutung.

Für elektronische Instrumente stellt die Verwirklichung dieser 31-Tonstimmung sicherlich kein Problem dar. Von Streich- und Blasinstrumenten kann ich es mir auch noch verwirklicht vorstellen, doch – vom Klavier ganz abgesehen – ist die menschliche Stimme in der Lage, solche feinen Nuancierungen zu treffen? Mir fällt es schon schwer, einen Viertelton zu singen.

Der Viertelton ist ein unmusikalisches Intervall. Man wollte einmal ein neues Intervall künstlich erzeugen, so kam man auf das Vierteltonsystem. Nein, das geht nicht. Man muß mit dem menschlichen Gehör rechnen, man kann nur das nutzen, was möglich ist. Und meine Mikrointervalle sind möglich und naturgegeben. Darum fällt es einem Sänger nicht schwer, sie zu realisieren. Meine »Contrasten« sind Lieder in Mikrointervallen.

Sogar auf dem Klavier, auf dem die Tonhöhen festliegen, kann ich mit ihnen arbeiten, ich suggeriere sie dort, ich lasse dieses andere Intervall suggestiv existent werden. Wenn ich c – e – g anschlage, denken Sie, das ist ein reiner Dreiklang. Das ist er aber gar nicht: Die Terz ist falsch, die Quinte ist falsch, ich suggeriere also die anderen Zusammenhänge.

Haben Sie eine Notation dafür entwickelt?

Die Notation ist denkbar einfach. Oft bezeichne ich es gar nicht extra, ich rechne mit dem Gehör der Spieler. Damit meine ich: Wenn ich dem Orchester einen bestimmten Klang gebe, fangen sie aus dem Gehör von selbst an, die richtige Stimmung zu finden. Man kann also die alte Notation verwenden, und doch wird man es anders spielen.

Dann ist für Ihre Kompositionen eine Aufführung immer ein besonderes Risiko? Haben Sie böse Erfahrungen sammeln müssen, oder hatten Sie immer verständnisvolle Interpreten?

Gute und schlechte Aufführungen haben wir Komponisten wohl alle. Ich nehme die Schuld immer instinktiv auf mich. Wenn ich in einer Aufführung einmal die Hörner nicht gehört habe, möchte ich das Stück gleich umschreiben, weil ich glaube, daß ich falsch instrumentiert habe. Dabei war aber nur die Aufführung schuld. Denn höre ich dasselbe Werk in einer anderen, besseren Aufführung, lasse ich alles immer wieder so, wie es am Anfang dastand.

Eine Aufführung ist im Grunde doch immer nur eine schwache Abspiegelung von dem ursprünglichen Gedanken. Und manchmal hat man halt Glück! Allerdings, wie mein Stück klingt, weiß ich bei der Komposition ganz genau, mag sein, daß mir in dieser Beziehung mein akustisches Studium sehr hilft.

Daß mir vielleicht ein etwas älteres Stück nicht mehr so gut gefällt wie das, was ich gerade schreibe, ist eine andere Sache. Trotzdem würde ich kein altes Werk neu fassen. Ich sehe jedes Werk als eine Momentaufnahme an, ich betrachte mich in meinen älteren Stücken wie in einem Spiegel und sehe mich in ihnen, wie ich damals war mit allen Fehlern und allen guten Seiten. Jedes Stück gibt Zeugnis von diesem einen Augenblick meines Lebens. Heute bin ich überzeugt von meiner Arbeit, morgen frage ich mich vielleicht: Wofür hast du dich gestern nur so interessiert?

Nun, das neue Stück ist da, es sollte besser werden als das vorhergegangene, es zeigt meinen neuen heutigen Standort. Wenn ein anderer Komponist seine Werke umschreibt zu einem späteren Zeitpunkt, kann ich ihn aber trotzdem verstehen: es gibt viele Künstler, die sich ihrer Arbeit schämen.

Unzufrieden sind wir alle mit uns!

Welchen Raum in Ihrem Schaffen nimmt die elektronische Musik ein? Die Unterschiede von Blachers und Stockhausens elektronischen Kompositionen wurden in diesen Gesprächen schon deutlich ausgesprochen, wie und wo setzen Sie Elektronik ein? Woran erkennt man Ihre Kompositionen?

Die elektronisch erzeugten Klänge nehmen in meiner Komposition keine Sonderstellung ein. Ich benutze sie, wie ich jedes Instrument, jede Technik benutze, die mir Möglichkeiten bietet. Ich habe rein elektronische Kompositionen geschrieben, ebenso wie Konzerte für reale Instrumente mit elektronischer Begleitung. Ich benutze die Elektronik wie ein Instrument, es muß ja auch bedient werden wie ein Instrument. Den elektronischen Part übernehme ich bei Aufführungen oder Aufnahmen gern selbst, ich »spiele« dann auf meinem neuen Instrument.

Aber wenn Sie fragen: Woran erkennt man Ihre Kompositionen? kann ich nicht über Instrumente sprechen. Ich glaube, man erkennt sie an ihrer Thematik und ihrer polyphonen Gestaltung. Die Bindung von Rhythmus und Melodie ist für mich Träger des musikalischen Gedankens überhaupt.

Obwohl ich noch nirgendwo eine Antwort bekommen habe und auch weiß, daß ich wohl überhaupt keine bekommen kann, stelle ich doch immer wieder die eine Frage nach der Intuition: Woher kommt der Einfall, wie entsteht die Musik, wird sie während des Schreibens entwickelt, oder ist sie »einfach da«?

Wenn Hindemith von der Inspiration schreiben will, kommen plötzlich immer diese Punktlinien zwischen den Text. Wenn ein so wortgewandter Mann es nicht beschreiben kann, kann ich es sicherlich nicht besser. Ich kann dazu nur ein paar praktische Dinge sagen:

Ich gehöre zu den Komponisten, die plötzlich etwas im Kopf völlig fertig haben. Ich brauche es dann nur hinzuschreiben. Dabei kommt es aber sehr selten vor, daß ich es optisch, also in Noten vor mir sehe. Ich erinnere mich bei dieser Frage an ein Telephongespräch. Völlig unerwartet rief mich eines Tages ein Regisseur an, erzählte mir von seinem neuesten Plan und bat mich, für dieses Stück Musik zu schreiben. Ich hatte drei Minuten vorher noch nichts davon gewußt, und schon während des Gesprächs war für mich die Sache fertig.

Es geht alles sehr schnell bei mir. Es gibt nur wenige Werke, an denen ich länger als einen Monat gearbeitet habe. Ich habe einmal einen Preis gewonnen mit einem Orchesterwerk. Nach der Aufführung hatte ich ein Interview vor einer englischen Rundfunkgesellschaft, und es kam die gleiche Frage: Wie lange haben Sie an diesem Stück gearbeitet?

Da antwortete ich: Sagte ich Ihnen, daß ich vier Jahre daran gearbeitet habe, hielten Sie es für ein mühseliges Stück. Sagte ich Ihnen jedoch, ich habe vier Tage gebraucht, hielten Sie es nicht für gut. Aber eines von beidem war es!

Meine Oper »Orest« z. B. mußte ich in einem Monat schreiben. Das Libretto verspätete sich so sehr, daß für meine Arbeit einfach nicht mehr Zeit blieb. Der Aufführungstag war schon bestimmt. Da in diesem einen Monat auch die Proben eingerechnet waren, schrieb ich erst einmal – wie ich es sonst eigentlich nie tue – sämtliche Chorstücke in einem Auszug, nachher schrieb ich dann erst die ganze Partitur. Für eine Reifezeit, eine lange Vorbereitungszeit war also wirklich keine Zeit da. Ich brauche sie aber auch nicht. Ich habe wohl immer etwas, was sozusagen vorbereitet ist!

Aber die Beantwortung aller Fragen, die wir hier gestreift haben, finden Sie in meiner Musik. Hören Sie die Musik, immer wieder die Musik, dann wird jedes Wort überflüssig. Gehörtwerden, das ist die Bestimmung der Musik, dafür wird sie gemacht. Ich spiele Ihnen gern noch etwas vor!

Werkverzeichnis Henk Badings

1927	Sonate für Violine und Violoncello	Donemus, Amsterd.
	Fünf kleine Klavierstücke	Donemus
1928	Sonata für Violine und Bratsche	Donemus
	Sonate I für 2 Violinen	Donemus
	Sonatine für 2 Flöten	nicht erhältlich
	Quintett für Flöte, Klarinette, Violine, Viola, Violoncello	Donemus
	Violinkonzert I	Manuskript
1929	Sonate I für Violoncello und Klavier	Donemus
	Sonate für Oboe und Klavier	nicht erhältnich
	Toccata für Orgel solo	Donemus
	Quintett II für Fl., Ob., Klar., Fag., Horn	Donemus
1930	Suite für Klavier solo	Donemus
	Konzert für Violoncello I	Manuskript

1931	Sonate IV für Violine und Klavier	Donemus
	Streichquartett I	Schott
	Sextett I für Altstimme, Flöte, Klar., Vl., Vla., Vcl.	Donemus
1932	Sinfonie I für großes Orchester	Donemus
	Sinfonie II für großes Orchester	Schott
	Drei Rilke-Lieder	Donemus
1933	Sonate I für Violine und Klavier	Schott
1934	Sonate II für Violoncello und Klavier	Alsbach, Amsterdam
	Trio für Vl., Vc. und Klavier	Schott
	Sinfonie III ⊙ Ph A 00487 L	Universal-Edition
	Sonate I für Klavier	Schott
	Jagerslied Männerchor a cappella	Zongersverbond
	Dat Liet van den Rhynscen Wyn Männerchor a cappella	Verlag Lispet
1935	Rumänische Reiseskizzen für Klavier	Donemus
	Hora für Kammerorchester	Donemus
	Predilcova für Kammerorchester	Donemus
	Violinkonzert II	Donemus
	Largo und Allegro für Streichorchester	Universal-Edition
	Coplas für Altstimme und Orchester	Donemus
	Dullaert-Lieder Gesang und Klavier	Broekmans
	Vildrac-Lieder Gesang und Klavier	Donemus
1936	Sonatine I für Klavier ⊙ DG 36 019 B–LV	Schott
	Capriccio für Violine und Klavier	Schott
	Capriccio für Flöte und Klavier	Donemus
	Streichquartett II	Schott
	Quintett III (Capriccio) für Fl., Vl., Vla., Vcl., Hf.	Donemus
	Drei Duette für Sopran, Alt und Streichorchester	Donemus
	Vier Wiegeliedjes für Sopran und Streichorchester	Donemus
	Sinfonische Variationen I	Universal-Edition
	Kantate I (Festkantate) für Soli, gem. Chor und Orchester	Manuskript
	De Westewind Für Rezitator und Orchester	Donemus
	Drei Baritonlieder Gesang und Klavier	Donemus
	Drei Duette Gesang und Klavier	Donemus
	Vier geestelijke liedern für Frauenchor a cappella	Broekmans
1937	Ouvertüre I (Tragische)	Universal-Edition
	Ouvertüre II (Heroische)	Leuckart, M.
	Kantate II (honestum petimus usque) für Sopran, Kammerchor und kleines Orchester	Donemus
	Minnedeuntje für Gesang und Klavier	Broekmans
	Gijsbreght van Aemmstel Bühnenmusik für Altsolo, Chor, Orchester	Donemus
1938	Tema con Variazioni für Klavier	Universal-Edition
	Gedenckclanck Suite für Orchester	Universal-Edition
	Präludium für Orgel	Donemus

	Canzona für Oboe und Orgel	Donemus
	Intermezzo für Violine und Orgel	Donemus
	Als een goet Instrument	Manuskript
	Melodrama für Sprecher, Fl., Ob., Vl., Vla., Org.	
1939	Reihe kleiner Klavierstücke	Schott
	Balletto Grotesco für 2 Klaviere	Universal-Edition
	Sonate II für Violine und Klavier	Schott
	Klavierkonzert I	Donemus
	Drei Weihnachtslieder für Sopran und Orchester	Donemus
	Vechter für gem. Chöre a cappella	Donemus
1940	Sonate I für Violine solo	Schott
	Six Images für gem. Chor a cappella	Ed. Francaises de Musique
	Vier Tenorlieder von Leben und Tod für Gesang mit Orchester	Donemus
	Liedernbundel für Männerchor a cappella	Alsbach
1941	Sonate II für Klavier	Schott
	Sonate I für Cello solo	Schott
	Chansonettes für Gesang und Klavier	Albersen
	Vier geistliche Lieder für gem. Chor a cappella	Ed. A. Bank
	Een klein weemoedig lied für Männerchor a. c.	Donemus
	Orpheus und Euridike, Ballett für Bariton-Solo, Rezitator, gem. Chor und Orchester	Schott
1942	Ouvertüre III (Sinfonische)	Donemus
	Sinfonischer Prolog	Universal-Edition
	Intrada für Blasorchester	Donemus
	Tripelkonzert, Concertino für Vl., Vcl., Kl. und kleines Orchester	Donemus
	Chansons Orientales für Gesang und Klavier	Donemus
	Die Nachtwache, Oper	Donemus
1943	Trio II für Oboe, Klarinette, Fagott	Donemus
	Sinfonie IV	Donemus
	Suite I für Glockenspiel	Donemus
1944	Sonate III für Klavier	Donemus
	Sonate für Harfe solo	Donemus
	Streichquartett III	Donemus
	Fanfare de Jeanne d'Arc für 4 Trompeten und Orchester	Donemus
	Violinkonzert III	Donemus
	Ariettes Méchantes für Gesang und Klavier	Donemus
1945	Arcadia Kleine Stücke für Anfänger Klavier I-III	Schott
	Sonate IV für Klavier	W. Hansen, Ko.
	Sonate V für Klavier	Alsbach
	Sonatine II für Klavier	Donemus
	Arcadia für Klavier zur 4 Händen IV–V	Schott
	Elfenland Kleine Stücke für Anfänger I–IV Violine und Klavier	Donemus
	Kleine Duette für Schüler und Lehrer	Donemus

	für 2 Violinen	
	Trio III für 2 Violinen und Bratsche	Donemus
	Liebesränke Komische Kammeroper	Donemus
1946	Vier Vortragsstücke für Cello und Klavier	Donemus
	Trio IV a) für 2 Oboen u. Englisch-Horn	Donemus
	Trio IV b) für 3 Violinen	
	Liederen van de Dood, Gesang mit Klavier	Donemus
	Mairegen, 10 Kinderlieder für Gesang und Klavier	Donemus
	Missa brevis für gem. Chor a cappella	Uitg. A. Bank
1947	Sonate für Klavier VI	Donemus
	Air triste für Violine und Klavier	Donemus
	Konzert für Violine und Orchester IV	Donemus
	Trio V für Flöte, Violine, Bratsche	Donemus
	Quartett für 2 Trompeten, Horn, Posaune	Donemus
	Het Kwezelke für gem. Chor a. c.	Harmonia Uitgave, Hilv.
	Pools Volkslied für gem. Chor a. c.	Harmonia
	Boutenslieder für Männerchor a. c.	Donemus
	Drie geestelijke liederen für Männerchor a. c.	Uit. A. Bank
	Twee Kerstliederen für Männerchor a cappella	Uit. A. Bank
	Maria 14 Lieder für Soli, Kammerchor, Flöte, Violoncello	Donemus
1948	Quintett VI für Fl., Ob., Klar., Fag. Horn	Donemus
	Aria trista und Rondo Giocosa für Kammerorchester	Donemus
	Apocalypse Oratorium für Soli, gem. Chor u. Orchester	Donemus
	Les Elfes für Rezitator und Orchester	Donemus
	Liedjes van Weemoed für Gesang und Klavier	Donemus
	Vier Volkslieder für gem Chöre a. c.	Zomer & Keunings, Baarn
1949	La Maliconia für Altsaxophon und Klavier	Donemus
	Sinfonie V für großes Orchester	Schott
	Divertimento für Orchester	Donemus
	Holland-Rhapsodie für Orchester	nicht erhältlich
	Sonate I für Glockenspiel	Donemus
1950	Sonatine III für Klavier	Donemus
	Ballade für Flöte und Harfe Ph N 00695 R	Donemus
	Sinfonische Variationen II	Donemus
	Pupazzetti Azzurri für Kammerorchester	Donemus
	t'vloog een klein wild vogelken für Alt, Flöte und Streichorchester	Manuskript
	Three sacred songs für Altstimme, Oboe und Orgel	Donemus
	Sonate II für Glockenspiel	Donemus
	's Winters als het regent für gem. Chöre	Donemus

	Drei Niederländische Tänze	Ed. Lispet
	für 2 Trompeten, Horn und Posaune	
	Trois chants Populaires für Männerchor a. c.	Donemus
	Trois Romances für Männerchor a. c.	Donemus
	Sechs alte Weihnachtslieder für Frauenchor a. c.	Harmonia
	Trois Ballades für Frauenchor a. c.	Ed. Francaises
	Lanceloet, Bühnenmusik	Donemus
1951	Sonate II für Violine solo	Donemus
	Sonate III für Violine solo	Schott
	Sonate II für Violoncello solo DAVS 6102	Donemus
	Sonate für Bratsche und Klavier	Donemus
	Konzert für Altsaxophon und Orchester	Donemus
	Trio VI für 2 Geigen und Klavier	Donemus
	Suite II für Glockenspiel	Beiaardschool
		Mechelen, Belgien
	Ifigeneia (Euripides) Bühnenmusik	Donemus
1952	Cavatina für Violine und Klavier	Donemus
	Sonate III für Violine und Klavier	Donemus
	Cavatina für Violoncello und Klavier	Donemus
	Cavatina für Oboe und Klavier	Donemus
	Cavatina für Altsaxophon und Klavier	Donemus
	Cavatina für Altflöte und Harfe	Donemus
	Quintett V für Klavier, 2 Violinen, Bratsche	Donemus
	und Violoncello	
	Sextett II für Kl., Ob., Klar., Fag., Horn., Fl.	Donemus
	Oktett für Klar., Fag., Horn, 2 Vl., Vla., Vcl., Kb.	Donemus
	Orgelkonzert I	Donemus
	Präludium und Fuge II für Orgel solo	Donemus
	Präludium und Fuge I für Orgel in	Donemus
	31-Ton-Stimmung	
	Contrasten (5 Lieder in Mikrointervallen)	Harmonia
	In Memoriam für Männerchor a. c.	Donemus
	Kerstdeklamatorium für Rezitator, Flöte, Oboe,	Manuskript
	Streichquartett	
	The Countess Cathleen (Yeats)	Donemus
	Bühnenmusik elektr.	
1953	Trio VII für 2 Geigen und Bratsche	Donemus
	Sinfonie VI Psalmensymphonie	Donemus
	Serenade für Orchester	Donemus
	Sinfonisches Scherzo für Orchester	Donemus
	Suite III u. IV für Glockenspiel	Donemus
	Drei geistliche Lieder für Altstimme u. Orgel	Donemus
	Präludium und Fuge III für Orgel	Donemus
	Trois chants Populaires für Frauenchor a. c.	Donemus
	Ballade van de Watersnood	Donemus
	Melodram für Rezitator und Klavier	
1954	Konzert II für Cello und Orchester	Donemus
	Sinfonie VII (Louisville Symphonie)	Donemus

⊙ Louisville series
Ouvertüre V für Orchester	Donemus
Doppelkonzert I für 2 Violinen ⊙ Ph A 00487 L	Donemus
Kantate III für gem. Chor, Blasorchester und Carillon	Manuskript
Kantate IV für gem. Chor u. Orchester	Donemus
Suite für Orgel solo	Donemus
Vier geestelijke liederen für Männerchor a. c.	Harmonia
Vier wereldlijke liederen für Männerchor a. c.	Harmonia
Suite für Orgel in 31-Ton-Stimmung	Donemus
⊙ Ph 40 0090 AE	
Stabat mater für Frauenchor a. c.	Donemus
Orestes. Funkoper	Manuskript

1955
Balletto serioso für Orchester	Donemus
Trio VIII für 2 Sopran- u. 1 Altflöte	Moeck
Klavierkonzert II Atlantische Tänze	Donemus
De Nacht voor Morgen. Fernsehspiel elektr. Musik	

1956
Sinfonie VIII (Hannover Sinfonie)	Donemus
⊙ DAVS 63 03	
Sinfonische Variationen III (Tanzvariationen) für Orchester	Donemus
Flötenkonzert I ⊙ Ph A 00789 R	Donemus
Kantate V (Laus Pacis) für Sopransolo, Blasorchester, Männerchor	Donemus
Präludium und Fuge IV für Orgel solo	Donemus
Kain. Ballett, elektronische Musik	
⊙ Ph 40 0036 AE	

1957
Romanze für Violine und Klavier	Donemus
Sonate für Blockflöte und Cembalo	Donemus
Blues für Chromonica und Klavier	Hohner, Trossingen
Suite II für Violine und Blockflöte	Harmonia
Marcia für Orchester	Donemus
Niederländische Tänze für Orchester	Donemus
Reihe kleiner Klangstücke für Orgel in 31-Ton-Stimmung	Donemus
Canamus Amici für gem. Chor.	Harmonia
Asterion. Funkoper	Manuskript
Variations Electroniques. Filmmusik elektr.	
De Vliegende Hollander, elektr. Filmmusik	

1958
Variation für 2 Violinen und Orchester über ein Thema von R. Strauß	Donemus
Boogie Woogie für Klavier solo	Harmonia
Passacaglia für Orgel und Pauken	Donemus
Sonatine IV für Klavier	Harmonia
Evolutionen, elektr. Ballett	
⊙ Ph 835 056 u. Limelight LS 86055	
Suite III für 2 Blockflöten	Harmonia
Genesis, elektronisches Ballett	

205

⊙ Ph 835 056 u. Limelight LS 86055
Geluid van de Werkelijkheid, Bühnenmusik — Manuskript
De Hoorschelp, elektr. Hörspiel
Dialogues for man and machine, elektr. Hörspiel

1959 Xenie für Violine und Klavier — Broekmans
Psalm 147 für Kinderchor, Kammerchor, — Donemus
gem. Chor und Orchester
Languentibus in Purgatorio für gem. Chöre a. c. — Donemus
Salto mortale, Fernseh-Kammeroper elektr. Musik — Manuskript
Jungle, elektr. Ballett
Die Frau von Andros, elektronisches Ballett
De Speekcel, elektronische Bühnenmusik
Capriccio für Geige und 2 elektro-magnetische
Klangspuren ⊙ Ph 835056 u. Limelight LS 86055
Figures sonores, elektr. Musik

1960 Rondino für Violine und Klavier — Broekmans
Quick Step für 2 Violinen — Broekmans
Sinfonie IX für Streichorchester ⊙ DAVS 6602 — Donemus
Sinfonische Variationen IV über ein — Donemus
südafrikanisches Thema
Partita für Blasorchester — Donemus
Psaml 43 für gem. Chor a. c. — VPRO-Rundfunk-
ausgabe, Hilversum

Martin Korda DP. Dramatische Choroper — Donemus
1961 Sinfonie X — Donemus
Te Deum für Männerchor u. Orchester — Donemus
Ouvertüre VI (Irische) für Orchester — Donemus
Kantate VI (Laus Stultitiae) für gem. Chor — Donemus
und Orchester
Morgenstern-Lieder für Vokal-Quartett u. Klav. — Donemus
Zwölf Präludien für Gitarre — Donemus
Huwelijkslied für gem. Chor a. c. — VPRO-Rundfunk-
ausgabe, Hilversum

1962 Trio IX für Flöte, Bratsche u. Gitarre — Donemus
Evocations für gem. Chor a. c. — Harmonia
Siegmund Freud Fragment elektr. Filmmusik
1963 Sonate II für 2 Violinen im 31-Ton-System — Donemus
Flötenkonzert II ⊙ RCA stereo — C. F. Peters, N. Y.
Jonah Oratorium für Soli, gem. Chor, Orchester — Donemus
und elektr. Musik
Burying Friends (Hommage à Francis Poulenc) — Donemus
für Gesang und Klavier
Piet Hein Volkslied für Männerchor a. c. — Koneza, Amersf.
Lucebert Lieder für Männerchor und
2 elektro-magnetische Klangspuren
1964 Sinfonie XI (Sinfonia giocosa) — Donemus
Sinfonie XII (Sinfonische Klangfiguren) — Donemus
206 Doppelkonzert II für Fag., Kfag., Orch. — C. F. Peters, N. Y.

	Doppelkonzert III für 2 Klaviere	Donemus
	Carmina Stultitiae für Männerchor a. c.	Koneza, Amersf.
	Toccata I für 2 Klangspuren	
	Toccata II für 4 Klangspuren	
	Drei Schwärmereien für gem. Chor u. 2 Klangspuren	
1965	Nocturne für Klarinette und Tonband	C. F. Peters, N. Y.
	Chaconne für Trompete u. elektr. Musik oder Trompete und 1 Klangspur	Donemus
	Concerto für Viola u. Streichorchester	Donemus
	Pittsburgh Concerto für Bläser, Schlagwerk und und 2 Klangspuren ⊙ RCA stereo	C. F. Peters, N. Y.
	Violakonzert	Donemus
	Doppelkonzert IV für Violine, Bratsche und Orchester	Donemus
	Hymnus Ave Maria Stella für Frauenchor u. Orch.	Donemus
	Eight Songs für Gesang und Klavier	Donemus
	De Drieksman Volkslied für Männerchor a. c.	Harmonia
	Een meisje van Scheveningen für Männerchor a. c.	Ed. Koneza
1966	De vier Weverkens für Männerchor a. c.	Harmonia
	Orgelkonzert II	Donemus
	Sinfonie XIII für Blasorchester	C. F. Peters, N. Y.
	Sechs Lechler-Lieder für Gesang u. Klavier	Donemus
	Neun Lieder für Männerchor	Harmonia
	Streichquartett IV im 31-Ton-System	Donemus
1967	Drei Lieder für Sopran, Flöte, Harfe	Donemus
	Konzert für Harfe u. Blasorchester ⊙ DAVS 6902	C. F. Peters, N. Y.
	Konzert für Harfe u. Sinfonieorchester	Donemus
	Genesis für Tenor, Bariton, Männerchor, 4 Schlagwerker und Tonband	Donemus
	It is dawning in the East für Gitarre und Orgel	Donemus
	Sonate III für 2 Violinen im 31-Tonsystem	Donemus
	Canzone für Horn und Orgel	Donemus
	Dialogues für Flöte und Orgel	Donemus
	Quempas für Violine und Orgel	Donemus
	Het daghet uyt den Oosten für Männerchor a. c.	Ed. Koneza
	Arcadia VI u. VII für Klavier 2h	Donemus
	Arcadia VIII für Klavier 4h	Donemus
	Concertino für Klavier u. Tonband. Kulturring-Konzerte	Donemus
1968	Armageddon für Sopransolo, Blasorchester und Tonband	C. F. Peters, N. Y.
	Sinfonie XIV	Donemus
1969	Doppelkonzert V für 2 Violinen u. Orchester im 31-Tonsystem	Donemus
	Variations on a mediaeval dutch theme für Orgel	Donemus
	Tower music für großes Orchester	Donemus

1970	Variationen über Green Sleeves für Blasorchester	Donemus
	Tripelkonzert II für 3 Hörner, sinfonisches Blasorchester u. Tonband	Donemus
	Kantate VII Ballade van die bloeddorstige Jagter für Soli, gem. Chor, Orch. und Tonband	Donemus
	Kontrapunkte für Klavier u. elektr. Musik in Zusammenarbeit mit Hellmut Schoell	Donemus
	Nocturne für 3 Hörner u. Tonband	Donemus

Roman Haubenstock-Ramati

Bereits im Frühjahr 1969 hatte ich Roman Haubenstock-Ramati in Berlin anläßlich der Aufführung seiner »Symphonie K« kennengelernt. Doch erst ein Jahr später konnte ich ihn besuchen: er wohnte nun, von allen professionellen Verpflichtungen frei, als Stipendiat des Deutschen Akademischen Austauschdienstes für ein Jahr in Berlin. Von seinem Leben erzählte er mir folgendes:

»In meiner Kindheit – ich wurde 1919 in Krakau geboren – habe ich mich neben praktischem Musikunterricht wie Geigen- und Klavierstunden viel mit der Farbe beschäftigt, ich habe gezeichnet und gemalt. Dann jedoch trat die musikalische Begabung immer deutlicher hervor, so daß ich noch während der Gymnasialzeit auf einem Konservatorium Unterricht im Geigenspiel und Theorie bekam. Ich hatte den großen Vorteil, lernen zu können, was ich wollte. Mein Vater war Bauunternehmer, er konnte mir den finanziellen Rückhalt geben, obwohl er selbst, wie auch alle anderen Vorfahren, von denen ich weiß, keine künstlerisch-schöpferischen Ambitionen zeigte. Allerdings weiß man es ja nie genau, welche Fähigkeiten in einem Menschen stecken; denn daß eine Begabung hervortreten kann, hängt von den verschiedensten Umständen ab. Jedenfalls war ich der erste in meiner Familie, der in der Kunst praktisch etwas geleistet hat.

Ich hatte mich auf dem Gymnasium mit einigen Freunden zu einem musikalischen Circle zusammengefunden. Wir beschäftigten uns alle sehr intensiv mit der Musik – wie ich überhaupt alles, wenn ich es tue, sehr intensiv betreibe –, und haben dementsprechend auch wirklich etwas geleistet. In diesem Kreis haben wir meine ersten Kompositionsversuche, die ich mit ungefähr sechzehn Jahren machte, aufgeführt. Zu dieser Zeit wußte ich dann schon, daß ich Komponist werden, daß ich schöpferisch tätig sein wollte; nur wußte ich natürlich nicht, ob ich etwas erreichen könnte.

Ich fing also an zu lernen: Harmonielehre und Kontrapunkt, im normalen, traditionellen Gang; ob das notwendig war, weiß ich nicht. Abgesehen von Schularbeiten, die von Szymanowski und Strawinsky beeinflußt waren, hatte ich die ersten Kompositionen unter dem Einfluß der Schönbergschen Studienpartituren geschrieben. Dabei war ich niemals ein Zwölftonkomponist im Schönbergschen Sinne. Die Musik Anton Weberns, die ich 1938 kennenlernte, beeindruckte mich dagegen sehr. Hier sah ich meinen Weg, und ich glaube, daß ich diese Linie immer gehalten habe. Natürlich nicht im Sinne direkter Nachahmung;

heute ist es mehr eine starke innere Verwandtschaft: auch ich suche, wie es Webern tat, immer das Neue und dafür die eigene, einzig mögliche Form.

Kompositionsunterricht hatte ich dann, als ich nach Beendigung der Schule ganz auf dem Konservatorium studierte, bei Malawski und Koffler, zwei für die damalige Zeit vor dem zweiten Weltkrieg sehr progressiven Lehrern, mit denen ich mich schnell über das Verhältnis Lehrer – Schüler hinaus befreundete. Josef Koffler hatte bei Schönberg in Wien studiert, er stellte die direkte Verbindung Wien–Krakau dar. Er selbst hat ganz die Zwölftonmusik im Sinne Schönbergs mit der klassischen Form verbinden wollen. Ich bewunderte ihn, daß er das konnte, es ist ja keine leichte Sache, eine Fuge oder Sonate zwölftönig zu komponieren; ich selbst hielt diese Richtung allerdings für verkehrt. Er wiederum erklärte mein Vorbild Webern für eine Sackgasse. So gingen unsere Meinungen auseinander: er war nicht immer zufrieden mit dem, was ich tat, und ich nicht immer mit dem, was er mir aufgab. Dann kam die große Pause während des Krieges.

Nach 1945 schrieb ich zunächst Kritiken für eine Zeitung, man mußte ja etwas tun, um leben zu können. 1947 wurde ich Leiter der Musikabteilung von Radio Krakau, ging 1950 aber mit meiner Familie aus Polen fort nach Israel: ich konnte den Druck des sogenannten »Sozrealismus« nicht länger ertragen. Kompositionen waren in diesen Jahren kaum entstanden. Musik, wie ich sie geschrieben hatte und nur schreiben wollte, hatte keine Aussicht, eine Aufführung zu erleben. Die sozialistische, folkloristische Richtung hat mich aber nicht interessiert, eine solche Musik konnte und wollte ich nicht machen. So habe ich mich entschlossen zu gehen. Ich wurde in Tel Aviv Direktor der Staatlichen Musikbibliothek und etwas später Kompositionslehrer an der Musikakademie. Hier wurde dann 1952 das Streichtrio »Ricercari«, eigentlich das einzige, was ich in Polen komponiert habe als Ausweis der kompositorischen Fähigkeiten im Ausland, gedruckt und aufgeführt. Es sind drei kurze Sätze in Webernrichtung, knapp wie Bagatellsätze, sehr kompakt. Dem Streichtrio liegt eine Zwölftonreihe zugrunde, eine gar nicht traditionelle Reihe allerdings, die später auch Nono benutzt hat, in der ich von einem Punkt aus in beide Richtungen in Halbtonschritten vorangehe, also a–b–gis–h–g– etc.

1957 kehrte ich nach Europa zurück. Ich ging zunächst nach Paris, hauptsächlich um am Studio de Musique Concrète mich über diese Art neuer Musik in Europa zu informieren. 1958 wurde mir von der Universal-Edition in Wien die Leitung des Lektorats für Neue Musik angeboten. Jetzt habe ich diese Verpflichtung allerdings aufgegeben, um mehr Zeit für die kompositorische Arbeit zur Verfügung zu haben.«

Sie sind aber weiterhin als Lehrer an der Musikakademie in Tel Aviv verpflichtet. Ihre Kurse dort erlangen einen immer größeren Ruf. Sie hielten ebenfalls Seminare an der Stockholmer Musikhochschule, in Buenos Aires, in Darmstadt, in Bilthoven ab. Sie scheinen mit Lust und Leidenschaft Lehrer zu sein. In welcher Form ist Ihrer Meinung nach heute ein Kompositionsunterricht noch möglich, wie sieht speziell Ihr Unterricht aus?

Einen allgemeinen, für alle Kompositionsschüler verbindlichen Unterricht im Komponieren könnte ich niemals geben, ich halte das heute auch nicht mehr für möglich. Ich bin im Jahr für sechs bis acht Wochen in Tel Aviv. Dann halte ich Vorlesungen über die Probleme, die mich selbst beschäftigen oder beschäftigt haben, wie auch über allgemeine Probleme der neuen Musik. Zum Kompositionsunterricht kommen die Studenten einzeln zu mir, und wir besprechen ihre Arbeiten. Unterricht im Komponieren kann nur Hilfestellung und Anregung sein, Wegweisung in der ganz persönlichen Sprache des einzelnen Schülers. Ich kann nur beurteilen, ob die Arbeit meines Schülers in ihrer Ausführung konsequent der Idee, der Anlage entspricht, ich kann Diffuses, Formloses aufdecken und versuchen, kompositorische Probleme lösen zu helfen; beeinflussen, bevormunden, meine eigenen Vorstellungen aufdrängen kann ich nicht.

Schon 1959 haben Sie in Donaueschingen die erste Ausstellung »Musikalische Graphik« organisiert. Sie hielten in Darmstadt und in Stockholm Seminare über graphische Komposition. Ihre eigenen graphischen Notationen gehören nach Aussage berufener Leute wie Erhard Karkoschka »zum Besten, was auf diesem Gebiet geleistet worden ist«. In der nächsten Zeit sind in Berlin und Wien Ausstellungen Ihrer musikalischen Graphiken geplant. Wie kamen Sie zu dieser Form der Notation?

Ich sagte am Anfang, daß ich in einem Punkte eine besondere Verwandtschaft zu Webern sehe: wie er, versuche ich immer eine neue Form zu finden. Form, im Sinne eines Prinzips, halte ich für das Primäre in der Musik überhaupt. Sie allein sichert das Gleichgewicht zwischen Raison und Phantasie und verhindert ein Überwiegen einer dieser beiden Elemente. Eine Form muß »erfunden« werden, die kompositorische Arbeit wird wieder zu einem Akt des Erfindens, und die Musik ergibt sich logisch aus dem Zusammenspiel der verschiedenen Parameter.

1958 komponierte ich zum erstenmal eine Mobile, eine variable Form. Diese neue Form verlangt eine ihr spezifisch angepaßte Niederschrift, die die Idee am deutlichsten sichtbar machen kann. Das Problem der Notierung ist eines der Hauptprobleme, mit denen ich mich beschäftige; denn jede variable Form ist einzigartig und verlangt eine ständige Auseinandersetzung zwischen der kompositorischen Idee und den Realitäten des angewandten Prinzips und der Aufführungspraxis. Durch die ständige Weiterentwicklung von Formideen entfernte ich mich also auch immer mehr von der traditionellen Notenschrift und kam zu graphischen Zeichen dort, wo normale Noten meine Ideen nicht mehr sichtbar machen konnten.

Mein erstes Mobile »Interpolation« für eine, zwei und drei Flöten von 1958 ist traditionell notiert, allerdings ist die Spiel-Richtung mehrmals durchbrochen: die Teilkomponenten des Ganzen können verschiedentlich nebeneinander, dann im Zusammenspiel (zweite und dritte Flöte) übereinander gereiht werden. Wenn die verschiedenen Fassungen auf ein Tonband aufgenommen werden, kann die Aufführung auch von einem Interpreten realisiert werden. Ich habe Mobiles für verschiedene Besetzungen erfunden, die sich in Form, im Prinzip der Bewegung als Fortschreiten der Komponenten und in der Ausführung komplizierten. In »Liaisons« für Vibraphon oder Vibraphon und Marimbaphon und in »Jeux 6« wird die normale Kontinuität noch weiter zerbrochen. Neben proportionellen Schriftzeichen wie Punkten, Linien, Pfeilen usw. für Intervalle, Dauern und Dynamik werden auch traditionelle Zeichen verwendet.

In meinem »Mobile für Shakespeare« für Gesang und sechs Spieler habe ich dann die Zeichen gefunden, die mehr Möglichkeiten der Variabilität zulassen. An bestimmten Stellen habe ich die normale Notenschrift ganz verlassen. Das Stück ist in drei mobilehaft ineinander geschobene Partien eingeteilt, jede in einer anderen Besetzung. Sie können in Uhrzeiger- oder gegen den Uhrzeigersinn gelesen werden. Jede Partie ist in mehrere Felder unterteilt, die Interpreten können mit jedem beliebigen Feld beginnen. Die Tempi sind frei und sollen nur bei jeder Wiederholung desselben Feldes verändert werden. Für die Sängerin, die auf den Text des 53. und 54. Sonetts von Shakespeare singt, habe ich allerdings eine eigene Gesangsversion festgelegt, sie kann jedoch auch eine eigene Version benutzen.

Die Form des Mobiles möchte ich als »dynamisch-geschlossene Form« bezeichnen: Ständige Wiederholung bringt ständige Variation und läßt so verschiedene musikalische Inhalte entstehen.

Dieses Prinzip der äußerlich geschlossenen und innerlich dynamischen Form habe ich in »Tableau«, einem Orchesterwerk von 1967, verwendet. Mobile und Stabile sind konfrontiert. Schon in den »Credentials, or ›Think, think Lucky‹« von 1960 nach einem Text aus Becketts »Warten auf Godot« für Sprechgesang und acht Spieler realisieren die Instrumentalisten Mobiles, während die Gesangsstimme einer stabilen Form folgt. Diese Solostimme ist bis auf eine Stelle – wenn sie nach ungefähr zwei Dritteln die »Kadenz« als Mobile allein bringt – durchgehend notiert, zum Teil exakt, zum Teil graphisch: die ungefähre Tonhöhe des Sprechgesangs ist durch die Größe der Buchstaben angedeutet.

Ich habe eigentlich immer verschiedene Ebenen der Notation kombiniert: traditionelle Zeichen, erfundene Zeichen und graphische Zeichnungen, so daß sich exakte und ungefähre Werte mit diversen Zwischenstufen durchdringen.

In einem Aufsatz »Notation – Material und Form«, erschienen im 9. Band der Darmstädter Beiträge zur Neuen Musik 1965, begründete ich die Notwendigkeit, die traditionelle Notenschrift zu verlassen mit zwei Anlässen. Das sind einmal der »Anlaß der Erfindungen im Bereich der Form« und der »Anlaß der Entdeckungen im Bereich des Materials«.

Bei der Komposition meiner »Multiples« stellten sich mir ganz ähnliche Probleme wie bei der Erfindung der Mobiles. Die Bezeichnung »Mobile« bezieht sich auf die Form, »Multiple« auf das Material, also die variable Besetzung. Das Kammermusikstück »Multiple 2« von 1969 für sieben Spieler aus dem Zyklus »Multiples« z. B. ist für zwei Blechbläser, zwei Holzbläser und drei Streicher komponiert. Multiple ist nun aber die Wahl: welches Blech, welches Holz, welche Streichinstrumente? Das ergibt eine Variabilität der Ausführungen. Mir, dem Komponisten, stellte sich wieder die Frage: Welche Form der Aufzeichnung ist sowohl für einen Geiger, einen Cellisten, einen Kontrabassisten gleichzeitig lesbar und spielbar?

In Ihren mobilen Kompositionen steckt ein Moment des Zufalls, das jedoch – ich möchte sagen: genau vorherbestimmt ist. . . .

In meinen Arbeiten sind wenig aleatorische (im eigentlichen Sinne des Wortes) oder improvisatorische Momente zu finden. Die Vertikale aber, also der Zusammenklang, ist nicht vorherbestimmt und ist bis zu einem gewissen Grade nicht vorherbestimmbar. Auch lasse ich den Interpreten gewisse Entscheidungsfreiheiten; die Dynamik, die Dichte, auch die Auswahl der Noten kann offen sein. Ich möchte den Musikern die Möglichkeit lassen, auch ihre Persönlichkeit mitspielen zu lassen. Ich fände es schrecklich, wenn sie nur Befehlsausführende sein sollten, und ich kann mir nicht vorstellen, daß sie es in Zukunft weiterhin bleiben wollen.

Solche weitgehenden Entscheidungsfreiheiten können aber sicherlich nur einer kammermusikalischen Besetzung gegeben werden. Wie verfahren Sie in einer Komposition für z. B. großes Orchester?

Jede Besetzung und vor allem die des Orchesters hat ihre eigenen, besonderen Probleme. In »Tableau« z. B., der Komposition für großes Orchester, die ich vorhin schon erwähnte, gibt es viele Aktionen, deren zeitliche Gestaltung den einzelnen Interpreten überlassen ist. Der Dirigent, der diese Aktionen aber noch im ganzen zu steuern hat, muß in der Lage sein, die einzelnen Details zu überblicken. Ich habe für diesen Zweck auf den linken Seiten der offenen Partitur die Details bestimmt, während die rechten Seiten dem Dirigenten einen Überblick über das Ganze geben. Durch die Erfindung

213

neuer Schriftzeichen ist für den Komponisten heute eine bedeutende Ausweitung der Imagination möglich geworden.

In meiner Oper »Amerika« habe ich ebenfalls mobile Partien eingearbeitet. Allerdings nicht, wenn ich das ganze Orchester einsetze. Es gibt aber in diesem aus circa dreißig Nummern bestehenden Werk solistisch besetzte Teile, in denen ich die Möglichkeiten des kammermusikalischen Spiels ausgenutzt und Mobiles hineingebracht habe.

Die Orchesterstücke meiner Oper, die ich als »Vermutungen über ein dunkles Haus« der Oper entnommen und auch allein herausgegeben habe, sind, wie auch die »Symphonie K«, in traditioneller Notenschrift aufgeschrieben. Im ersten und dritten Stück dieser »Vermutungen über ein dunkles Haus« habe ich das gleiche Formprinzip der sich wiederholenden Elemente stabil ausgearbeitet: »Für K«, das ist der zweite Teil, basiert auf der Wiederholung von sechsundzwanzig Strukturen, die in einer zehnschichtigen Montage der Aufnahmen übereinander geordnet werden. Dagegen wurden im ersten und dritten Teil die sich wiederholenden Elemente auf drei Orchester verteilt und nicht schichtenweise übereinander, sondern räumlich getrennt nebeneinander verwendet.

Darf ich eine Frage stellen nach den Kompositionen vor 1958, also vor den »Mobiles«, z. B. nach dem Werk »Symphonies des Timbres«, das Sie 1957 anläßlich des zehnjährigen Bestehens des Staates Israel komponiert haben, oder nach den »Séquences« für Violine und Orchester? Oder überhaupt nach Ihren früheren kompositorischen Ideen?

Die »Symphonies des Timbres«, die Sie erwähnen, ist formell nicht so kompliziert wie meine späteren Arbeiten. Das Interessante an diesem Werk ist die Klangfarbe: zwei Streichkörper, Bläser und Schlaginstrumente mit vier Kristallgläsern, vier Cymbals, Glockenspiel, Celesta, Vibraphon, Gitarre und noch anderes – das ergibt eine sehr intensive Klangfarbenwirkung.

In »Séquences« interessierte mich die räumliche Verteilung der vier Orchestergruppen, die dem Solisten gegenübergestellt sind. Heute erscheint mir aber die formelle Konzeption wichtiger als alles andere. Meine Sprache ist jetzt »postseriell«, oder wie es Gottfried Michael Koenig einmal so treffend formulierte »jenseits des Seriellen«. Das bedeutet, daß man die Erfahrungen der gesamten seriellen Verfahren in sich trägt, dabei jedoch keine mathematischen Konstruktionen herstellt. Für wichtig halte ich, daß man seriell denkt. Die Verbindung zu Webern, die ich einigemale erwähnte, ist bei mir äußerlich also sicher nicht zu erkennen, als eine innere Verwandtschaft glaube ich es aber auch heute noch sehen zu können.

Herr Haubenstock-Ramati, wie arbeiten Sie? Woher kommt die erste Idee, wie geht die Ausarbeitung vor sich?

Diesen psychologischen Vorgang konkret zu formulieren, ist schwierig, es ist ja kein Schwarz-Weiß-Geschehen! Ich möchte es so sagen: Ein Kompo-

214

nist ist in jedem Augenblick bereit, für jedes Medium jedes mögliche Stück zu schreiben. Die Bereitschaft ist also immer gegeben. Aus irgendeinem Anlaß entscheidet man sich dann für eine bestimmte Sache. Ich trage die Idee so lange in mir, bis ich genau weiß, wie das Stück aussehen und wie es klingen soll. Ich beginne dann wirklich zu »arbeiten«, wenn die Komposition im Kopf schon fertig ist. Das bedeutet aber nicht, daß gewisse Vorstellungen nicht doch während der Niederschrift geändert werden können. Der Prozeß des Denkens ist ein anderer, als der der konkreten Formulierung. Idee und Niederschrift beeinflussen sich wechselseitig. Da kann es sein, daß ich die Sache mehrmals niederschreiben muß, um zu sehen, welche Form der Niederschrift meine Idee am deutlichsten und verständlichsten darzustellen vermag; es kann ebenfalls sein, daß durch die langsam sich ausbildende Notationsform die Idee gewissen Veränderungen unterliegt.

Viele Komponisten suchen heute eine neue Konzertform. »Offene Konzerte«, »Wandelkonzerte«, »Musikalische Ausstellungen«, »Do it yourself-Aktionen«, Versuche, eine der neuen Musik adäquate äußere Form der Darbietung zu finden. Auch Ihren Namen kann man häufig auf den Programmen solcher Konzertexperimente finden. Wie sehen Sie das Problem der Musikverbreitung, und welche Erfahrungen haben Sie mit den bereits praktizierten Konzertformen gemacht?

Die neuen Formen der musikalischen Darbietungen, der Konzerte, des musikalischen Theaters sind in eine neue Phase der Entwicklung getreten. Diese Entwicklung wurde durch das neue Bewußtsein – Fernsehen – geweckt, durch die Notwendigkeit der neuen visuellen Dimension. Die etablierte Form des herkömmlichen Konzerts, bedingt auch durch die Form der alten Konzertsäle und die Sitzordnung des Publikums dem Orchester gegenüber, wird immer mehr als anachronistisch empfunden. Das gleiche kann man über das herkömmliche Opernhaus und die Opernaufführungen sagen.

Würden Sie zum Abschluß dieser Fragestunde etwas über Ihre wichtigsten theatralischen Kompositionen sagen? (Ich möchte nicht »dramatische« Kompositionen sagen, weil ich bei Ihrer Musik immer mehr den Eindruck von Intensität als von Dramatik habe – eine für den Hörer sichtbare Verwandtschaft zu Webern!)) Ich denke z. B. an Ihre Oper »Amerika«, nur weiß ich natürlich nicht, ob diese an Volumen größte Komposition auch die für Sie wichtigste ist. . . .

Doch, ich glaube schon, daß die Oper, für die ich nach dem Roman von Franz Kafka selbst das Libretto geschrieben habe, mein wichtigstes Werk ist. Ich habe in dieser Komposition alles, was mich über Jahre hinweg beschäftigt hat, angewendet. Da ist das Problem der Stereophonie im Sinne von »Musik im Raum«. Mir zur Verfügung steht ein normales Orchester, ich benutze keine zusätzlichen elektronischen Klänge. Ich habe aber von dem Orchestermaterial Tonbandaufzeichnungen machen lassen, so daß es bei der

Aufführung gleichzeitig mit eigenen Aufnahmen konzertiert. Das ergibt eine vielfältige Multiplikation des Gegebenen. Ebenso benutze ich auch die Montage: Aufnahmen von kurzen Teilen montierte ich in mehreren verschiedenen Schichten und erzielte durch die Synchronisation Wirkungen, die ich aus einem Orchester allein gar nicht herausholen könnte. Über die formelle Idee dieser Technik habe ich vorhin schon gesprochen, als ich die Orchesterstücke »Vermutungen über ein dunkles Haus« kurz beschrieb. Die Chöre, die ich meistens als Sprechchöre eingesetzt habe, werden ebenfalls multipliziert. Neben den großen Klangblöcken stehen kleine Instrumental-Ensembles, in denen ich mobileartig verfahren kann. Formal, als Großform, könnte das ganze Werk als eine Art Mobile betrachtet werden; einige Teile sind in ihrer Ordnungsfolge verschiebbar, so daß jeder Regisseur seinen persönlichen Ideen entsprechend die Folge für seine Aufführung festlegen kann.

Im vergangenen Sommer 1969 habe ich eine Anti-Oper geschrieben, »Comédie«, nach dem gleichnamigen Stück von Samuel Beckett für drei Personen (die Frau, der Mann, die Freundin) und drei Schlagzeuger. Ich verwendete den Text von Beckett wörtlich. Er ist eine Art Sprech-Rondo, seine Dialogstruktur, die Zukunft und Vergangenheit verschmilzt, entspricht meiner Idee der »dynamisch-geschlossenen Form« sehr. Ende 1969 komponierte ich die deutsche Fassung der »Comédie« – »Spiel«. Es war in diesem Falle nicht möglich, einfach der französischen Fassung eine deutsche Übersetzung zu unterlegen, das ganze Stück mußte neu komponiert werden. Die dritte, englische Version ist noch nicht fertig.

Mein »Divertimento« von 1969 ist eine literarische Collage mit Texten von Plato bis zum »Spiegel« und der »New York Times«. Das Geschehen auf der Bühne ist ebenfalls eine Collage, alles ist vom Regisseur beliebig zu ordnen. Zwei Schauspieler sprechen ihre Texte in jeder möglichen Folge, so daß Dialoge der absoluten Verfremdung entstehen: Frage und Antwort stehen in keinerlei Korrelation zueinander. Die beiden Schlagzeuger, denen ich konkrete Anweisungen gebe, können ebenfalls die Anordung verschiedentlich gestalten. Sie bewegen sich ähnlich wie der Pantomime, ein männlicher oder weiblicher Tänzer, auf der Bühne.

Meine Graphiken für verschiedene Instrumente, die jetzt in Berlin und Wien ausgestellt werden, möchte ich »instrumentales Theater« nennen. Eine Graphik z. B. ist gedacht für einen Musiker, der auch schauspielert, eine andere umgekehrt für einen Schauspieler, der gewisse Instrumente bedienen soll. Einige Blätter sind Collagen: verschiedene Techniken sind über- und nebeneinander geklebt, ich habe Zeichnungen hergestellt, habe aus Zeitungen ausgeschnitten, Ausschnitte aus eigenen Kompositionen und Neu-Komponiertes hinzugefügt. Diese letzten Sachen, gesammelt in einer Mappe als »Musikalische Graphik« betrachte ich sowohl als Graphik als auch als Musik.

216

Werkverzeichnis Roman Haubenstock-Ramati

1950–52	»Ricercari«, für Streichtrio	Israeli Music Publications
	»Blessings« für Gesang und 8 Spieler	Israeli Music Publications
1954–55	»Recitativo ed Aria« für Cembalo u. Orchester	Israeli Music Publications
	»Papageno's Pocketsize Concerto« für Glockenspiel und Orchester (Divertimento für Mozart)	Universal-Edition
1956–57	»Les Symphonies des Timbres« für Orchester	Universal-Edition
	Musique- Concrète-Arbeiten in Paris:	Universal-Edition
	1. Exeque pour une symphonie	
	2. Passacaglia	
	3. Chanson populaire	
	4. Amen de verre	
	»Chants et Prismes« für Orchester	Universal-Edition
1958	»Interpolation« Mobile für Flöte und Tonband	Universal-Edition
	»Séquences« für Violine und Orchester in vier Gruppen	Universal-Edition
	»Liaisons« Mobile für Vibraphon und Marimbaphon, für einen Spieler u. Tonband oder für zwei Spieler	Universal-Edition
	»Ständchen auf den Namen Heinrich Strobel« für Kammerorchester	Universal-Edition
1959–60	»Petite Musique de Nuit« für Orchester	Universal-Edition
	»Mobile für Shakespeare« für Gesang u. 6 Spieler	Universal-Edition
	Decisions«, eine Mappe musikalischer Graphik für verschiedene Instrumente	Universal-Edition
1961	»Credentials or ›Think, think Lucky‹« für Sprechstimme und 8 Spieler Text von Samuel Beckett ⊙ Wer 60 049	Universal-Edition
	»Jeux 6« Mobile für 6 Schlagzeuger	Universal-Edition
1962–64	»Amerika« Oper nach dem gleichnamigen Roman von Franz Kafka, Libretto vom Komponisten	Universal-Edition
	»Vermutungen über ein dunkles Haus«, drei Orchesterstücke aus der Oper »Amerika« ⊙ Wer 60 049	Universal-Edition
1965	Klavierstücke (1)	Universal-Edition
1966–67	»Tableau I« für Orchester ⊙ Wer 60 049	Universal-Edition
	»Psalm« für Orchester	
	»Symphonie K«	Universal-Edition
1968–69	»Jeux 2« Mobile für 2 Schlagzeuger	Universal-Edition
	»Jeux 4« Mobile für 4 Schlagzeuger	Universal-Edition
	»Divertimento«, ein Bühnenstück für 2 Schauspieler, 1 Tänzer und/oder Mimen und 2 Schlag-	Universal-Edition

zeuger. Textcollage vom Komponisten
(musikalische Graphik: »Jeux 2«)

1969	»La Comédie«, eine Anti-Oper in einem Akt	
	Text: Samuel Beckett für 3 Sprechstimmen	Universal-Edition
	und 3 Spieler	
	»Catch I« für Cembalo solo	Universal-Edition
	»Catch II« für Klavier solo oder 2 Klaviere	Universal-Edition
	»Multiple I« für 2 Streichinstrumente	Universal-Edition
	(10 Versionen)	
	»Multiple II« für 7 Spieler	Universal-Edition
	(36 Versionen)	
	»Multiple III« für 6 Spieler	Universal-Edition
	(27 Versionen)	
	»Multiple IV« für 2 Spieler (1 Holzblas- und	Universal-Edition
	1 Streichinstrument (9 Versionen)	
	»Multiple V« für 2 Spieler (1 Holzblas- und	Universal-Edition
	1 Blechblasinstrument)	
	»Multiple VI« für 6 Spieler	Universal-Edition
	»Alone« für Posaune und einen Mimen	Universal-Edition
1970	»Madrigal« für Chor a cappella	Universal-Edition

Luigi Dallapiccola

Als ich zufällig einen der ganz großen unter den international bekannten Komponisten in einem Konzert der Berliner Akademie der Künste traf, da wußte ich, daß ich alles versuchen würde, um ihn für ein Gespräch zu gewinnen. Die Musik dieses Mannes kannte ich seit langem und bewunderte sie. Und so wünschte ich mir die Gelegenheit zu einer Begegnung mit einigem Herzklopfen und erhielt sie von Luigi Dallapiccola.

Luigi Dallapiccola wurde 1904 in Pisino auf der Halbinsel Istrien geboren, die damals Grenzgebiet war zwischen drei rivalisierenden Ländern: Italien, Österreich und Jugoslawien. Der Vater war Humanist, Professor für Latein und Griechisch an dem einzigen humanistischen Gymnasium, das die österreichisch-ungarische Regierung im Zentrum von Istrien vorerst hatte bestehen lassen. Doch Kaiser Franz Joseph I. von Österreich ließ auch dieses Gymnasium im August 1916 schließen. Als »politisch unverläßlich« wurde die Familie Dallapiccola 1917 nach Graz ausgewiesen. In dieser der Musik besonders aufgeschlossenen Stadt hatte der Dreizehnjährige die erste Begegnung mit der Musik. Noch heute, 51 Jahre später, ist ihm das Datum geläufig: am 18. Mai 1917 hörte er zum ersten Mal eine Oper, Wagners »Der fliegende Holländer«. Und von diesem Tage an wußte er es: Er würde Komponist werden!

Nach Ende des Krieges ging die Familie zurück nach Pisino. Der junge Luigi besuchte das Lyzeum und fuhr einmal in der Woche, am Sonntag, nach Triest, um ernsthaft das Klavierspiel zu erlernen und in die Harmonielehre eingeführt zu werden. Der Vater billigte den Entschluß, Musiker zu werden, doch verlangte er zuvor den Abschluß der Schule: »Die Zeit der unkultivierten Musiker sei vorbei, heute verlange man auch von einem Musiker Bildung!« So beendete Dallapiccola in Pisino die Studien am Lyzeum und ging nach dem Abiturium zum Studium der Komposition und des Klavierspiels nach Florenz und an das dortige Konservatorium. Vierunddreißig Jahre lang, bis zu seiner Pensionierung am 1. Oktober 1967, unterrichtete er selbst eine Klavierklasse in Florenz. Seit 1951 hält er an verschiedenen Hochschulen und Universitäten Vorträge, Vorlesungen und Kompositionsseminare, vorwiegend in den Vereinigten Staaten von Amerika.

Seit mehreren Jahren arbeitete Luigi Dallapiccola an einer Oper: »Odysseus«, einem Kompositionsauftrag der Deutschen Oper Berlin, deren Uraufführung am 29. September 1968 im Rahmen der Berliner Festwochen stattfand. Seit dem Frühjahr 1968 betreute der Komponist in Berlin die allgemeinen Vorbereitungen der Opernaufführung.

Ich konnte ihn einige Tage vor dieser mit Spannung erwarteten Uraufführung in der Berliner Akademie der Künste treffen, in der ihm ein Atelier zum Wohnen und Arbeiten zur Verfügung gestellt war. Ich wollte so viel über die Oper wissen: Warum er sich einen so komplexen Stoff, die Odyssee, als Operntextvorlage gesucht habe; wie er den Text für die Bühne bearbeitet habe; ob und warum er sich seine Libretti selbst schreibe. Doch ich kam mit meinen Fragen zu spät: gerade eine Woche vorher hatte er selbst über alle diese Fragen für das Sommerheft Juli-August von Melos einen Aufsatz geschrieben: »Geburt eines Librettos«.

Das große griechische Epos »Odyssee« habe Dallapiccola seit seiner Jugend beschäftigt. Viele Elemente, Kindheitserinnerungen, die Bearbeitung von Monteverdis »Il ritorno di Ulisse in patria« für die moderne Bühne, eine geplante, noch nicht ausgeführte Ballettkomposition »Odysseus«, schließen sich in der nun beendeten Partitur zu einem Ganzen; wie der Komponist überhaupt die Meinung vertrete, daß ein Opernstoff nicht willkürlich ausgewählt werden könne, daß vielmehr ein Kunstwerk von Anfang an im Künstler existiere, »vorausbestehe«, der Künstler also mehr oder weniger vom Kunstwerk erwählt werde, nicht umgekehrt. Die Grundidee aller seiner Werke für das Musiktheater sei immer, wie er sagt: »Der Kampf des Menschen gegen etwas, was viel stärker ist als er«. Der Kampf des Odysseus sei vor allem ein Kampf gegen sich selbst insofern, als er das Geheimnis der Welt durchschauen möchte. Dallapiccolas Odysseus entferne sich von seinem griechischen Vorbild, er zeige einen Menschen unserer Zeit, ein »gequältes Wesen, wie es jeder wahrhaft denkende Mensch ist«. Er sei einsam; doch in den letzten Takten der Oper entdecke er, fast wie durch eine plötzliche Erleuchtung, Gott. Diese Entdeckung befreie ihn von seiner Einsamkeit.

Das Libretto, das der Komponist wie für alle seine szenischen Werke allein schrieb, setzt sich aus unzähligen Quellen zusammen. Es war in seiner ersten Fassung bereits im Januar 1959 beendet, die endgültige Form hatte es allerdings erst bei Beendigung der Partitur erhalten: Dallapiccola ordnete das Spiel der Fragen und Antworten dem musikalischen Aufbau flexibel an. Daß bei einer so gewissenhaften

Arbeit ein Librettist nicht nur unnötig, sogar hinderlich ist, benötigt keine Erklärung.

Doch nun möchte ich in das wirkliche Gespräch hineinspringen:

Sie haben in Ihrem Aufsatz »Geburt eines Librettos« von dem gedanklichen Inhalt der Oper, vom Text gesprochen: Wie geschieht nun aber die Umwandlung des Textes in die Musik?

Wenn ich einen Text wähle oder besser gesagt, von einem Text gewählt worden bin, schreibe ich meinen Text nieder und trage ihn mit mir herum, manchmal sogar über Jahre hinaus. Ich lerne den Text auswendig und memoriere ihn immer wieder; denn nur, wenn der Text vollkommen aufgenommen ist, kann ich mit der kompositorischen Arbeit beginnen.

Mich interessieren einige arbeitstechnische Fragen: Wie sieht Ihre kompositorische Arbeit aus? Bleiben wir bei Ihrer letzten Komposition, der großen Oper: Wann haben Sie mit der Aufzeichnung der Noten begonnen, war da bereits die Oper musikalisch völlig durchdacht, hatten Sie sich Aufzeichnungen, Skizzen gemacht? Setzten Sie erst einmal Akzente, Höhepunkte, und füllten dann später die Lücken aus, oder ließen Sie die Musik während des Schreibens sich selbst entwickeln?

Ich bin gewohnt, mehrere Skizzen vorzubereiten. Und wie ich es von meinem Text erzählte, memoriere ich auch meine Zwölftonreihen. Die Oper »Odysseus« baut sich auf zwei Zwölftonreihen auf. Doch auch die musikalischen Ideen können sich – wie der Text – während der Arbeit ändern. Wenn ich beginne, ein Werk zu schreiben, fange ich mit dem ersten Takt an, nicht in der Mitte; der Genauigkeit halber muß ich aber sagen, daß bei meiner Oper »Odysseus« der erste Akt bereits geschrieben war, als ich begann, den Prolog – das ist die Szene der Kalypso – zu komponieren. Außerdem möchte ich dazu folgendes erwähnen: Die erste Idee, die mir für ein Werk einfällt, ist nicht die Keimzelle, sondern der Höhepunkt einer Komposition. Und, obwohl ich mich bemühe, jeden Ton meiner Partitur bewußt zu setzen, darf ich nicht übersehen, wieviel die schöpferische Tätigkeit dem Unterbewußtsein verdankt.

Haben Sie gewisse Arbeitsgewohnheiten, eine bestimmte Arbeitsdisziplin?

Ich habe keine Methode. Wenn ein Termin drängt, arbeite ich am Tage eben etwa zehn Stunden, wie ich es die letzten 13 oder 14 Monate getan habe. Da ich in dieser Zeit in den USA Vorlesungen halten mußte, habe ich auch während der Überfahrt auf dem Schiff komponiert. Ich kann überall arbeiten, ich brauche nur Ruhe und Alleinsein. Alle anderen Vorstellungen vom schöpferischen Akt wie Stimulanzien, Gewitter und dergleichen Dinge gehören in die Zeit der Romantik.

In seinem »Doktor Faustus« formuliert Thomas Mann in seiner einmalig präzisen Sprache ein Phänomen, das auf Ihre Musik in zweifacher Hinsicht besonders zutrifft (Seite 697): »Aber wie, wenn der künstlerischen Paradoxie, daß aus der totalen Konstruktion sich der Ausdruck – der Ausdruck als Klage – gebiert, das religiöse Paradoxon entspräche, daß aus tiefster Heillosigkeit, wenn auch als leiseste Frage nur, die Hoffnung keimte?«

Über die Thematik Ihrer Kompositionen – über die »Heillosigkeit, aus der die Hoffnung keimt« – sprachen Sie zu Beginn unserer Unterhaltung am Beispiel des »Odysseus«. Meine Frage gilt dem ersten Teil des Satzes: Wie ist es möglich, daß aus der »totalen Konstruktion« – Sie schreiben zwölftönig, in strengsten mathematischen Gruppierungen – dieser Ausdruck wachsen, der Stimmungsgehalt der Texte so deutlich werden kann?

Aber ohne strengste Formung gibt es doch kein Kunstwerk! Diese Strukturen, Makrostrukturen, Mikrostrukturen, existieren in jeder Musik. Man sagt, die Zwölftonmusik sei mathematisch, nun gut, aber was Beethoven uns gegeben hat, ist auch mathematisch. Ohne mathematisch-logischen Aufbau gibt es diese abscheulichen Improvisationen, die auf äußerst begrenzten Formeln basieren. Ich habe vor wenigen Tagen in Hannover zwei Vorträge gehalten. Ein Vortrag war betitelt: »Wort und Ton in der italienischen Oper im 19. Jahrhundert«. Ich habe an die schwarze Tafel diese geometrische Zeichnung an-

schreiben lassen. Kein Mensch wird erraten, was sie darstellt: Es ist das Terzett aus dem zweiten Akt von Verdis »Maskenball«. Sie sehen, auch Verdi war logisch, sehr logisch sogar. Bei Marcel Proust können wir lesen: »Die geschriebene Seite soll gearbeitet und wieder gearbeitet werden, solange, bis das Ganze dem Leser spontan erscheint.«

Wenn wir einmal die Plätze vertauschten, und Sie würden mich fragen, mit wem ich Ihre Musik in irgendeiner Weise vergleichen könnte, müßte ich schweigen. Ich weiß nicht einen Komponisten zu nennen, an den mich Ihre Musik auch nur im entferntesten gemahnt. Haben oder hatten Sie musika-

lische Vorbilder, deren Einfluß vielleicht in Ihren ersten frühen Kompositionen nachweisbar wäre?

Ich habe meine ersten Kompositionen leider – oder zum Glück – vergessen. Schon als ich 15 Jahre alt war, habe ich verstanden, daß die Nachahmung Debussys gefährlich sei. So habe ich die kleinen Kompositionen, die ich schon geschrieben hatte, gestoppt. Als ich 20 Jahre alt war, hörte ich Schönbergs »Pierrot lunaire« unter der Leitung des Komponisten in Florenz. Das war ein großer Schock für mich, zweifellos ein wichtiges Datum in meinem Leben.

Selbstverständlich kann ich Ihnen Komponisten nennen, die mich beeinflußt haben: Gian Francesco Malipiero, Berg, Schönberg bis zu einem gewissen Grade, Busoni – er vielleicht nicht so sehr von der Musik, wie von ästhetischen Gesichtspunkten aus gesehen, vielleicht auch etwas Webern. Bartók z. B. verehre ich sehr, er hat mich aber in keiner Weise beeinflußt. Mit Sicherheit aber werden Sie in meinem ganzen Opus nicht einen Takt, nicht eine Viertelnote finden, die unter dem Einfluß eines Strawinsky geschrieben ist. Das mag fast unglaublich klingen; denn in den vierziger Jahren, also zu der Zeit, in der meine eigentliche Entwicklung zum Komponisten vor sich ging, gab es in Italien keine andere Musik als diesen abscheulichen Neoklassizismus. Strawinsky hatte verkündigt »Zurück zu Bach« – und alle Komponisten schrieben nun die banalen Nachahmungen des Strawinsky.

Könnten Sie bitte die Linie Ihrer eigenen Entwicklung nachzeichnen, am liebsten wäre es mir, wenn Sie es an einigen Ihrer Werke erläutern würden?

Meine Entwicklung ging sehr langsam voran. Der Kompositionsunterricht am Konservatorium in Florenz blieb ohne jeden Einfluß auf meine musikalische Sprache. Ich hatte aber auch keine Möglichkeit, neue Musik zu hören! Denn Kompositionen von Schönberg, Berg oder Webern wurden bis 1948 überhaupt nicht aufgeführt. Die größte Attraktion im italienischen Musikleben war ein Konzert mit Werken von Hindemith und Strawinsky. Und diese neoklassizistische Musik, wie sie in den dreißiger und vierziger Jahren in Italien gemacht wurde, wollte ich nicht schreiben. Es war mein Haß gegen die Neoklassik und die Neoklassiker, der mich inspirierte. Man kann auch durch Haß inspiriert werden, nicht immer nur durch Liebe!

1936 begann ich mich ernsthaft für das Zwölftonsystem zu interessieren, also gerade in den Jahren, in denen es eigentlich »gestorben« war, nicht nur in Italien, sondern in der ganzen Welt. Zwei Artikel konnte ich finden, die etwas Auskunft gaben über die Prinzipien der Zwölftonmusik, doch zwei Artikel sind eigentlich nichts.

Ich suchte Antwort auf meine Fragen bei mehreren Komponisten, doch die erwidernden Worte waren unglücklicherweise immer die gleichen: »Aber, lieber Freund, was wollen Sie Ihre Zeit vergeuden, die Zwölftonmusik war ein Experiment, vielleicht sogar ein interessantes Experiment, doch das ist

nun vorbei! Schreiben Sie neoklassizistisch, dann stehen Sie in unserer Zeit!«
So ging ich allein meinen Weg. Es dauerte lange, bis ich zu meiner Zwölftontechnik fand, ich machte auch viele Fehler, doch ich tat alles mit meinen
eigenen Händen – darauf bin ich sehr stolz. Heute findet ein Student in
zahlreichen Lehrbüchern jede Note numeriert, jede Passage analysiert. Mir
sagte es mein Ohr, wie ich es machen sollte. Erst 1951 habe ich die falschen
Oktavrelationen eliminiert (da in unserem temperierten System die zwölf
möglichen Töne sich in einem sehr gepreßten Raum finden, kann man gut
hören, wie falsch die Oktave in diesem System ist).

Doch ich muß gestehen: ich war nicht ganz allein – ich fand eine große Hilfe:
in der Dichtung. Nicht nur durch die Musik allein kann man lernen, wie man
Musik schreiben muß; ich fand in der Literatur, vor allem bei Marcel Proust
und James Joyce, interessante Parallelen zum Zwölftonsystem. Ich habe ein
großes Essay geschrieben, in dem ich die Figur der Albertine aus Prousts
»Auf der Suche nach der verlorenen Zeit« analysiert habe im Schlüssel der
Zwölftonmusik. Im klassischen Roman (Manzoni, Victor Hugo und alle
Dichter im 19. Jahrhundert mit einer Ausnahme: Stendhal) informieren
die großen Schriftsteller den Leser beim Auftritt einer Person über das Leben dieser Figur: der Leser soll familiarisiert werden. Proust macht etwas
anderes: Achtmal wird Albertine vor ihrem Auftritt erwähnt, mit nur einem
Wort, mit nur einer Bemerkung. Der Leser muß sich selbst allmählich seine
Figur aufbauen. James Joyce tut dasselbe, nur nicht in den Personen, sondern in der Sprache. Die klassische Form der Dichtung entspricht der So-
natenform, die neuere, moderne Literatur der Zwölftontechnik. Denken
Sie einen Augenblick an die »Eroica« oder an die g-moll Sinfonie von Mozart: Sie finden dort ungeheuer viele harmonische Abenteuer, der Rhythmus
dagegen ändert sich nie.

Daß man auf einem solchen Weg nicht abrupt, von einem Tag auf den anderen plötzlich Zwölftonmusik schreiben kann, werden Sie nun verstehen.
Auch dürfen wir nicht vergessen, daß auch ich nicht frei war von jeder Beeinflussung durch die alten italienischen Meister; vor allem Orazio Vecchi
hatte mich gefangen. Die Liebe zu den alten Meistern hatte uns junge Komponisten unser großer Lehrer Gian Francesco Malipiero gelehrt. Dieser
großartige Meister, der auch heute noch, obwohl 86 Jahre alt, die lebendig-
ste Komponistenpersönlichkeit Italiens ist, hat meiner Generation gezeigt,
was der wahre Geist der italienischen Musik ist. Ich weiß, Malipiero ist in
Deutschland weitgehend unbekannt, er selbst hat niemals seine Musik pro-
pagiert – so seltsam das klingen mag in einer Zeit von Geschäftsleuten, wie
es die unsrige ist –, aber die Zukunft wird uns vielleicht zeigen, daß seine
Haltung die richtige war!

Um weiter von meiner Entwicklung zu erzählen: Vor einigen Jahren fand
ich durch Zufall ein Werk, das ich als Dreißigjähriger, also 1934 geschrieben
und seitdem fast vergessen hatte: »Divertimento für Sopran und fünf Instrumente«. Als ich es nun zwanzig Jahre später wieder durchsah und in

New York selbst zur Aufführung vorbereitete, erkannte ich es: der letzte Satz, »Siciliana« überschrieben, ist – wie ich es für mich nannte – der erste Schritt auf dem Wege zur Unabhängigkeit.

Zu Beginn meiner Versuche mit zwölf Tönen habe ich vor allem Melodien mit zwölf Tönen komponiert, ich schrieb also noch keine sogenannte »Zwölftonmusik«. Die »Sechs Chöre nach Michelangelo Buonarroti, dem Jüngeren«, an denen ich zwischen 1933 und 1936 arbeitete, weisen den Weg zu meinem späteren Stil. Der Zyklus besteht aus drei Reihen von je zwei Stücken, die dritte Gruppe, 1936 geschrieben, läßt die Anfänge meiner späteren Zwölftonreihe erkennen. Damals konnte ich nicht ahnen, wie wichtig diese Tonfolge einmal für meine Arbeit werden würde! In den »Tre laudi« über Texte des 13. Jahrhunderts, die ich 1937 schrieb, und die die Vorstudien zu meiner Oper »Nachtflug« bilden, habe ich dann bewußt Melodien mit allen zwölf Tönen gebaut. Die Harmonie jedoch blieb immer mehr oder weniger tonal.

Ich habe mich niemals, auch später nicht, Schönbergs Zwölftonlehre verschrieben: ich entwickelte langsam aber stetig mein eigenes Zwölftonsystem.

Ich danke Ihnen sehr für diese ausführliche und verständliche Schilderung Ihrer musikalischen Entwicklung. Doch möchte ich daran anknüpfend die Frage stellen: Was veranlaßt Sie, eine neue Komposition zu schreiben? Wollen Sie eine theoretisch-musikalische Idee in einem Werk anwenden, seine Wirkung erproben, oder ergibt sich die Theorie sozusagen als Nebenprodukt, und Sie schreiben Musik, weil Sie ein bestimmtes thematisches Anliegen haben, das Sie in Ihrer Sprache, in der Musik, ausdrücken wollen? Oder, ganz einfach, schreiben Sie, weil Sie jemand um ein Werk gebeten hat?

Für bestimmte Interpreten habe ich sehr selten etwas komponiert; ich möchte nur erwähnen, daß ich Kompositionen geschrieben habe für meine Freunde Gaspar Cassado und Sandro Materassi. Nein, ich komponiere ein Stück immer aus dem Wunsche heraus, eine Idee mit meinen Mitteln, das ist die Musik, verständlich machen zu können.

Wie sind die »Canti di prigionia« entstanden, wie hatte ich die Idee zu diesem Werk? Am ersten September 1938 um fünf Uhr nachmittags hörten wir die Stimme von Mussolini durchs Radio, er sagte zu uns, daß die Juden nichts mit der italienischen Rasse gemein hätten: Die Rassenkampagne begann. Zufälligerweise las ich gerade das Buch von Stefan Zweig, »Maria Stuart«, in dem ich die fünf lateinischen Verse fand, die Maria Stuart in den fünf Jahren ihrer Gefangenschaft geschrieben hatte. Eigentlich bin ich ein Langsam-Arbeiter, doch in diesem Falle waren die ersten Gesänge der »Lieder aus der Gefangenschaft« innerhalb von vier oder fünf Tagen konzipiert und bereits im Oktober komponiert.

Der zweite Teil vertont Worte von Severinus Boethius, der dritte Texte von Savonarola. Ich mußte gegen diese Verbrechen protestieren, doch wie sollte ich protestieren in einer Zeit der Diktatur? In der Musik, das war für mich die einzige Möglichkeit. Und es gab sogar eine Aufführung davon, 1941 in Rom. Es war ein fürchterlicher Tag, der 11. Dezember 1941, der Tag, an dem Mussolini den Vereinigten Staaten den Krieg erklärte. Mein Stück war sicher viel zu modern für die italienischen Ohren, ich weiß nicht, ob es ein Erfolg war, sicher jedoch ein großer Eindruck. Für mich, für meine Sicherheit war es sicherlich nur ein Vorteil, daß die Leute an der politischen Spitze viel zu dumm, viel zu roh und unkultiviert waren, um überhaupt meine Musik zu verstehen!

Die »Gesänge aus der Gefangenschaft« sind also aus Protest entstanden, aber ich wußte nicht, daß in demselben Jahr der russische Komponist Wladimir Vogel an seinem großen weltlichen Oratorium »Thylclaes« arbeitete, und daß wenig später, 1941, Schönberg die »Ode an Napoleon«, diesen Fluch über alle Diktaturen nach Lord Byron, und endlich das op. 46 »Ein Überlebender aus Warschau« schrieb, die Werke, die unter dem Titel »protest-music« ihre Definition fanden. Ich fand das nicht zu übersetzende Wort »protest-music« zum ersten Mal in einer amerikanischen Zeitung: diese Definition hätte auch meinen »Canti di prigionia« gegolten. Für die »Gesänge aus der Befreiung«, die ich 1951 bis 1955 schrieb, vertonte ich Texte von Sebastiano Castellio, dem großen Rivalen des Calvin, der dreißig Jahre lang, fern von Gent, in Basel im Exil lebte. Das zweite Stück schrieb ich auf die Hymne der Myrrhiam, der Schwester Aarons, das sie improvisierte, als das gewaltige Heer des Pharao in den Fluten des Roten Meeres versunken war. Die Worte des dritten Teils der »Gesänge aus der Befreiung« stammen von dem heiligen Augustin, aus seinen »Bekenntnissen«, und zeichnen die vollkommene geistige Befreiung.

Diese beiden Beispiele zeigen Ihnen, daß ich mich durch die Musik ausdrükken, daß ich durch die Musik sprechen möchte. Der Text bestimmt dann die musikalische Form. In meinem geistlichen Spiel »Hiob« z. B. vertonte ich nicht nur einfach die Worte der Bibel, der biblische Text vielmehr bestimmt die Gesamtkonstruktion des Werkes. Lesen Sie im ersten Kapitel Vers 13 bis 19: Die Boten kommen zu Hiob und berichten ihm von seinem Unglück. »Da der noch redete, kam ein anderer und sprach...«. Ich charakterisierte diese Gleichzeitigkeit, indem ich die vier Boten im Quartett ihre Botschaft sagen ließ. Aus musikalischen und bühnentechnischen Gründen habe ich eine Phrase des Librettos von den alten Meistern der katholischen Kirche aufgenommen, sonst hielt ich mich streng an die Worte der Bibel.

Ich gebrauchte vorhin das Wort »Ausdruck«; daß ich meine Ideen »ausdrükken« möchte. Ich scheue mich nicht, dieses Wort hier einzusetzen, obwohl ich weiß, daß es heute als altmodisch verschrien ist. Aber mich interessiert es nicht, ob man mich heute alt- oder neumodisch nennt: Die Zukunft wird darüber entscheiden. Ich zitiere vor meinen Schülern gern den Satz von Ibsen, den die Sphinx zu Peer Gynt sagt: »Sei Du selbst!« Ich schreibe, was und wie ich schreiben muß, ich frage nicht danach, ob meine Texte zu der jeweiligen politischen Richtung passen, oder ob meine Musik vom Zeitge-

schmack als schön oder häßlich empfunden wird. Was ist »schön«? Ich weiß
es nicht. Ich weiß nicht einmal, was »häßlich« ist. Nicht nur erst unsere Zeit
hat erkannt, daß die Konzeption des Schönen nicht mehr wichtig ist. Beethoven hat die größte Revolution gemacht in der modernen Musik; denn er
ist der erste große Individualist gewesen. Er hat als erster Komponist das geschrieben, was er schreiben wollte. Wenn Sie ein Werk wie die »Missa brevis«
von Mozart hören, hören Sie gewiß herrliche Musik, aber es bleibt immer
Musik des 18. Jahrhunderts. Ich weiß nicht genau, ob Mozart sich wirklich
darüber im klaren war, was »Kyrie eleison« im tiefsten bedeutet. Beethoven
hat zum erstenmal in der langen Geschichte der Musik den Text Wort für
Wort geprüft. Jedes Wort war ihm ein Mysterium, ein Geheimnis. Hören
Sie doch nur die »Missa solemnis«! Beethoven ignorierte, was das Publikum
seiner Zeit hören wollte, er drückte sich selbst aus.

*Ist es für einen Komponisten nicht schmerzlich, daß er immer dem Publikum
vorauseilen muß und daher selten zu seinen Lebzeiten die Liebe und Ach-
tung erfährt, die er sich ersehnt, und die er vielleicht auch verdient?*

Das ist doch nicht wichtig. Ich habe einmal gesagt, und ich möchte es hier
wiederholen: »Ich bin überzeugt, daß die Arbeit des Künstlers eine Arbeit
ist, die in der Suche nach der Wahrheit besteht, und zwar mit dem gleichen
Anspruch wie beim Wissenschaftler, etwa einem Mathematiker. Selbstverständlich ist die Methode verschieden, und auch der Bereich, in dem sich die
Aktivität des Künstlers entfaltet, ist ganz andersartig. Aber man kann doch
sehen, daß in einem gewissen Augenblick der größte Teil dieser Unterschiede
verschwindet, und daß die Philosophie, die Mathematik, die Kunst und die
Religion sich wieder dort zusammenfinden, wo Intuition, wo Erschütterung
herrscht. . . . Es ist nicht rein zufällig geschehen, daß Leonardo da Vinci die
Überzeugung ausgesprochen hat, in jedwedem wirklichen Kunstwerk sei
auch die Idee des Neuen mit einbegriffen. Ohne sie hätten wir das, was
Schönberg die »Sehnsucht der Unproduktiven« genannt hat, nämlich eine
Schönheit, die man in festen Regeln und Formeln besitzen kann: mit einem
Wort, wir hätten das ästhetische Philistertum. Wenn es uns aber gelingt, das,
was wir aus innerer Notwendigkeit zum Ausdruck bringen müssen, in voll-
endeter, ernsthafter und überzeugender Weise auszudrücken, so wird das
Kunstwerk seine ihm eigene Schönheit besitzen, selbst wenn es das Groteske,
die Karikatur, das Grauen darstellt.«
Ich erwähne so gern ein Wort unseres großen Dichters des italienischen Ba-
rock, Giambattista Marino: »Der einzige Zweck des Dichters ist die Überraschung«. Heute wollen uns so viele Komponisten überraschen, erstaunen,
durch Gags aufhorchen lassen, sie wollen uns skandalisieren. Doch wie lange
kann eine Überraschung andauern? Wer liest noch Marinos Meisterwerk, seinen »Adonis«? Die Rache der Natur ist stark, es gibt so wenig Möglichkeiten, wirklich zu skandalisieren, an nichts gewöhnt man sich so schnell wie an
zu erwartende Überraschungen!

Auch Musik muß wie ein Handwerk zuerst gelernt und gekonnt sein. Und hätte ich einen Sohn, der Musiker werden wollte, ich würde verlangen, daß er ein Konservatorium besuchte, daß er sein Handwerk lernte. Heute wird auch in der Musik so vieles offengelassen, so viel geträumt. Es gibt Komponisten, die sprechen vor der Aufführung große Worte über das, was sie machen wollen, sie können ihr Werk wunderbar erklären, doch wenn Sie dann die Musik hören, sind Sie enttäuscht! Musik kann nur durch Musik sprechen, bis heute besteht sie aus Papier mit fünf Linien, aus Symbolen, aus Nuancen- und Tempobezeichnungen. Etwas anderes gibt es nicht; auch die elektronische Musik hat ihre Schrift. Musik ist der geschriebene Text, darüber können auch schlechte oder gute Aufführungen nicht hinwegtäuschen.

Haben Sie zu einem Ihrer Werke eine besondere Beziehung, lieben Sie vielleicht immer das letzte am meisten?

Nein, das tue ich nicht. Ich leide nicht an Narzismus, und wenn ein Werk beendet ist, tue ich alles, um es zu vergessen. Sonst besteht die Gefahr, sich selbst zu wiederholen.

Da man nach einer solchen Anstrengung wie einer Opernkomposition etwas anderes machen soll, schreibe ich jetzt ein Buch, das heißt, ich stelle meine wichtigsten Schriften zusammen. Einige Seiten meines Tagebuchs werde ich auch hineinnehmen, aber ich werde sehr sorgfältig wählen; denn natürlich wird von einem Tagebuch nur ein sehr kleiner Teil gedruckt werden können.

Die Uraufführung Ihrer Oper »Odysseus« steht vor der Tür. Können Sie zum Abschluß unseres Gesprächs, für das ich Ihnen herzlich danken möchte, noch eine kleine Hörhilfe geben?

Nein, das möchte ich nicht. Alle Vorbedingungen sind erfüllt: ich habe meine Partitur mit der größten Sorgfalt abgeschlossen, ein vortrefflicher Dirigent, große Interpreten bringen das Werk zur Aufführung; ich sehe also mit der größten Gelassenheit der Uraufführung entgegen. Jetzt kann nur noch die Musik für sich sprechen, die Beurteilung überlasse ich denen, die im Wortemachen geschult und geübt sind. Doch eine eigentlich selbstverständliche Voraussetzung für einen Opernbesuch möchte ich erwähnen: Man muß das Textbuch kennen. Früher war es allgemein üblich, vor einem Opernbesuch das Libretto zu lesen, wer tut es heute noch? Ein Dank an meinen Verleger, der sich bemüht hat, das Textbuch in italienischer und deutscher Sprache rechtzeitig vor der Uraufführung zum Verkauf fertiggestellt zu haben.

Werkverzeichnis Luigi Dallapiccola

1930–32	Partita für Orchester	Carisch
	(im letzten Satz mit Sopran-Solo)	
1932	»Estate« für Männerchor	Zanibon

1934	Divertimento in quattro esercizi	Carisch
	(altitalienische Texte des 13. Jahrhunderts)	
	für Sopran und 5 Instrumente	
1935	Musica per tre pianoforti (INNI)	Carisch
	⊙ »La Musica Moderna N° 75	
1933–36	Sechs Chöre über Texte des Michelangelo	Carisch
	Buonarroti des Jüngeren	
	1. Reihe: Für A-Cappella-Chor	
	⊙ 1. Reihe auf »La Musica Moderna« N° 75	
	und ⊙ Tel SLT 43095	
	2. Reihe: Für Frauenchor und 17 Instrumente	
	3. Reihe: Für Chor und gr. Orchester	
1936–37	Tre laudi (Battuti di Modena)	Carisch
	für Sopran und 13 Instrumente	
1937–39	Nachtflug, Oper nach Saint-Exupéry	Universal-Edition
1938–41	Gesänge aus der Gefangenschaft	Carisch
	(Maria Stuart, Boethius, Savonarola)	
	für sechsstimmigen Chor und Instrumente	
	⊙ Tel. SLT 43 095 und La Voix de son Maitre	
	FBLP 1029 und Angel Records ANG 35228	
	und Club National du Disque CND 1510	
1939–41	Piccolo concerto per Muriel	Carisch
	Couvreux (Klavier und Kammerorchester)	
1942	Fünf Fragmente nach Sappho	Suvini Zerboni/
	für Sopran und Kammerorchester	Schott's Söhne
	⊙ Epic LC 3706 und Philips A 01526	
	und CBS Masterworks 4373	
1942–43	Sonatina canonica für Klavier	Suvini Zerboni/
		Schott's Söhne
1943	Sex carmina Alcaei für Sopran und 11 Instrumente	Suvini Zerboni/
	⊙ ASD 2388 stereo EMI Records	Schott's Söhne
1942–43	Marsyas, Ballett nach Aurel Milloss	Carisch
1943	Symphonische Suite aus »Marsyas«	Carisch
1945	Zwei Lieder des Anacreon für Sopran u. 4 Instr.	Suvini Zerboni/
	⊙ Epic LC 3706 und Phi. A 01526 und CBS 4373	Schott's Söhne
	Ciaconna, Intermezzo e Adagio für Cello-Solo	Universal-Edition
	⊙ »La Musica Moderna« N° 76	
1946	Rencesvals (Chanson de Roland)	Suvini Zerboni/
	für Gesang und Klavier	Schott's Söhne
1947	Zwei Studien für Violine und Klavier	Suvini Zerboni/
	⊙ Durium, ms E 11	Schott's Söhne
	Zwei Stücke für Orchester	Suvini Zerboni/
	⊙ Columbia LOU 641 First Edition Records	Schott's Söhne
1944–48	Der Gefangene, Oper nach Villiers de L'Isle Adam	Suvini Zerboni/
	und Charles de Coster	Schott's Söhne
1948	Vier Lieder nach Texten von Antonio Machado	Suvini Zerboni/
	a) für Gesang und Klavier	Schott's Söhne
	b) für Gesang und Instrumente (1964)	

1949	Tre Poemi, nach Texten von J. Joyce, Michelangelo, Machado	Schott's Söhne
1950	Hiob (sacra rappresentazione)	Suvini Zerboni/ Schott's Söhne
1951	Tartiniana, Divertimento für Violine und Kammerorchester ⊙ Columbia ML 4996	Suvini Zerboni/ Schott's Söhne
1952	»Quaderno musicale di Annalibera« für Klavier ⊙ »La Musica Moderna« N° 76 (Fratelli Fabbri) und Sugar Music ESZ Dodecaton 1/2 QCLP 12020 und Cand CE 31015 und Ducretet-Thomson 190 C 006 und Padrone QCLP 12020	Suvini Zerboni/ Schott's Söhne
1953	Goethe-Lieder für Frauenstimme u. 3 Klarinetten ⊙ Epic LC 3706 und Phil. A 01526 und CBS 4373	Suvini Zerboni/ Schott's Söhne
1954	Variationen für Orchester ⊙ Columbia LOU 545–8	Suvini Zerboni/ Schott's Söhne
	Piccola Musica Notturna für Orchester ⊙ Stereo LS –686	Suvini Zerboni/ Schott's Söhne
1951–55	Gesänge aus der Befreiung für Chor und Orchester	Suvini Zerboni/ Schott's Söhne
1955	An Mathilde (Heine) Kantate für Frauenstimme und Orchester	Suvini Zerboni/ Schott's Söhne
1956	Tartiniana seconda für Solovioline und Kammerorchester ⊙ Durium, ms E 11	Suvini Zerboni/ Schott's Söhne
	Fünf Gesänge nach griechischen Dichtungen für Bariton und 8 Instrumenten ⊙ Epic LC 3706 und Phil. A 01526 und CBS 4373	Suvini Zerboni/ Schott's Söhne
1957	Concerto per la notte di Natale (Jacopone da Todi) für Sopran und Kammerorchester ⊙ Epic LC 3706 und Phil. A 01526 und CBS 4373 und Cand CE 31021	Suvini Zerboni/ Schott's Söhne
1957–58	Requiescant für gem. Chor, Kinderchor und Orchester (Matthäus, Wilde, Joyce)	Suvini Zerboni/ Schott's Söhne
1959–60	Dialoghi für Violoncello und Orchester	Suvini Zerboni/ Schott's Söhne
1961	Piccola Musica Notturna für Kammer-Ensemble ⊙ ASD 2388 stereo u. EMI Records stereo LS 686	Schott's Söhne
1962	Preghiere (Murilo Mendes) für Bariton und Kammerorchester ⊙ ASD 2388 stereo EMI Records	Suvini Zerboni/ Schott's Söhne
1964	Parole di San Paolo für Mezzosopran u. 10 Instr. ⊙ Cand CE 31021	Suvini Zerboni/ Schott's Söhne
1968	Odysseus, Oper	Suvini Zerboni/ Schott's Söhne

Fotonachweis

Werner Eckelt (Boris Blacher, Pierre Boulez, Wolfgang Fortner, György Ligeti),
Mark B. Anstending (Heinz Friedrich Hartig), Christian Steiner (Hans Werner
Henze), Lütfi Özkök (Gottfried Michael König), Ilse Buhs (Roman Haubenstock-
Ramati, Luigi Dallapiccola, Hans Ulrich Engelmann), Rudolf Betz (Günter Bialas),
Pit Ludwig (Günther Becker), Nina von Jaanson (Grete von Zieritz), Bernard Per-
rine (Ivo Malec).
Die hier nicht genannten Fotos entstammen dem Archiv des Gerig-Verlages.